U0692787

国家哲学社会科学基金重大招标项目
"张载学术文献集成与理学研究"（10&ZD061）结项成果

眉县横渠书院《横渠书院书系》出版资助项目成果

教育部人文社会科学研究青年基金项目"张载《经学理窟》
校注及其经学思想研究"（16YJC720005）阶段性成果

张载文献整理与关学研究丛书

王政军 策划　　林乐昌 主编

道由中出——吕大临的道学阐释

邸利平　著

为天地立心

为生民立命

为往圣继绝学

为万世开太平

中华书局

图书在版编目（CIP）数据

道由中出：吕大临的道学阐释/邸利平著. —北京：中华书局，
2020.11
（横渠书院书系.张载文献整理与关学研究丛书）
ISBN 978-7-101-14718-6

Ⅰ.道⋯ Ⅱ.邸⋯ Ⅲ.吕大临（约 1042～约 1090）-理学-思
想评论 Ⅳ.B244.995

中国版本图书馆 CIP 数据核字（2020）第 157185 号

书　　名　道由中出——吕大临的道学阐释
著　　者　邸利平
丛 书 名　横渠书院书系/张载文献整理与关学研究丛书
责任编辑　王　璇
出版发行　中华书局
　　　　　（北京市丰台区太平桥西里 38 号　100073）
　　　　　http://www.zhbc.com.cn
　　　　　E-mail：zhbc@zhbc.com.cn
印　　刷　北京瑞古冠中印刷厂
版　　次　2020 年 11 月北京第 1 版
　　　　　2020 年 11 月北京第 1 次印刷
规　　格　开本/880×1230 毫米　1/32
　　　　　印张 9½　插页 2　字数 201 千字
印　　数　1-900 册
国际书号　ISBN 978-7-101-14718-6
定　　价　48.00 元

目　录

总　序

　　这套"张载文献整理与关学研究丛书"，是由我主持的国家哲学社会科学基金重大招标项目"张载学术文献集成与理学研究"（批准号：10&ZD061）的最后一批成果。该项目于 2010 年 12 月立项，2017 年 4 月结项，结项成果合计二十部书稿。在这二十部书稿中，有六部书稿于结项前已先行出版，包括：林乐昌著《正蒙合校集释》上下册（北京：中华书局 2012 年版），张金兰著《关洛学派思想关系研究——以张载、二程为主》（台湾：花木兰文化出版社 2013 年版），邸利平著《吕大临道学阐释——在工夫论的视域中》（台湾：花木兰文化出版社 2014 年版），林乐昌编校《张子全书》（西安：西北大学出版社 2015 年版），张波著《张载年谱》（西安：西北大学出版社 2015 年版），林乐昌著《张载理学与文献探研》（北京：人民出版社 2016 年版）。此外，还有一部题为《张载理学思想及其历史影响研究》的论文集书稿，收入课题组成员的论文四十五篇。因篇幅大，未能如愿出版。2019 年，得到我所在的哲学与政府管理学院领导同意，这部书稿被列入由袁祖社院长主编的"观念会通与理论创新"丛书计划中。此次出版，压缩了原书稿的篇幅，从四十五篇论文中选出二十篇，由我主编，题目改为《张载理学论集：思想·著作·影响》（北京：中国社会科学出版社 2019 年版）。除以上七部已经出版的书稿之外，其余书稿在由作者修改之后，于 2019 年内陆续交付中华书局。

"张载文献整理与关学研究丛书"，其内容分为两类。第一类，是张载著作《正蒙》宋明清注本的点校本或辑校本、张载佚著《礼记说》的辑注本和张载著作《横渠易说》的校注本，合计十一部书稿，在把其中篇幅较小的几部文献整理类书稿加以组合之后，作为七部书稿出版。第二类，是与张载思想研究、关学与洛学两大学派关系研究、张载门人思想研究有关的四部书稿。

本丛书第一类的七部书稿，属于张载基本文献、辑注文献和辑校文献的研究成果。这些成果的整理者都是年轻学者，先后随我读博士学位，已毕业多年，目前都在高校任教。他们承担的文献整理任务，几乎都与各自读博期间的论文选题有关。近二十年来，我每年都给硕士生和博士生讲授"中国古典哲学文献学"课程，与我合作的这些年轻学者，读博时先后听过我的课。他们所掌握的古籍整理知识，起初源自我的授课，后来则依靠自学。这七部书稿作为文献辑编和文献校注的成果，都是作者边学习边实践的产物，初稿完成后又都经过好多次打磨。但是，他们毕竟不是古文献学专业出身的学者，也缺乏古籍整理的经验，这些成果存在种种不足甚至错误恐在所难免，希望读者不吝批评指正。

本丛书第二类的四部书稿，都属于旧书新刊，都于很多年前陆续出过繁体字版，这次是另出简体字版。在这四部书稿当中，有两部是台湾学者的作品，一部是朱建民教授所著的《张载思想研究》，另一部是陈政扬教授所著的《张载思想的哲学诠释》。台湾学者的这两部书稿并不像本丛书其他书稿那样，属于我主持的项目研究成果；这两位台湾学者是基于对本丛书主题的认同，应邀加盟本丛书的。这是需要特别说明的。以下，按繁体字版的出版时序，略述这四部书稿的出版缘起。

第一部书稿是朱建民教授所著的《张载思想研究》。1974年，他考进台湾大学哲学研究所读硕士班。从1975年开始，在海外现代新儒家的著名代表牟宗三先生指导下，重点研究宋明理学。1979年，他撰写完成了以"论张载弘儒道以反佛的理论根据"为题的硕士论文，直至十年后的1989年，因朋友催促，建民教授才把经过修订增补的文稿送交台北文津出版社出版，并定名为《张载思想研究》。他所著的这部《张载思想研究》，是台湾学术界研究张载哲学思想的第一部专著。多年来，海峡两岸的学者凡涉足张载思想研究，都很难绕过建民教授的这部著作。这部著作，也一直是我给研究生指定的学习参考书。对于建民教授，我先知其书，后识其人。2013年7月，我受黄俊杰院长聘请，赴台湾大学人文社会高等研究院任访问学者，在一次学术活动中，结识了建民教授。2018年夏天，我与眉县横渠书院、中华书局达成了本丛书的出版意向。同年8月，我赴上海复旦大学参加"宋明理学国际论坛"，与建民教授再次会面。一次会议休息时，我向建民教授谈起这套丛书的出版计划，希望他把早年在台湾出版的《张载思想研究》繁体字版放入这套丛书，改为简体字版在大陆出版。对于我的邀请，建民教授立即爽快地答应了。他所著的《张载思想研究》虽然早在三十多年前就已问世，但书中展现的学术独立精神和哲学研究方法，尤其是对张载天道论一系列基本概念所做的精微分析，今天读来仍然深受启发。希望这部著作简体字的出版，使更多的大陆读者也能够从中获益。

第二部书稿是陈政扬教授所著的《张载思想的哲学诠释》。2015年10月，我应邀赴台湾嘉义大学参加该校中国文学系举办的"第四届宋代学术国际研讨会"。政扬教授与我被分在同一组向大会报告论文。论文报告结束后，我们相互赠书，他赠送给我的就是《张载思想的哲学诠释》，而我则送给他新编校出版的《张子全书》。其实，我早就读过政扬教授此书的复印本，并推荐给研究生作为参考书。后来得知，政扬教授于2003年获得博士学位后，任教于台湾南华大学哲学所，在授课之余，他以博士论文为基础，经过多年修改和充实，完成了《张载思想的哲学诠释》这部书稿，并于2007年交由台北文史哲出版社出版。台湾嘉义大学的会议结束之后，我与政扬教授一直有联系。有好几次，因为先后在海峡两岸的几个刊物上主持张载关学研究专栏，我向他约稿，他每次都出手相助，及时提供精心撰写的新作。2017年，政扬教授的新书《明清〈正蒙〉思想诠释研究：以理气心性论为中心》在台北学生书局出版后，很快就寄给了我。由于该书与我以及我的合作者们关注的议题高度契合，所以我收到书后复印了十多册，送给青年同道，分享政扬教授的最新成果。当本丛书的出版计划确定之后，我通过邮件提出在大陆出版《张载思想的哲学诠释》简体字版的请求，政扬教授很快就同意了我的请求。据我所知，政扬教授这部出版于十多年前的著作，在台湾学术界的同类出版物中是有一定代表性的。希望这部书的简体字版出版之后，有更多大陆学者得以一睹其书，了解其学术研究的成果。

　　第三部书稿是张金兰教授所著的《张载与二程的学术交往》。这部书稿原题《关洛学派思想关系——以张载、二程为主》，是其 2007 年随我读博士学位的论文。多年来，学术界不少学者对张载关学与二程洛学这两大学派关系的研究，都是在研究张载或二程的专题著作中以很少的篇幅顺带论及的。就国内的研究成果看，先后有徐远和教授所著的《洛学源流》（济南：齐鲁书社 1987 年版），庞万里教授所著的《二程哲学体系》（北京：北京航空航天大学出版社 1992 年版）。就国外的研究成果看，主要有〔英〕葛瑞汉（A. C. Graham）教授所著的《中国的两位哲学家：二程兄弟的新儒学》（郑州：大象出版社 1999 年版），〔美〕葛艾儒（Ira E. Kasoff）博士所著的《张载的思想（1020—1077）》（上海：上海古籍出版社）。与国内外的这些成果有所不同，金兰的这部书稿是学术界较早对张载关学与二程洛学两大学派关系展开专题研究的成果。2010 年，她的博士论文通过答辩之后，入选台湾林庆彰教授主编的《中国学术思想研究辑刊》，于 2013 年由台湾花木兰文化出版社出版。出版合同约定，出版社拥有金兰著作的版权有效期为三年，而这使其书简体字版的版权问题解决得很顺利。这次出版之前，金兰对书稿的思路做了比较大的调整，将书名改作《张载与二程的学术交往》，以突显北宋理学的学派交往史研究。这是未来关学思想史研究的一个新面向。

　　第四部书稿是邸利平副教授所著的《道由中出——吕大临的道学阐释》。利平与金兰的情况很接近，他也是 2007 年随我读博士学位的。这部书稿，也是读博三年所形成的论文。而且，2010 年博士论文通过答辩之后，也入选了台湾林庆彰教授主编的《中国学术思想研究辑刊》，但出版晚了一年，是 2014 年由台湾花木兰文化出版社出版的。利平的论文原题为《吕大临道学阐释——在工夫论的视域中》，这次收入本丛书进行修订时，把题目改为《道由中出——吕大临的道学阐释》。从题目的改动可以看出，该书稿的思路有所调整，从原先侧重于吕大临的工夫论研究，到现在侧重于吕大临的中和及中道思想研究。吕大临是一位才华横溢的学者，在张门弟子中传世著作最多。张载辞世后，吕大临转而投在二程门下，很受器重，经常与程颐讨论中和或中道问题，在对话中碰撞出了不少思想火花。后来，这也对朱熹中和学说的演变产生了重要影响。近年，学术界出现了多部吕大临思想研究专著。利平这部著作的优点在于其独特的切入角度和思考脉络，当然也包括书中提出的诸多新见。

我们组织编订这套丛书的学术理念是：尊重、开放、多元。衷心感谢所有作者本着共同的理念，齐心协力，认真完成了这次出版前将近一年的书稿修改工作。特别感谢台湾学者朱建民教授和陈政扬教授加盟本丛书。

中华书局张继海副总编对本丛书出版的落实，做了大量工作。哲学编辑室朱立峰主任在接手这套丛书之后，对十多部书稿的统筹安排细致周到，并在提高丛书质量方面提出了很多宝贵的意见，包括对丛书名称的调整等。各书稿的责任编辑，以他们高度的责任心和专业眼光，为书稿质量把关。在这里，我谨代表各位作者向张继海副总编、朱立峰主任和各位责任编辑表示诚挚的谢意！

　　最后，要特别感谢本丛书的出版资助方眉县横渠书院和王政军院长。位于陕西眉县的横渠书院，历史悠久。2015 年，陕西太白旅游有限公司与眉县政府合作，出资成立了陕西眉县横渠书院文化产业有限公司（简称眉县横渠书院），以新的形式使古老的横渠书院焕发生机。五年多来，在王院长的领导下，书院开展了以张载关学为主的传统文化推广讲习等丰富多彩的活动，并先后与陕西省内外二十多所大学签约，共建优秀传统文化教育基地。由王院长策划，书院还制定了"横渠书院书系"出版计划。该计划包括出版关学文化普及、关学学术研究等不同类型的丛书，以及其他相关图书。我主编的"张载文献整理与关学研究丛书"，属于"横渠书院书系"的关学学术研究类丛书。2019 年夏，王政军院长与我就这套丛书的出版达成了共识，努力于 2020 年完成这套丛书的出版，以纪念宋代理学的共同创建者和关学宗师张载诞辰 1000 周年。此后，王院长还参与了本丛书的后续推动工作。本丛书的所有作者不会忘记眉县横渠书院和王政军院长对张载关学研究所做的这一重要贡献。

林乐昌　谨识

2020 年 3 月 15 日

陕西师范大学关学研究院

绪论 道学的阐释与再阐释

一、"道"与"道学"的名义

在中国哲学语境中，"道"是一个具有特殊地位的概念。直观地说，"道"是人所行走的道路，进而可以引申为行者的去向和踪迹；当其上升为哲学概念后，便成为生命个体对宇宙万物运行之内在精神或生命力的体认与把握。在此意义上，中国哲学所理解的"道"，不仅可知，而且可志、可行。①

先秦诸子代表着中国哲学的发源时期。老、庄论道之多且重要自不必说，孔、孟直接言道之处虽然较少，但《论语》中也谈及"性与天道"（《论语·公冶长》）、"朝闻道"（《论语·里仁》）、

---

① 唐君毅指出，在西方和印度思想中可与"道"对应的概念分别是"存有"和"法界"，但"存有"与"虚无"相对，"法界"属心思活动，都有其限制，而"道""可唯就一存有之'通'于其他存有而言"，故而可以"只是消极性的虚通之境"，"兼能直下启示一'次第通贯——法与方式范畴，而更超越之'"。再者，与中国思想中其他具有普遍性意义的概念如"事"、"物"、"生"、"命"、"心"、"性"、"理"、"气"等相比，"道"的含义也更为"广大丰富"，因而"道之一名在中国人之思想中恒居一至尊之位，而亦恒尊于理"。唐先生又将"道"之可尊追溯于其字源"初以导或蹈为义"，故而"道"不仅可知，而且可行。参见唐君毅：《中国哲学原论·原道篇》，中国社会科学出版社，2006年，第18—25页。

"志于道"(《论语·述而》)等主题,《孟子》也说"仁也者,人也;合而言之,道也"(《孟子·尽心下》)、"诚者,天之道也;诚之者,人之道也"(《孟子·离娄上》),到了《易传》、《中庸》、《大学》,则提出"一阴一阳之谓道"、"形而上者谓之道"、"冒天下之道"(《周易·系辞上》)、"天之道"、"地之道"、"人之道"(《周易·说卦》)、"率性之谓道"(《礼记·中庸》)、"大学之道"(《礼记·大学》)等命题,这些都成为以后宋明理学建构其天道论与人性论的最重要思想资源。

由此,"道"便成为儒、道两家共同的致思内容,同时也具有了向不同意义向度衍生的可能。在这一总名下,儒、道二家既拥有了互相交涉影响的前提,也形成了彼此攻讦、排斥的场域,乃至汉代史家司马迁便发出"世之学老子者则绌儒学,儒学亦绌老子,道不同不相为谋,岂谓是耶"[①] 的感叹,而到了唐代,以复兴儒学、排击佛老为志的古文运动领袖韩愈在《原道》中更提出"仁与义为定名,道与德为虚位"[②] 的主张。虽然韩愈意图以实质内容区分儒、佛、道三教的不同,但对于三家中的任何一家而言,"道"其实都不能说是"虚位"。毋宁说,在同一个"道"的名义之下,包含着儒、佛、道三家对宇宙、人生之根本精神的不同理解,由此诸家分源异流,各自形成自己的思想主张和宗旨。

随着对"道"之多元理解的加剧,必然要求儒家言"道"作

---

① 司马迁:《史记》卷六十三《老子韩非列传》,中华书局,1982 年,第 2143 页。

② 韩愈:《原道》,马其昶:《韩昌黎文集校注》卷一,马茂元整理,上海古籍出版社,2014 年,第 15 页。

出进一步的自我辩护，进而以此反对"异端"，这便是北宋"道学"产生的逻辑动因，也是陈寅恪所讲的中国思想文化史上之"大事因缘"①，由此开创了影响近世文化至深至远的六百年宋明理学，使之成为继先秦之后儒学发展的又一个新的高峰。

"道学"一名，北宋张载与二程都已用到。②在张载的现存文献中，提及"道学"者仅一次。③其弟子吕大临撰写《横渠先生行状》，称张载早在嘉佑初"见洛阳程伯淳、正叔昆弟于京师，共语道学之要"④。这里的"道学"之称，应当是吕大临的事后追认，或许也受到了程颐的影响。"道学"一名的广泛使用，当始自程颐、朱熹。程颢去世之后，程颐开始频繁使用"道学"一词。在《明道先生墓表》中，程颐称"先生生千四百年之后，得不传之学于

① 陈寅恪在《冯友兰〈中国哲学史〉下册审查报告》中说："中国自秦以后，迄于今日，其思想之演变历程，至繁至久。要之，只为一大事因缘，即新儒学之产生，及其传衍而已。"见陈寅恪：《金明馆丛稿二编》，生活·读书·新知三联书店，2001年，第282页。这一说法广为学界称引。

② "道学"一名的最早提出当在道教，参见胡孚琛、吕锡琛：《道学通论》，社会科学文献出版社，2004年，第3页以下。关于儒家"道学"之名的提出和衍变，可参考姜广辉：《"道学"、"理学"、"心学"定名缘起》，收入其《理学与中国文化》，上海人民出版社，1994年，第13—22页。"道学"作为一种学术形态主要是由北宋程颐和南宋朱熹所确定的，之后又得到了元修《宋史·道学传》的官方确认，以至今日的哲学辞典也直接将"道学"解释为"宋儒的哲学"，见张岱年主编：《中国哲学大辞典》，上海辞书出版社，2010年，第196页。

③ 张载在《答范巽之书》中说："朝廷以道学、政术为二事，此正自古之可忧者。"见《张载集》，章锡琛点校，中华书局，1978年，第349页。

④ 吕大临：《横渠先生行状》，《张载集》附录，第381页。

遗经,志将以斯道觉斯民"①,这尚属"学"、"道"分言;但在《明道先生门人朋友叙述序》中说"既而门人朋友为文,以叙其事迹、述其道学者甚众"②,已是"道学"合称。他在总结和评价其兄及其学生的学术成就时,反复言及"道学"一名,意在寄托以"学"体"道"、以"学"传"道"的倡议。③ 其后,朱熹继承并发扬了程颐倡导的这一称谓。在《程氏遗书后序》中称:"夫以二先生倡明道学于孔孟既没、千载不传之后,可谓盛矣。"④ 这显然是对程颐理解的直接继承。在《中庸章句序》中又说:"《中庸》何为而作也? 子思子忧道学之失其传而作也。"⑤ 这实际上已将"道学"追溯并等同于孔孟儒学。

　　"道学"在南宋以后也称"理学"。姜广辉推测,以"理学"替代"道学",可能与以朱熹为核心的道学人士过事标榜己说因

---

① 程颐:《明道先生墓表》,程颢、程颐:《河南程氏文集》卷十一,《二程集》,王孝鱼点校,中华书局,1981年,第640页。
② 程颐:《明道先生门人朋友叙述序》,《河南程氏文集》卷十一,《二程集》,第639页。
③ 如程颐在《答杨时慰书》说:"家兄道学行义,足以泽世垂后。"在《祭李端伯文》说:"自予兄弟倡明道学,世方惊疑,能使学者视效而信从,子与刘质夫为有力矣。"在《祭朱公掞文》说:"今君复往,使予踽踽于世,忧道学之寡助。"在《上太皇太后书》说:"儒者得以道学辅人主,盖非常之遇。"见程颢、程颐:《河南程氏文集》卷九、十一,《二程集》,第603、643、644、542页。
④ 朱熹:《程氏遗书后序》,《朱熹集》卷七十五,郭齐、尹波点校,四川教育出版社,1996年,第3937页。
⑤ 朱熹:《中庸章句序》,《朱熹集》卷七十六,第3994页。

而引起许多学者的不满和反感有关。① 不过，一个更内在的原因
应当在于：北宋道学家的任务主要是重新祭起"孔孟之道"的大
旗，一方面排击佛老乃至王安石新学，另一方面寄望于"得君行
道"以影响政治，因而以"道"标"学"便是题中应有之义；而建
立在北宋道学特别是二程以"理"为核心概念的学术形态基础上
的南宋道学，则产生如何更进一步理解"理"的问题，"理"于是
成为学术理论的中心，因而以"理"标"学"更能鲜明地反映其
学术内容和学术争论。② "理学"可以看作是对"道学"的进一步

---

① 参见姜广辉：《"道学"、"理学"、"心学"定名缘起》，《理学与中国文化》，第
　　20 页；又见姜广辉主编：《中国经学思想史》第三卷，中国社会科学出版社，
　　2010 年，第 341—345 页。
② 关于"道"与"理"二者的区别，可参考朱熹的说法："问：'道与理如何分？'
　　曰：'道便是路，理是那文理。'问：'如木理相似？'曰：'是。'问：'如此却
　　似一般？'曰：'道字包得大，理是道字里面许多理脉。'又曰：'道字宏大，理
　　字精密。'"见黎靖德编：《朱子语类》卷六，王星贤点校，中华书局，1986 年，
　　第 99 页。朱熹弟子陈淳著《北溪字义》解释说："道与理大概只是一件物，
　　然析为二字，亦须有分别。道是就人所通行上立字，与理对说，则道字较宽，
　　理字较实，理有确然不易底意。故万古通行者，道也；万古不易者，理也。"
　　见陈淳：《北溪字义》卷下，熊国祯、高流水点校，中华书局，1983 年，第 41
　　页。关于"道学"与"理学"的内涵及演化，另可参阅冯友兰：《中国哲学史新
　　编》第五册第四十九章《通论道学》，《三松堂全集》第 10 卷，河南人民出版
　　社，2000 年，第 13—28 页；张立文：《宋明理学研究》第一章第二节《宋明理
　　学的称谓、内涵和分系》，人民出版社，2002 年，第 6—22 页；陈来：《宋明理
　　学》，华东师范大学出版社，2003 年，第 6—9 页。本书对"道学"的使用，一
　　般限于指从北宋张载、二程到南宋朱熹的理学形态；对"理学"使用，则指包
　　括"道学"在内的整个宋明新儒学形态。

阐释。

　　"道"总是与"行"相关,与之相比,"理"更突出事物中所内含的必然性和当然性的意义。这一点被二程与朱熹最为突出地呈现出来。程颢曰:"万物皆有理,顺之则易,逆之则难,各循其理,何劳于己力哉?"①程颐说:"天下物皆可以理照,有物必有则,一物须有一理。"②朱熹在《大学或问》中反复说:"至于天下之物,则必各有其所以然之故与所当然之则,所谓理也。""既有是物,则其所以为物者,莫不各有当然之则,而自不容已,是皆得于天之所赋,而非人之所能为也。""使于身心性情之德、人伦日用之常,以至天地鬼神之变,鸟兽草木之宜,自其一物之中,莫不有以见其所当然而不容已,与其所以然而不可易者。"③"理"本是先秦学术就已产生的旧有概念,但只有经过了《孟子》、《中庸》和《易传》对天命至善之"性"的超越性意义的指认,才能够成为宋明新儒学理论的核心。牟宗三指出,"理学"之"理",不是名理、物理、事理,而是性理。④在道学家看来,由天道生成的万事万物,都有其内在的价值和意义,这即其存在的"必然"性和"当然"性,也即其"理"。否则,无"理"则

①　程颢、程颐:《河南程氏遗书》卷十一,《二程集》,第 123 页。
②　程颢、程颐:《河南程氏遗书》卷十八,《二程集》,第 193 页。
③　朱熹:《大学或问》,朱杰人、严佐之、刘永翔主编:《朱子全书》第 6 册,上海古籍出版社、安徽教育出版社,2002 年,第 511、526、528 页。
④　牟宗三又说:"'理'或'天理'是自然带上去的,有之不多,无之不少。天理二字不是义理系统之关键,关键是在对于道体性体之体会为如何。惟既用上此二字,则此二字亦有简括代表、豁然醒目之作用。然必须了解其所指之实。"见牟宗三:《心体与性体》上册,上海古籍出版社,1999 年,第 3、57 页。

无"物"。^①

　　相比自然物的"理"，道学当然更关怀人伦社会之"理"。重振人伦，无疑是儒学在任何时代最显著的特征，但人伦秩序的根据何在，也是儒学在任何时代必须面对的最根本问题。显然，只有追溯到超越于人为构造之上的客观"天道性命"源头，人伦、礼乐、文化才具有"必然"与"当然"的合理性价值。在道学家看来，汉唐儒学的不振，根源就在于只把理论基础建立在外在的气化感应和礼教约束之上，缺乏对内在人性道德动力的觉悟和肯定。因此，北宋儒学重建，渐趋走向"心性义理"之学或"道德性命"之学就是必然之势："德"通向"道"，"命"落实于"性"；继而"德"是天地生化流行之意义在人身上的体现和要求，"性"是天之所赋、人之所禀的超越性价值根据。

　　道学的创立，同时扭转了"道"与"学"二者的意义。"道"是客观的，"学"则是主体的；"道"在本体意义上讲，"学"则在工夫意义上言。客观之宇宙本体与主体之修养工夫，成为道学理论最核心的主题。天地之"道"表现在人物之上便是"性"，本源性的道与性都是纯善无恶的，因而人世生活不但有着内在的秩序，而且体现着人生在世的积极有为意义。由此反观汉唐儒学的性三品论、天人感应论与通经致用论，则在根本上偏离了孔孟圣贤之道。这样，从北宋张载、二程到南宋朱熹，一个跨越

---

① 对此，吕大临有很明确的表述："实有是理，乃有是物。有所从来，有以致之，物之始也；有所从亡，有以丧之，物之终也。皆无是理，虽有物象接于耳目，耳目犹不可信，谓之非物可也。"见吕大临：《中庸解》，陈俊民：《蓝田吕氏遗著辑校》，中华书局，1993 年，第 489 页。

汉唐、遥继孔孟、体现心性之学的"道统"观也就提了出来。而道学的意义，就在于体贴"圣人之意"，重建以"天道性命"等形上问题为基础的理论体系，以之作为指导学者为学工夫的凭借，同时达到重振人伦纲常的目的。辟异端、排俗儒、树人伦、谈心性、重修养，构成道学理论最显豁的特征。

二、"道学"的理论阐释

"道"必须以"学"的形式表达出来，这不仅是因为客观、无形之"道"需要精神主体去不断探究、体认，才能获得其知识意义上的呈现，也是因为当"道"经过精神主体体认而成为内在化的思想之后，它还需要借助于客观的语言、文字、符号、文献乃至仪式、操作等"学"与"术"的形态进行阐释。因而，儒家之学分化为侧重文字训诂的"经学"、侧重制度仪式的"礼学"和侧重义理体认的"道学"，就是必然的，而三者之间也将是既互相排斥又互相影响的关系，从而保持儒学内部各种学术途径之间的动态平衡。

儒学的创立，是通过对之前礼乐文化的继承和经学文献的整理而完成的。孔子自称"述而不作"（《论语·述而》），其卓越贡献恰恰在于赋予了礼乐文化和经学文献以生命意义的领悟和转化，因而既不同于或多或少地带有工具性的"制作"，也区别于一种纯粹的"致思"或"沉思"之学。孔子之后，有传"经"之儒，如子夏；有传"道"之儒，如曾子。汉儒整体上以传经为主，亦有注重传道者，如董仲舒、扬雄等人。不过，如徐复观所说，"先汉、两汉断乎没有无思想的经学家"①，传经与传道并非绝然对立，实际上也绝难完全分离。

在儒学内部，北宋道学是通过批评汉唐经学而确立自身的学术形态的。程颐说："今之学者有三弊，一溺于文章，二牵于训诂，三惑于异端。苟无此三者，则将何归？必趋于道矣。"②"能文者谓之文士，谈经者泥为讲师，惟知道者乃儒学也。"③从学术的发展规律来讲，训诂之学（文献学）和文章之学（文学）从儒学中分化、独立出来，不但具有必然性，也是学术的进步。程颐将二者与儒学相区分，并从儒学中剔除出去，实际上意在坚持把儒学理解为一种求"道"之学。接下来的问题是，作为一种求"道"之学的儒学，如何区别于佛学和道家？这仍然须从先圣"遗经"之中寻找。因此，道学家在批评汉唐经学的同时，又建构了道学化（哲学化）的经学。

面对佛老的挑战和儒学的衰微，宋儒在"疑经惑传"的学风鼓动之下，由对五经文献的关注渐趋转向对孔子和孔子后学的"传道"文献的关注，"执残编断简，欲逆求圣人之意于数千百年之上"④，力图重新理解经学的精神意义，进而重建儒家的"性

---

① 徐复观：《中国经学史的基础》，《徐复观论经学史二种》，上海书店出版社，2006年，第52页。
② 程颢、程颐：《河南程氏遗书》卷十八，《二程集》，第187页。
③ 程颢、程颐：《河南程氏遗书》卷六，《二程集》，第95页。
④ 吕大临：《与友人书》，曾枣庄、刘琳主编：《全宋文》卷二三八五，第110册，上海辞书出版社，2006年，第155页。

命道德"之学。① 在道学家看来,经典是圣贤传道和学者求道、体道的工具。经学之所以重要,在于其中包含着往圣先贤所体认的天道与性命之理。张载说:"观书必总其言而求作者之意。"②"学者观书,每见每知新意则学进矣。"③ 程颐说:"古之学者皆有传授。如圣人作经,本欲明道。今人若不先明义理,不可治经。盖不得传授之意云尔。"④ 他们反复强调经书之"意",都是在提醒学者以主体生命去自觉并进而承担天地之道。

由于重视"圣人之意",道学对四书的重视开始超过五经。北宋道学家最终在包含了更多的心性资源的《论语》、《孟子》以及《中庸》、《大学》、《易传》之中,找回了儒学的"大本"所在。程颐说:"凡看文字,非只是要理会语言,要识得圣贤气象。"⑤把握圣贤气象,进而提升自己的道德生命,是阅读圣贤经典的目的。所谓"圣贤气象",就是道德生命的表现和实践。正确的读经方法,是能够把经典的意义体现在个人的生命中,展现出相应的道德效果。在阅读过程中,经典必须与主体生命相关联,其意义需要被还原为主体生命的体现,而读者在此体验过程中便能达到在义理与境界的双重提升。这是一个"起承转合"的过程:圣贤的生命体验是"起",经典的表述或记录是"承",学者朝向

---

① 关于北宋儒学的复兴过程,可参见陈植锷:《北宋文化史述论》第二章《宋学及其发展诸阶段》,中国社会科学出版社,1992年,第151—235页。

② 张载:《经学理窟·义理》,《张载集》,第275页。

③ 张载:《张子语录·语录中》,《张载集》,第321页。

④ 程颢、程颐:《河南程氏遗书》卷二上,《二程集》,第13页。

⑤ 程颢、程颐:《河南程氏遗书》卷二十二上,《二程集》,第284页。

经典所指引的方向提升自身的生命境界是"转",学者自身的生命体验则是"合"。通过这一过程,个体生命在知性和历史中的有限性最终就会被打破,这便构成经典阅读及阐释的道学工夫实践意义。

宋明理学是在"具体"与"普遍"的双重维度中展开的,因而无论是北宋道学,还是之后的整个宋明理学,都呈现出在不断的争论和辨析中发展演变的状况。"道"与"理"是普遍的,但由不同思想家及其门人弟子所构成的不同学派,通过不断地理论探索和互动,多维度地推进了道学理论的发展,这又是理学发展之具体性的体现。其学术互动,除了对佛老异端的批判,对其他前代和同代儒学家的理论审视,还包括思想目标相对接近但理论旨趣有异的道学家群体内部的理论探讨和交流。这种相互批判与论学的发展过程,隐含着道学家理论建构类型的不同。同时,其理论的叠加,也使道学的阐释视域不断被打开。

在经典解释的基础上,道学的理论阐释主要从天道与心性两个向度展开,其目的则在于解决道德实践的理论基础和途径即本体与工夫问题。吕大临在《横渠先生行状》中评价张载道学的贡献是:"其自得之者,穷神化,一天人,立大本,斥异学,自孟子以来,未之有也。"① "天人"是儒学自先秦以来最根本的问题,张载"穷神化"所要解决的就是如何"一天人"的问题。其道学的最终基点则落在了"立大本"之上,并以此来应对佛道二教的挑战。吕大临又记录了张载的教学之道:"学者有问,多告以

① 吕大临:《横渠先生行状》,《张载集》附录,第 383 页。

知礼成性、变化气质之道,学必如圣人而后已,闻者莫不动心有进。"① 对心、性、气质的理解,是主体修养工夫的基础,而修养工夫又构成"一天人"的实践前提。

张载由"穷神化"而"合天人",程颢则由"心是理,理是心"②,直接将"天道"与"天理"、"易体"与"神用"、"形上"与"形下"通同为一,使得天道与心性在本体论的层面更加圆融。程颢与张载论学的《定性书》,以及指点吕大临的《识仁篇》,都显示其道学"一本论"的特点。吕大临在致程颢的《哀词》中,评价其学曰:"先生负特立之才,知大学之要;博文强识,躬行力究;察伦明物,极其所止;涣然心释,洞见道体。"③ 以心见道,心与道实是一体。张载虽然也强调"大其心",但具体工夫主要以"知礼成性"为主;程颢则直接以仁、诚、敬的方式,感通物我,认为"学者不必远求,近取诸身,只明人理,敬而已矣,便是约处"④,既无须外求于物,也不必通过治气以养心。

与程颢一样,程颐也把"理"作为最高的哲学范畴,但与其兄不同的是,他并不直接认定向本心内求,也不强调仁心感通,而是更加重视《大学》的"格物致知"。他对"格物致知"做了新的解释:"格犹穷也,物犹理也,犹曰穷其理而已也。"⑤ "格,至也,如'祖考来格'之格。凡一物上有一理,须是穷致其理。穷理亦多端,

---

① 吕大临:《横渠先生行状》,《张载集》附录,第 383 页。

② 程颢、程颐:《河南程氏遗书》卷十三,《二程集》,第 139 页。

③ 吕大临:《哀词》,《河南程氏遗书》附录,《二程集》,第 337 页。

④ 程颢、程颐:《河南程氏遗书》卷二上,《二程集》,第 20 页。

⑤ 程颢、程颐:《河南程氏遗书》卷二十五,《二程集》,第 316 页。

或读书,讲明义理,或论古今人物,别其是非,或应接事物而处其当,皆穷理也。"① 这显示出程颐对理之知识向度的重视。围绕《中庸》首章"中和"之说,程颐在与吕大临、苏昞的论学中,进一步讨论了心性与工夫的问题,成为以后道学发展的一个重要话题。

南宋以后,朱熹对北宋道学文献,或作整理,或作注解,或作评判。他编辑《二程遗书》、《上蔡语录》,选编北宋道学相关文献作《论孟精义》、《近思录》、《伊洛渊源录》等,为《太极图说》、《通书》、《西铭》作解义,由此确立了北宋道学的传承谱系。其本人的道学思想也经由对北宋道学特别是二程语录的反复参究,完成了由"中和旧说"向"中和新说"的发展,最终形成"心性情三分"和"理气二分"的理论格局。② 经过朱熹广博的文献整理和细致的理论辨析,可以说完成了道学第一次的阶段性总结,奠定了以后理学发展中对北宋道学理解的基本框架。第二次阶段性的总结,当在经过了中晚明阳明心学之后的明清之际。而我们今天的道学和理学研究,则是在"走出理学"时代之后并受西学影响的新形态。

三、"道学阐释"的再阐释

从诠释学的角度看,"理论"总是某种视域下观照的结果,而任何视域又总是在自我"阐释"和他人"阐释"的过程中不断被打开的。就视域空间的扩展而言,他人的阐释甚至比自我阐

---

① 程颢、程颐:《河南程氏遗书》卷十八,《二程集》,第 188 页。
② 参见刘述先:《朱子哲学思想的发展与完成》第三、五、六章,吉林出版集团有限责任公司,2015 年。

释更加重要，尽管其在扩展的同时，总是会不可避免地带有中心的挪移和视界的改变。①

　　"理论"一经阐释便形成了"文本"。对于"文本"的"诠释"来说，客观的语境固然是影响理论建构的前提，但对于作为历史生活和理论建构之主体的人，"理解"又总是先于"诠释"，因而主体精神的创造性，必然会导致"理论阐释"和"经典诠释"不可能仅仅是一个无主体的客观过程，而是对个体生命存在状态的一种表现。偏重"形上"思考和"生命"体验的"道学"，尤其如此。②

　　随着历史的发展，学术理论及其形态在不断演进。同样，"道学"理论也在不断地被重新理解和阐释。从北宋"道学"到"程

---

① 牟宗三在论述宋明理学作为"新儒学"之"新"的意义时，提出"新"之二义：一是引申发展、调适上遂之新，二是有相当转向、歧出另开之新。前者以周敦颐、张载、程颢为代表，后者以程颐、朱熹为代表。牟宗三认为，后者虽然对原有经典的精神有所偏离，亦有其其他方面的积极意义。参见牟宗三：《心体与性体》上册，第 14 页以下。此可作为经典诠释和理论阐释之视域会不可避免地扩展并不断取得新的意义这一现象的一个例证。

② 关于"诠释"与"阐释"二词的区别，张江撰有《"阐""诠"辨》（载《哲学研究》，2017 年第 12 期），是目前可见最详细讨论"阐"、"诠"二字差别的文章，可参考。该文认为"'阐'从'开'讲，有启义，有通义，有广大义，有吸纳义"，而"'诠'之阐释观，即以一己之意正定他者，无对等、无讨论、无协商"。本书对"阐"、"诠"的区别使用，仅限于对理论解释和经典解释这两种相关但又不同活动的区分。理论解释更加开放而无限定，故称"阐释"；经典解释要受到原有文本和意义的限制，故称"诠释"。道学的"理论阐释"往往是在"经典诠释"中进行的。作出这样的区分，有助于我们在文本分析中自觉地把握其意义的继承、引申、发展以及转变关系。

朱理学", 再到"宋明理学", 这些称谓之不同, 本身即显示出一个视域不断扩大的过程。当其扩大到极限而生存者的历史处境又发生重大变革的时候, 视域的根本转变就不可避免, 这便是"走出理学"时代的来临。这一过程虽然在明清之际就开始了, 但直到近代以来才真正变得迫切。

二十世纪以来的现代"中国哲学史"学术研究范式, 是在西方的学术观念和建制结构冲击之下逐渐形成的。在此科目下, 虽然研究者主要以传统儒释道思想作为研究内容, 但其与传统儒释道思想家本身的关怀并不相同, 其目的不在于对"道"的精神体认, 而是更关注对传统学术之思想观点和思维方式的分析及重新解释。与之相较, "思想史"研究对"哲学史"研究过于理论化乃至逻辑化的偏弊提出了批评, 注重对思想学说与社会现实之间互动关系的考察, 但个体生命在思想中所追求的非历史性或超越性价值向度同样被只作为客观化和对象化的"知识"来处理。对象化、客观化、无主体、科学化, 是现代各学科研究的基本特征。

在道学家看来, 儒学是成德、成圣之学, 其本质不是理论性的, 而是实践性的。宋明理学以修身工夫通达天道心性之本体, 既受到佛道二教的影响, 也出于儒者对生命个体之生存现实性更深入的感受和理解。这样, 以"为学"个体的修身工夫为基点, 向下落实便是具有现实性的身体、人伦、社会和国家, 向上超越便是内在之心性和外在之天道的"本体"。[①] 相对而言, 思想史研

---

① 关于中国哲学中"本体"内涵的演变, 可参见景海峰: 《中国哲学的现代诠释》, 人民出版社, 2004年, 第94—96页; 谢荣华: 《中国古代哲学中"本体"概念考辨》, 《中国哲学史》, 2005年第1期。

究更关注前者，哲学史研究更关注后者。

　　"思想史"研究关注现实层面。根据研究范围的大小，可以将其区分为三种形态：注重单个人物的思想形成、发展以及历史定位的"微观"研究，注重学派形成、理论传播、学术影响的"中观"研究，以及注重精神氛围、知识背景和历史意义的"宏观"研究。思想史研究有助于避免化约性的逻辑转述，对思想理论或生存个体所处的道德、精神、实践和社会生活环境及氛围能够获得更加鲜活、具体的理解。

　　不过，就道学或理学研究而言，与历史视域相比，超越性视域的打开和呈现应当更加重要，因而"哲学史"的乃至"哲学"的研究同样不能放弃。"哲学史"研究需要兼顾"哲学"和"历史"双重向度。所谓"哲学"之"史"的涵义，主要并非哲学所由以发生的社会环境意义上的"史"，而是哲学观念自身发展演进的"史"。哲学固然因其理论性、形上性和理想性，相比其他人文社会学科更具有非经验性特点，但由于作为生存个体的人必然是具体的、历史的，因而哲学思考又总是反映出思考者自身的现实生命维度，表现出理论形态多元化的特点。与西方哲学相比，中国哲学显然更注重观念的具体性和历史性，而非其纯粹性和抽象性，正所谓"颂其诗，读其书，不知其人，可乎？是以论其世也"（《孟子·万章下》）。

　　在当代中国哲学史研究中，与一般的哲学原理相对应，"宇宙论"、"认识论"、"人性论"以及"历史观"是主要的研究方面。具体到道学或理学研究，又增加了"本体论"和"工夫论"。实际上，如果从成德、成圣之学看，道学理论应当主要表现在本体论、宇宙论、心性论和工夫论这几个方面。所谓"本体"，是超越性的，既内在于宇宙（天道），也内在于心性，既是修身工夫的指向，也是修身工夫得以可能的内在出发点；"宇宙"则是现实中可以感受到的万事万物的生成性和结构性存在，主要通过气之大化流行而展现；"心性"是生命个体中所具有的来自于天道本体的禀赋及自觉能力；"工夫"是生命个体由现实有限的存在状态出发，感受和体验超越本体的实践过程，既包括"知"即观念认识的内容，也包括"行"即修养实践和社会实践的内容。

由于儒学积极入世的性格，社会人伦实践始终是其不可或缺的一个向度，这是儒学进行理论建构时与佛道二教乃至西方哲学有着重要区别之处。无论是对礼乐，还是对经典，学习的目的都是为了培养内在的德性。这种德性不能仅仅理解为外在规范，也并非仅仅决定于个体的意志，而是与作为生命之来源的天道有着根本的贯通关系。因而，道学便呈现出一种特殊的形而上学形态。道学家一方面通过道德实践通向对于宇宙整体的理解和体会，赋予自然世界以人文的意义；另一方面通过道德实践落实于社会的教化行为之中，遏制人欲的膨胀和私意的滥用。从现代学科的角度说，这无疑属于一种道德哲学、价值哲学或意义哲学。

四、本书的研究内容和结构

本书将对吕大临的道学阐释进行考察，目的一则在于展现道学形成初期的理论演变，二则也在于展现道学理论中所蕴涵的价值和意义世界。

吕大临生于关中蓝田，早年受家学影响，并拜师张载，精于礼学，与其诸兄一起在关中推行古礼，是张载所开创的关学学风的重要推动者。张载去世后，吕大临负撰写《行状》之责。之后，吕大临又问学于二程，录有二程论学语录，其中包括著名的程颢《识仁篇》，收入《河南程氏遗书》。[1] 他所著《中庸解》，一度被认为是程颢的著作，后被收入《河南程氏经说》得以流传。他与程颐往复讨论"中"与"道"、"性"、"心"关系的书信，经其选编后被称为《论中书》，收入《河南程氏文集》之中，是朱熹参究"中和"问题的重要文本依据。在后世，他与谢良佐、游酢、杨时一同被称为二程门下的"四先生"。[2] 在北宋道学兴起并多维交织互动的学术脉络中，以及在北宋道学向南宋理学的话语演变中，吕大临的学行、著述及思想都是一个重要环节。

　　史载吕大临不但"尤严于吾儒异端之辨"[3]，而且"通六经，尤邃于礼"[4]。批判佛老和重视经学与礼学，均是张载所创立之关学的学风特点。朱熹尤其敏感于佛禅学，对二程弟子多有批评，独对吕大临基本表示赞赏，在二程弟子中对其评价最高，这与他认为吕大临是在二程弟子中少有的未流入禅学者的看法密切相关。朱熹对吕大临《中庸解》尤其看重。《中庸》是道学创立过

---

[1] 见《河南程氏遗书》卷二上《元丰己未吕与叔东见二先生语》，《二程集》，第13—48页。明儒冯从吾称吕大临"所述有《东见录》，录二程先生语。二先生微言粹语，多载录中。其有功于程门不小，故朱文公称其高于诸公，大段有筋骨，而又惜其早死云"。见冯从吾：《关学编》卷一，中华书局，1987年，第12页。

[2] 脱脱等：《宋史》卷三百四十《吕大临传》，中华书局，1977年，第10848页。

[3] 冯从吾：《关学编》卷一，第11页。《宋史·吕大临传》中收有致富弼的书信一封，劝说富弼"以道自任"，勿为"佛氏之学"。冯从吾所言，可能即基于此。

[4] 脱脱等：《宋史》卷三百四十《吕大临传》，第10848页。

程中凭借的一部重要经典。吕大临最重要的著作就是《中庸解》，而《中庸解》原本是其《礼记解》的一部分。他在《礼记解》及《中庸解》中所展现出的"下学"与"上达"并举的精神，既是受关洛两派学风影响的结果，也与朱熹的理论关怀颇为相契，尽管吕、朱之间实际上包涵着诸多差异。①

　　在道学理论中，经学不是训诂之学，礼学也不是饾饤之学，二者都蕴含着通过身心修养以体验道体的微言大义。②吕大临道学的特点就在于将心性与礼教会通起来：礼教不是形式化的社会文化制度，而是被纳入心性之学重新理解其意义；心性也并非是一个抽象的理论问题，而是有着具体的实践内容和指向。吕大临道学思想这种更加注重具体的工夫落实和道德实践的特点，与张载、二程致力于形上本体建构有所不同，这也是他在《论中书》中与程颐产生分歧的根本原因。透过对张载关学"尊礼贵德"③学风的继承，对程颢"识仁"之说的领会，与程颐对"未发

---

① 关于吕大临与朱熹思想异同的比较，可参阅郭晓东：《论朱子在对〈中庸〉诠释过程中受吕与叔的影响及其对吕氏之批评》，《中国学术》第十三辑，商务印书馆，2003 年，亦收入其《识仁与定性——工夫论视域下的程明道哲学研究》附录二，复旦大学出版社，2006 年，第 183—207 页；杨治平：《吕大临天人思想研究》第三章第三节《吕大临对朱子的影响》，台湾大学硕士论文，2009 年，第 158—176 页。

② 可参阅姜广辉主编：《中国经学思想史》第三卷第五十八章《走向理学的经典诠释——理学化经学"问题意识"举要》，第 365—406 页；蔡方鹿：《中国经学与宋明理学研究》第四章第三节《宋明理学的经学观》，人民出版社，2011 年，第 342—357 页。

③ 脱脱等：《宋史》卷四百二十七《张载传》，第 12723 页。

之中”的讨论，以及对《孟子》、《中庸》“心性之学”的义理阐释，吕大临道学形成了自身的理论特点。

　　吕大临是以往道学研究未能充分注意的人物。[①]究其原因在于：首先，在伴随西方哲学的影响而形成的中国哲学史研究领域，开展对不同时期最具代表性哲学家的思想梳理、分析和阐释，当然是首要任务，因此，研究张载、二程、朱熹的思想无疑更为紧要；其次，理学思想的研究一般主要依赖于著作、语录和文集，但吕大临没有语录传世，其文集也没有保存下来，存世文献主要是被后人整编到《周易》、《礼记》、《论语》、《孟子》之类经书集解之中的经解，因而不易引起重视。[②]

---

① 这种情况到近十余年来有明显改变，有多篇硕士和博士论文由对张载、二程等人的研究向下延伸到其弟子包括吕大临，进行专题研究。关于吕大临的研究状况，可参阅本书附录《吕大临道学研究述评》。

② 陈俊民于 1993 年在中华书局出版了《蓝田吕氏遗著辑校》(收入“理学丛书”)，对以后的吕大临研究产生了极大推动作用。该书搜辑的主要是吕大临的著作，包括从纳兰性德编《合订删补大易集义粹言》、吕祖谦编《周易系辞精义》、卫湜编《礼记集说》、朱熹编《论孟精义》以及《二程集》等书中辑出的《易章句》、《礼记解》、《论语解》、《孟子解》、《中庸解》等书，虽非全璧，但确如辑者所言“足见其大概”。《合订删补大易集义粹言》、《周易系辞精义》、《礼记集说》、《论孟精义》等辑录的均为宋代理学家的解经文献，尤其以张载、二程及其弟子为主，极便于相互参读以及比较各家义理之异同。本书所引吕大临文献，同时标注原始文献与陈氏《辑校》二者页码，以便于读者查阅参读。吕大临文集已佚，有曾枣庄、刘琳主编《全宋文》(上海辞书出版社，2003 年)中所辑吕大临文三十二篇，可以参阅。最新的文献辑编是收入“关学文库·关学文献整理系列”的《蓝田吕氏集》(曹树明点校整理，西北大学出版社，2015 年)。

　　当代哲学对理学的研究径路，一方面首先重视对典型理学家的研究，另一方面又以重构其理论体系为主要内容。在理论体系上，又基本上都将宇宙本体论作为理学的理论基础，进而重视从"理气论"入手分析不同理学家的思想特点。更甚者，将吕大临的著作区分为受张载"气学"影响的关学阶段与受二程"理学"影响的洛学阶段，以考察其思想变化，并证明关洛思想之异同。[①] 在此视角下理解吕大临的理论建构，有明显不适应之处。其实，吕大临并不着意于宇宙论的建构，对"气"也缺乏足够的关注，而这其实恰恰显示出道学家的问题重心正在随着道学本身的历史发展和理论演变在发生转移。

　　实际上，吕大临的问题意识及其思想特点，表现为在张载、二程所奠定的道学本体论基础之上，从一开始就更注重道德实践和礼仪教化的问题。在对这些问题的思考中，吕大临承接《中庸》"天命之谓性，率性之谓道，修道之谓教"以及《孟子》"尽心知性知天"的心性之学传统，贯通并重释了《易传》的"穷理"、"成性"与《大学》的"正心"、"格物"等道德修养工夫，以"本心"为基点，以"天道性命"为根源，以"礼教"为"常道"，融合关洛两派学风，发扬了孔孟儒学"上达"与"下学"并重、"德性"与"礼法"兼修的精神传统，以注重道德修养工夫的理论特色和致思径路，拓展了北宋道学"本体宇宙论"建构的理

---

① 详细情况见本书附录《吕大临道学研究述评》。本书认为，无论是根据对吕大临的生平考察，还是对吕大临著作的思想辨析，都不足以支持对吕大临思想发展的前后期划分。本书预设了吕大临有其明确的个人问题意识，在此前提下，研究其思想的特点和意义。

论规模。通过对儒家经典的诠释，吕大临细致地阐述了他对"本心"、"理义"、"人伦常道"的深入理解。

本书将以吕大临的经学著述和理义人伦关怀为基础，以其对道学本体的心性落实和实践工夫为切入点，考察吕大临道学思想的构成、内涵及意义。第一章将在北宋以关洛两大学派为中心的道学产生过程中考察吕大临道学的形成，第二章讨论吕大临在经学诠释中对道学理论的体认和阐释特点，之后三章分别讨论吕大临的天道性命论、心性修养论和礼学实践论，最后在结语中简要引述道学的现代哲学意义。

由张载和二程所代表的北宋道学，处于整个六百年宋明理学的发端和形成期。张、程之间，在共倡道学之时，已有数次论学，显示出不同的问题关怀和学风特点。吕大临受家学影响，又先后问学于张载、二程，以"道"自任，亲身参与了关洛两大学派的兴起和理论研讨。自《伊洛渊源录》以后，在朱熹的道统谱系影响之下，吕大临一般都被视为"由关入洛"的二程高弟。不过，无论是致思方式，还是理论特点，吕大临道学自始至终都有其自身明显的问题意识和理论特点。蓝田吕氏兄弟早年在关中推行礼教，与张载东西呼应，成效卓著。在张载去世后，吕大临又入洛问学于二程。以后又在任太学博士时著《礼记解》，并与程颐"论中"，建构并阐释了他自己的道学理解。

在著述上，吕大临对五经都有注解，今存《易章句》、《论语解》、《孟子解》、《中庸解》、《大学解》及《礼记解》，反映了初创期的道学理论与儒家传统经学、礼学的互动及转化状况。在关洛二学的基础上，吕大临道学特别重视《孟子》和《中庸》，以之为"入德之大要"，进而关注"本心"、"理义"和"人伦常道"，形成了自身的理论特色。吕大临的道学体认是建立在经学和礼学之上的，因而注重实际，不尚玄虚，甚至天道论亦非其主要关注对象，而是以之为性命论的基础，处处以"人伦"为务，这在《易章句》表现得尤为明显。吕大临的礼学表现出以"义理之所当然"为归的特点，由此强调实践的必然性和当然性。

吕大临的天道论是直接为其性命论服务的。天道是性命之来源，"性与天道一也"。"天之道，虚而诚"，因而性至善，心能感。在对《中庸》和《孟子》的解读中，"中"成为吕大临对义理之内涵和行动之法则的恰当形容，并由此引发与程颐的争论。吕大临的理气论强调"通"的意义，"天下通一气，万物通一理"，理与气都具有至善的价值意义，理是认知的对象，而气则是天人物我相互感通的基础。人生之后，气凝成质，便会影响到天命之性，从而展现出各种差异。吕大临系统地提出了气质对性之遮蔽的种种方式，强调了人物之别，为生命个体的修养工夫和道德实践奠定基础。

吕大临对心之道德内涵、认知意义和修养工夫等的论述比较细微。性是落实天道流行的基点，由此便提出从自然宇宙实存向价值秩序本体复返的要求，心则是人伦实践的动力，是理论认知、修养工夫和道德实践的主体，具有"思"与"知"的能力。本心与理义合一，尽心即能尽性。吕大临把孟子所说的"赤子之心"理解为"喜怒哀乐未发"之"中"，强调理论和体验的合一、知识与道德的合一，进而也强调"知及"之后的"仁守"，以知成己，以仁成人。在肯定本心内在的基础上，吕大临对知、仁、诚的理解，都具有工夫论意义，指向对形上本体之流行大化的体验和把握。

　　与其对天道性心之道德源头及道德能力的理解相一致，吕大临的礼学也以心之所同然的"理义"为根据，以对身心生命的"敬"与"养"的功能为其实践旨归。受张载影响，他也重视"知礼成性"的意义，礼可以与知相配合，在身心互动中逐渐显现养气成性、养人成德的价值，从而化礼成俗，使德与行合一。因而，吕大临特别突出了内在于个体精神的礼之敬的修养工夫意义和外在于人伦关系中的礼之常道的教化实践意义。

　　吕大临的道学思想，只是宋明理学发展中的一个阶段性环节，但当我们将之置入"由有限而通无限"的哲学阐释过程之中，我们便可以从中照鉴每一个有限生命个体的意义建构能力，由之明了精神的超越及其限度，这对克服当代日益专门化、知识化的教育模式当有调整、启发的价值。

第一章
道学兴起背景下吕大临的学行

由于道学关心生命个体的根源性存在状态和应然性存在目的，因而具有了超越现实的"哲学"性；但道学所内涵的对现实政治、文化、社会的人伦忧患意识，所展现出的又是儒家哲学始终关心人的现实生存状况而不进入纯思辨领域的特点。这种"下学上达"、"极高明而道中庸"的哲学形态奠定了道学的思想格局，也规定了道学家的人生意义和为学轨迹。[①]

一、道学谱系

在理学史上，吕大临（1040—1093，字与叔，号芸阁）以先后从学于张载、二程而兼传关洛知名。[②]然而，各种史料对吕大

---

① 关于吕大临的生平学行，陈俊民、李红霞、李如冰等学者已做了细致的考证工作。由于吕大临的事迹较为简略，本章对其学行的叙述，在借鉴前人成果的基础上，更多是将之放在道学兴起和理论探讨的背景下进行，以此烘托主题。

② 关于吕大临的生卒年，陈俊民根据《宋元学案》卷三十一《吕范诸儒学案》记载元祐中范祖禹举荐吕大临"未及用而卒"，推断卒于1092年，又据其记"年四十七"，推断生于1046年。（参见陈俊民：《关于蓝田吕氏遗著的辑校及其〈易章句〉之思想》，《蓝田吕氏遗著辑校》，第6—7页。）这一结论长期为（转下页）

临的生平记载极为简略。详于政事而略于学术的《宋史》,在《吕大防传》之后所附的《吕大临传》中,除收录其《论选举》文一篇和致富弼的书信一封外,其他记载仅寥寥数语:

> 大临字与叔。学于程颐,与谢良佐、游酢、杨时在程门号四先生。通六经,尤邃于礼。每欲掇习三代遗文旧制,令可行,不为空言以拂世骇俗。……元祐中,为太学博士,迁秘书省正字。范祖禹荐其好学修身如古人,可备劝学,未及用而卒。[1]

关于吕大临之行事,这段材料中仅提及他学于程颐且曾为太学博士和秘书省正字而已。虽有许多漏略,但亦可谓勾勒出了吕氏一生之志向及其学术特点所在。

《宋史》成于元代,由于吕大临二兄吕大防曾官居宰相,在当时有着重要的政治影响,因而特设《吕大防传》,吕大临则被附于其下而未入《道学传》。但其中只提吕大临"学于程颐"并"在程

（接上页）学界沿用。李红霞则根据《宋名臣言行录外集》中作者署名为吕大防（1027—1097）的祭文中称"吾十有四年而子始生",推断吕大临生于1040年,卒年同陈说。（参见陈来主编:《早期道学话语的形成与演变》,安徽教育出版社,2007年,第63—69页。）李如冰又根据秦观《吕与叔挽章四首》及徐培均《秦少游年谱长编》推断吕大临卒年当为1093年,生年同前李说,并举证"1046—1092"说的一系列文献矛盾。（参见李如冰:《吕大临生卒年及有关问题考辨》,《宝鸡文理学院学报》,2009年第6期;亦见李如冰:《宋代蓝田四吕及其著述研究》,人民出版社,2012年,第70—76页。）本书因李如冰考证更为详实,故取是说。

[1] 脱脱等:《宋史》卷三百四十《吕大临传》,第10848—10849页。

门号四先生"，明显可以看到是受朱熹道学谱系的影响。

现存较早的吕大临传记资料，出自朱熹所编《伊洛渊源录》：

> 正字，名大临，字与叔，学于横渠之门。横渠卒，乃东见二先生而卒业焉。元祐中，为太学博士、秘书省正字。范内翰荐其修身好学，行如古人，可为讲官，不及用而卒，有《易》《诗》《礼》《中庸》说、文集等行世。①

朱熹的简述隐含了吕大临由关入洛的思想发展认定。由于朱熹梳理"伊洛渊源"是为了描述出由二程一直到朱熹本人之前的"道学"传承谱系，因而程朱理学在其中自然居于正统，张载被看作是二程的同道和辅翼，吕大忠、吕大钧、吕大临和苏昞等先后问学于张载、二程的后学则与其他程门弟子一同被纳入了洛学源流之中。作为较早的理学学谱，《伊洛渊源录》相当程度上奠定了后世理学道统的传承谱系，也致使吕大临在以后的理学史上一般都被看作是洛学传人。

明代关中理学大儒冯从吾，努力梳理出由张载所开创的关中理学的传衍历史，撰《关学编》，但他也仍然站在程朱理学正统观点的立场上来看待吕大临的思想发展。在与《伊洛渊源录》相似的"东见二先生而卒业焉"的表述之后，冯从吾接着又补充说：

---

① 朱熹：《伊洛渊源录》卷八，《朱子全书》第 12 册，第 1032 页。

> 纯公语之以"识仁"，先生默识深契，豁如也，作《克己
> 铭》以见意。[1]

《克己铭》今存。所谓"纯公语之以'识仁'"，即吕大临所记二程语录《东见录》中的程颢《识仁篇》。冯从吾将吕大临作《克己铭》的缘起推至程颢对他的"识仁"教导，似乎直到此一顿悟之后，他才"默识心契，豁如也"，从此才真正地确立了自己的思想，这无疑进一步增强了吕大临"卒业"于二程的思想发展认定。以后黄宗羲、全祖望《宋元学案》完全沿袭了这一推断。可以说，现代学者普遍认为吕大临在张载去世后"归依"或"转向"洛学，也是间接受《伊洛渊源录》、《宋史》、《关学编》、《宋元学案》等暗示的结果。

实际上，关学和洛学是在彼此互动中形成的，这使得二者既不是全然的对立，也不是全然的合一，而是两种有同有异的道学形态。吕大临的问题意识，与张载、二程同样既有同亦有异。站在某种形态之上来评论另一种形态，便会偏离历史事实。吕大临固然受张载和二程的影响，但其思想有其自身的特色，而这一特色是在其自身的理论探索和实践过程中得以确立的。

二、家学渊源

在北宋文化史上，蓝田吕氏兄弟享有盛名。同为关学高弟的范育，在为吕大钧撰写的墓表中说：

---

[1] 冯从吾：《关学编》卷一，第11页。

初谏议学游未仕，教子六人，后五人相继登科，知名当世，其季贤而早死，缙绅士大夫传其家声，以为美谈。[1]

吕氏兄弟之父吕蕡，官至比部郎中，赠谏议大夫，膝下六子，五人登科。[2] 二程高弟谢良佐也曾称赞："晋伯弟兄皆有见处。盖兄弟之既多且贵而皆贤者，吕氏也。"[3] 黄百家在《宋元学案》中评

---

[1] 范育：《吕和叔墓表》，《全宋文》卷一六五九，第76册，第112页。该文原收入吕祖谦编《皇朝文鉴》。朱熹编《伊洛渊源录》中收有给吕大钧作的《行状略》和《墓表铭》各一篇，前者无作者署名，后者署范育，可一并参考。范育是张载最得意的弟子之一，作有《正蒙序》。张载有多封与范育的论学书信（可参见林乐昌：《张载答范育书三通与关学学风之特质》，《中国哲学史》，2002年第1期，亦收入其《张载理学与文献探研》，人民出版社，2016年），又称赞"吕（大临）范（育）过人远矣"（见张载：《张子语录·语录下》，《张载集》，第329页）。范育与吕氏一家关系也很密切，其所作《吕和叔墓表》是研究吕大钧生平的最原始、可靠的资料之一。

[2] 2008年6月，陕西省考古队对位于现陕西省蓝田县五里头村的蓝田吕氏家族墓地进行了发掘，根据出土墓志，"蓝田吕氏家族墓地中共埋葬五代人，使用时间在北宋中、晚期的四十余年之中"，第一代为吕通，第二代为吕蕡和吕英，第三代为吕蕡子大忠、大防、大钧、大受、大临、大观和吕英子大圭、大章、大雅，第四代为大防子景山，第五代仅葬一人，因年青夭折而衬于祖父坟茔之侧。参见陕西省考古研究院：《陕西蓝田县五里头北宋吕氏家族墓地》，《考古》，2010年第8期。关于吕氏兄弟的行迹，可看看《宋史·吕大防传》及李如冰《宋代蓝田四吕及其著述研究》第30—78页。

[3] 黄宗羲、全祖望：《宋元学案》卷三十一《吕范诸儒学案》，陈金生、梁运华点校，中华书局，1986年，第1096页。谢良佐与吕大忠相熟，相互间十分敬重。《邵氏闻见录》记载："谢良佐显道作州学教授，显道为伊川程氏之学，进伯每屈车骑，同巨济过之。谢显道为讲《论语》，进伯正襟肃容听之，（转下页）

价说："吕氏六昆，汲公（大防）既为名臣，更难先生（大临）与晋伯（大忠）、和叔（大钧）三人同德一心，勉勉以进修成德为事，而又共讲经世实济之学，严异端之教。"[①]"进修成德"、"经世实济"、"严异端之教"，确可构成吕氏家学的特点。

　　蓝田吕氏的祖上本是河南汲郡人，故吕大临作文常署名为"汲郡吕大临"，其兄吕大防因卓有功勋而被封为"汲公"。汲郡吕氏可上溯到五代时的"三院吕氏"，本为名门望族，后趋衰落，到吕大防一辈又复振起。[②]从外在因素讲，家族的兴衰更替乃属必然之势。许多名门，一二代之后便家境败落，在历史上湮没无闻。有鉴于此，中国士人维系家族传承不绝的方式乃有赖于文化，因而儒学教育和家族传承便具有天然的联系，正所谓"积善

<hr />

（接上页）曰："圣人言行在焉，吾不敢不肃。'"见邵伯温：《邵氏闻见录》卷十四，中华书局，1983年，第153页；又见朱熹：《伊洛渊源录》卷八，《朱子全书》第12册，第1034页。

① 黄宗羲、全祖望：《宋元学案》卷三十一《吕范诸儒学案》，第1111页。

② 宋王明清《挥麈录》云："五代时有姓吕为侍郎者三人，皆名族，俱有后，仕本朝为相。吕琦，晋天福为兵部侍郎，曾孙文惠端相太宗。吕梦奇，后唐长兴中为兵部侍郎，孙文穆蒙正相太宗，曾孙文靖夷简相仁宗，衣冠最盛，已具《前录》。吕咸休，周显德中为户部侍郎，七世孙正愍大防相哲宗。异哉！"见王明清：《挥麈录·后录》卷二，中华书局，1961年，第105页。吕祖谦《东莱公家传》云："吕氏系出神农，受氏虞夏之间，更商、周、秦、汉、魏、晋，下逮隋、唐，或封或绝。五代之际，始号其族为'三院'。言河南者，本后唐户部侍郎梦奇；言幽州者，本晋兵部侍郎琦；言汲郡者，本周户部侍郎咸休。"见吕祖谦：《东莱吕太史文集》卷第十四，黄灵庚、吴战垒主编：《吕祖谦全集》第1册，浙江古籍出版社，2008年，第210页。蓝田吕氏乃吕咸休之后。李如冰对吕氏家族情况考证较详，见《宋代蓝田四吕及其著述研究》，第19—26页。

之家，必有余庆"（《周易·坤·文言》）。

后周之后，汲郡吕氏未有功名卓著者，直到吕大临的祖父吕通，始有振兴。据范育《吕和叔墓表》，吕通官至太常博士，赠兵部侍郎。自魏晋以来，太常博士便是掌管祭祀、礼制、仪物的官职，其教育程度很高，但实际政治影响十分有限。吕通死后，其子吕蕡将之葬于京兆府蓝田县（今陕西省蓝田县），其后便世居于此为家。为何吕通死后未归葬于族地？在道学史上，迁居异地为家的现象并不罕见。此或因主动，如周敦颐爱好庐山风景，邵雍喜欢洛阳人才集聚；或因被动，如张载因葬父归乡、路资不足而定居横渠。[1]据《陕西通志》所说，吕蕡葬父于蓝田，是因"蕡过蓝田，爱其山川风景，遂葬通于蓝田，因家焉"[2]。如此属实，那么吕氏一家迁居蓝田，便是吕蕡的决定，而吕蕡迁居的原因，与周敦颐有相似之处。据范育《吕和叔墓表》，吕蕡官至比部郎中，赠谏议大夫。比部属于刑部三司之一，主要负责审计事宜，政治上发挥作用的空间不大。或许正是由于其壮志未酬，再加上自祖上以来重视礼教的传统，吕蕡自始便非常重视教育。

吕蕡六子中，知名者为大忠、大防、大钧和大临四人。吕大

---

[1] 周敦颐祖居湖南道州营道（今湖南道县），晚年移居江西庐山，并将其母移葬于此，死后附葬于母墓。邵雍祖居范阳（今河北涿县），幼随父迁共城（今河南辉县），后定居洛阳，其父亦葬于洛阳。张载祖籍大梁（今河南开封），父死由涪州归葬祖地，路经凤翔郿县（今陕西宝鸡），因路资不足加之前方发生战乱，遂葬于此，后亦定居于此，后世学者称之为横渠先生。

[2] 沈青崖等：《陕西通志》卷七十，第68页，影印文渊阁四库全书，台湾商务印书馆，1986年。

防中进士于皇祐元年（1049），吕大忠与张载之弟张戬于皇祐五年（1053）同科，吕大钧与张载于嘉祐二年（1057）同科。其后，他们或居官于中央，向朝廷建言献策；或执政于地方，抚育一方百姓；或出使辽夏，平息边境危机；或教化于乡里，化礼成俗；或专意于学问，上达不已；吕氏一家成为蓝田乃至整个关中地区当之无愧的"望族"。

　　吕氏兄弟虽然有着不同的人生轨迹，但其共同点在于，都对国家的边防问题和社会的礼教问题表现出高度的关注，不仅体现出北宋士大夫身上共同所有的"以天下为己任"或范仲淹所说"先天下之忧而忧"的意识①，也体现出与张载"尊礼贵德"②相似的关学学风。张载少喜谈兵，重视边防，后为政事以敦本善俗为先，治道以渐复三代为对，丧祭一本于古礼。③《宋史·吕大防传》称大防：

　　　　自少持重，无嗜好，过市不左右游目，燕居如对宾客。每朝会，威仪翼如，神宗常目送之。与大忠及弟大临同居，相切磋、论道、考礼，冠、昏、丧、祭一本于古，关中言礼学者推吕氏。④

————————

① 余英时说："'以天下为己任'可以视为宋代'士'的一种集体意识，并不是极少数理想特别高远的士大夫所独有；它也表现在不同层次与方式上面，更非动辄便提升到秩序全面重建的最高度。"见余英时：《朱熹的历史世界》，生活·读书·新知三联书店，2004年，第219页。

② 脱脱等：《宋史》卷四百二十七《张载传》，第12723页。

③ 吕大临：《横渠先生行状》，《张载集》附录，第381—383页。

④ 脱脱等：《宋史》卷三百四十《吕大防传》，第10844页。

吕大防还考定《周易古经》一卷,同样反映了他"一本于古"的精神。[①] 吕氏兄弟精于礼学,不仅重视考证和辨析,尤其注重切身践履,不但将之行于一身,而且努力推行于一乡。《吕大钧传》说:

> 大钧从张载学,能守其师说而践履之。居父丧,衰麻葬祭,一本于礼。后乃行于冠昏、膳饮、庆吊之间,节文粲然可观,关中化之。尤喜讲明井田兵制,谓治道必自此始,悉撰次为图籍,可见于用。虽皆本于载,而能自信力行,载每叹其勇为不可及。[②]

吕氏兄弟实际上形成了一个学术精神一致的团体,其特点都表现为注重古道和礼学。可以说,正是张载和吕氏兄弟亦师亦友的关系,共同奠定了道学在关中的影响。《宋元学案》称:

> 横渠倡道于关中,寂寥无有和者。先生(吕大钧)于横渠为同年友,心悦而好之,遂执弟子礼,于是学者靡然知所趋向。横渠之教,以礼为先,先生条为《乡约》,关中风俗为之一变。[③]

---

① 易学专家潘雨廷对之有颇高赞誉:"他家所考定者,亦皆未及吕氏之纯粹,故于吴氏之《集古易》中,特表而出之。凡言古《易》者,宜以此本为准。"见潘雨廷:《读易提要》,上海古籍出版社,2003年,第105页。

② 脱脱等:《宋史》卷三百四十《吕大钧传》,第10847页。

③ 黄宗羲、全祖望:《宋元学案》卷三十一《吕范诸儒学案》,第1097页。

　　吕氏兄弟共同参与编修的《吕氏乡约》是中国第一部成文乡约，经朱熹介绍后，对后世影响甚大，成为后世乡约的范本。[①]

　　关中学者普遍注重古道和礼学，与其对地域环境的切身感受密切相关。自秦汉到隋唐，关中大部分时间都属于国家的政治、经济、文化中心地区，这使得关中士风和民风一方面受到各种地方文化和外来文化的广泛影响，表现出文化多元性的特点，另一方面又培养出了知礼尚节、注重实践的儒家文化特点。[②] 经过晚唐五代的战乱，入宋以后，关中和长安已是"城缩十之八九，民无十之二三"，呈现出明显的衰退之势。[③] 不仅如此，北宋时的陕西，北临西夏，与西北边防息息相关，包括京兆府在内的大部分关中地区均隶属永兴军，属军事建制，宋夏、金夏、宋金冲突

----

① 《吕氏乡约》的形式、内容以及自社会层面试图推进社会秩序重建的思路，对宋明时代的儒家社会礼教改革发生了重要影响。萧公权高度评价《吕氏乡约》在中国政治史上的地位："《吕氏乡约》于君政官治之外别立乡人自治之团体，尤为空前之创制。"见萧公权：《中国政治思想史》，新星出版社，2005年，第354页。杨开道认为："《吕氏乡约》的基本主张，在树立共同道德标准，共同礼俗标准，使个人行为有所遵守，不致溢出标准范围以外。这种步骤在礼学里面，可以说是到了登峰造极的地位。"见杨开道：《中国乡约制度》，商务印书馆，2015年，第69页。

② 在宋代的地域文化观念中，普遍认为关中人具有刚劲敢为的性格特点。如《河南程氏遗书》卷十记有张载和程颐的一段对话说："子厚言：'关中学者，用礼渐成俗。'正叔言：'自是关中人刚劲敢为。'"见《二程集》，第114页。朱熹也说："西北人劲直，才见些理，便如此行去。"见《朱子语类》卷一百一，第2561页。

③ 参见秦晖：《陕西通史·宋元卷》第一章第二节《战争、社会与文化——宋元时代的陕西风貌》，陕西师范大学出版社，1997年，第7—22页。

不断，域内常有战事发生。如果说汉唐时期的关中是繁华、稳定的国家中心，那么宋元时期的关中则截然相反，是衰退中战乱不断的军事要地。吕氏家族从吕蕡迁居蓝田开始，三代之后便湮没无闻，与南方大家族世代延续不断相比，更可见时代变化之急剧。这使关中儒者在当时繁华不再、兵灾频发的强烈对比中，可以更加真切地感受到家国存亡之危，对国家和文化的忧患意识也愈加强烈。张载早年曾上书范仲淹，所表达的就是关于边防问题的建言，关学弟子也大多从事过边防工作，从这一点上也可以间接看出关学学风形成的特殊性以及地域环境对道学理论倾向的影响。悍直的民风，频繁的战乱，儒学强烈的文化意识和民族意识，共同造就了关中士人重礼、重兵、重实行的学风特点，多能建功立业，耻于空谈。

三、道学初兴

任何个体生命的精神世界，总是与其家庭环境和所处的时代有着密切的联系。在家庭的哺育和教养中，心灵世界逐渐生长并扩展着；在时代的感受中，生命个体进一步获得他的历史感和使命感。

如所周知，北宋在晚唐五代空前的政治乱局和文化沉沦之后重建了国家的统一，秩序获得恢复，形成新的文化构想，儒者重新获得参与家国政事的机会，开始了一个精神相对自由和文化高度繁荣的阶段。但另一方面，北宋朝廷内部立国根基薄弱，外部又有强国虎视，政治改革步履艰难，儒者士大夫的忧患意识空前增强。在剧烈的时代精神冲突中，北宋儒者"论道"之风骤盛。① 这种君、臣、学士相与论道的局面,不但极大地激发了儒者从著书立说向天下治平推进的政治热情②,而且更进一步促进了社会的文教之风。理想与现实的距离,使得儒者在政治抱负不能施展时,便内化为个体的精神力量。对于道学家而言,时代和家国"忧患"的指向不是外在的,而是作为提升生命存在意义的"契机"发挥作用。外在的政治、社会、文化动荡,最终凝结于个体生命的心路历程之中,升华为道学家的精神世界。

宋仁宗嘉祐元年(1056),对道学创立来说,是一个重要的年份。这一年,张载与二程相继来到京师,准备明年的科举考试。张载坐虎皮讲《易》,听者甚众,程颢的声望颇高,程颐则游学太学,撰《颜子所好何学论》。吕大临在《横渠先生行状》中描述了张载与二程初次论学的状况:

---

① 《宋史·艺文志》称:"宋有天下,先后三百余年,考其治化之污隆,风气之离合,虽不足以拟伦三代;然其时,君汲汲于道艺,辅治之臣莫不以经术为先务,学士、搢绅先生谈道德性命之学不绝于口,岂不彬彬乎进于周之文哉!"见脱脱等:《宋史》卷二百二《艺文志》,第5031页。关于北宋道学兴起的思潮背景,可参见徐洪兴:《思想的转型——理学发生过程研究》,上海人民出版社,1996年,第166—233页。

② 余英时从北宋政治文化发展的角度说,儒家秩序重建"这一理想的社会根源可以上溯至五代时期;在宋代儒学复兴第一阶段,它则主要寓于'说经以推明治道'的方式之中。但'言'之既久逼出了'行'的要求,所以庆历变法失败二十年之后,终于又有了熙宁变法的继起。这一发展是和宋代士大夫群中新出现的政治、社会意识紧密连成一体的。"见余英时:《朱熹的历史世界》,第314—315页。

　　嘉祐初，见洛阳程伯淳、正叔昆弟于京师，共语道学之要，先生涣然自信曰："吾道自足，何事旁求！"乃尽弃异学，淳如也。[①]

张载与二程论学的具体内容已不可晓，但他们的讨论对于张载坚定儒学的立场和进一步建构其道学理论，无疑起到了巨大的促进作用。而他们的结交，也使道学在关、洛二学相互影响的过程中，不仅拓展了规模，而且深化了发展趋向。吕大临《东见录》记有几十年以后程颢对此事的回忆，表达当时他们思想上的共鸣："伯淳尝与子厚在兴国寺曾讲论终日，而曰：'不知旧日曾有甚人于此处讲此事。'"[②]

　　约在此同时，吕大临的三兄吕大钧与张载相识，并向其问学，此后逐渐成为推行张载之学最有力的弟子。据《（吕大钧）行状略》称：

　　盖大学之废绝久矣。自扶风张先生倡之，而后进蔽于俗尚，其才俊者急于进取，昏塞者难于领解，由是寂寥无有和

―――――――――

① 吕大临：《横渠先生行状》，《张载集》附录，第382页。《河南程氏外书》卷十二收有祁宽记尹焞语："横渠昔在京师，坐虎皮说《周易》，听从甚众。一夕，二程先生至，论《易》。次日，横渠撤去虎皮曰：'吾平日为诸公说者，皆乱道。有二程近到，深明《易》道，吾所弗及，汝辈可师之。'横渠乃归陕西。"见《二程集》，第436页。相关记载又见游酢为程颢所作《书行状后》，见《二程集》，第334页。由此也引出二程弟子普遍认为张载师从二程的看法，但这一看法被程颐否定。见《河南程氏外书》卷十一，《二程集》，第414页。
② 程颢、程颐：《河南程氏遗书》卷二上，《二程集》，第26页。

者。君于先生为同年友，及闻先生学，于是心悦诚服，宾宾然执弟子礼，扣请无倦，久而益亲，自是学者靡然知所向矣。①

不过，据范育《吕和叔墓表》，吕大钧对张载之学完全"心悦诚服"也经历了一个很长的过程。起初，"君于先生为同年友，一言而契，往执弟子礼问焉"。吕大钧此时主要是对张载的礼学非常认同，对其谈"天道性命"的道学尚有怀疑，认为："始学必先行其所知而已。若天道性命之际，正惟躬行礼义，久则至焉。"张载则认为："学不造约，虽劳而艰于进德。"这即是说，没有对天道性命的体认，所行之礼义与内在的心理感受不能合一，最终将使礼义外在化、形式化而难以持久。张载且说："君勉之，当自悟。"但吕大钧则"信己不疑，设其义，陈其数，倡而行之，将以抗横流，继绝学，毅然不恤人之非间己也。先生亦叹其勇为不可及"。直到其父去世治丧，一依古礼，之后进一步将冠、昏、饮酒、相见、庆吊之礼也推行于乡，最后才"久之，君之志既克少施，而于趣时求中，未能沛然不疑，然后信先生之学，本末不可逾，以造约为先务矣"。②

嘉祐二年（1057），张载、程颢、吕大钧同登进士第，之后分别到祁州、鄠县、秦州任职。在政事繁忙之际，张载与程颢仍有通信论学，程颢《答横渠张子厚先生书》（即后世所称《定性书》）即写于此时。"定性"问题乃由张载提出，但张载相关书信已佚，不详所指。"定性"论题显然是对"造约"论题的推进，即

① 朱熹：《伊洛渊源录》卷八，《朱子全书》第 12 册，第 1031 页。

② 范育：《吕和叔墓表》，《全宋文》卷一六五九，第 76 册，第 112—113 页。

讨论如何造约的修养工夫问题。程颢《定性书》首先指出，若以"定性未能不动，犹累于外物"，是"以外物为外，牵己而从之，是以己性为有内外也"，"既以内外为二本，则又乌可遽语定哉"。程颢接着转向对心的论述："夫天地之常，以其心普万物而无心；圣人之常，以其情顺万物而无情。故君子之学，莫若廓然而大公，物来而顺应。"① 程颢《定性书》显示出他在"泛滥于诸家，出入于老释者几十年"② 之后，思想已达到成熟。③ 程颢道学思想的特点是"一本论"④，心性合一，本体与工夫合一。然而，张载道学则不但心性不同，并且性亦需经过一个由"气质之性"导致的"善恶混"，通过"知礼成性"的修养工夫，最后向"天地之性"复返的过程。这样，"性"之如何"定"，便成为一个问题。张载与程颢对心性论及修养工夫的不同理解预示着道学的不同发展方向，对吕大临道学问题意识的形成也有重大影响。

宋神宗熙宁二年（1069），王安石被起用为参知政事，开始推行新法。经御史中丞吕公著推荐，程颢与张载均赴京师应对。其后，程颢任权监御使里行，张载任崇文院校书。神宗多次召对程颢，程颢亦进说甚多，"大要以正心窒欲、求贤育材为先"⑤。神

① 程颢：《答横渠张子厚先生书》，《河南程氏文集》卷二，《二程集》，第460页。
② 程颐：《明道先生行状》，《河南程氏文集》卷十一，《二程集》，第638页。
③ 关于《定性书》，可参考郭晓东：《识仁与定性——工夫论视域下的程明道哲学研究》第四章第二节"定性与定心"，2006。关于张载思想中"定性"的问题，可参考张金兰：《关洛学派思想关系研究——以张载、二程为主》，花木兰文化出版社，2013年，第52—66页。
④ 这里的"一本论"是采用牟宗三的说法，见《心体与性体》中册，第16—18页。
⑤ 程颐：《明道先生行状》，《河南程氏文集》卷十一，《二程集》，第633页。

宗召对张载,问以治道,张载对以"为政不以三代为法者,终苟道也"①。对于王安石新法,程颢、张载均有不同看法,尤其在用人问题上均持严厉指责态度。但程颢论事,语气平和,王安石也多为之动;张载则面折王安石,语多不合,被外支治明州狱案。由此亦可见二人学问与性格之差异。

由于程颢与张载都在京师,此时或有多次论学,惜乎无文献记载。程颐则随父任,在汉州,张载曾就"虚无即气"与"勿忘勿助"的问题与其进行书信讨论。今张载相关书信已佚,程颐有《答横渠先生书》及《再答》保存于文集中。在张载道学中,"虚无即气"首先是一个宇宙论的问题,但程颐则批评其非学者所能虑及,"余所论,以大概气象言之,则有苦心极力之象,而无宽裕温厚之气。非明睿所照,而考索至此,故意屡偏而言多窒,小出入时有之。更愿完养思虑,涵泳义理,他日自当条畅"②。此外,对于孟子"必有事焉而勿正,心勿忘,勿助长也",张载认为已是"入神",即是已达到对天道体认的境界之语,而程颐则认为只是言养气之工夫。显然,张载与二程对心性与工夫仍有不同看法,这实际上体现出他们理论形态的不同。

四、倡道关中

熙宁三年(1070),张载处理完狱案返回朝廷,适逢原任监察御史里行的兄弟张戬因论王安石乱法被贬,因而对朝廷的态

---

① 脱脱等:《宋史》卷四百二十七《张载传》,第 12723 页。
② 程颐:《答横渠先生书》,《河南程氏文集》卷二,《二程集》,第 596 页。

度更加消极，于是谒告西归横渠故里讲学。程颢亦因言不能行，恳求外补，差签镇宁军节度判官。在中央新法之争日趋激烈时，边境战事再起。九月，西夏侵犯庆州边境，朝廷急忙兴兵，工部侍郎、参知政事韩绛为陕西路宣抚使，吕大防为宣抚判官，大忠任永兴路提督义勇，大钧被召为宣抚司书写机宜文字，这是大防、大忠、大钧初涉边事，为其以后多次处理边防问题积累了经验。①

　　上层改革举措的不如人意，外患危机的加重，使有道学倾向的儒士开始寻找其他途径施展志向。在熙宁三年之后的几年中，张载于横渠，二程于洛阳，专心于讲学，关洛两大学派相继形成。在张载横渠讲学、推行礼教和实践井田的同时，吕氏兄弟也在蓝田推行古礼和乡约。熙宁七年（1074），吕蕡去世，四吕均回家为父治丧，"衰麻敛奠葬祭之事，悉捐习俗事尚，一仿诸礼"②。在守丧的两年多时间中，除吕大忠被短暂夺丧，命赴代州与北使谈判外，四吕均居于关中，对后世影响巨大的《吕氏乡约》，在此期

---

① 参见王美凤、张波、刘宗镐：《关学学术编年》，西北大学出版社，2015年，第36—41页；卢连章：《二程学谱》，中州古籍出版社，1988年，第14页；李如冰：《宋代蓝田四吕及其著述研究》，第31、50、64页。

② 朱熹：《伊洛渊源录》卷八，《朱子全书》第12册，第1031页。吕氏以古礼治丧，应当与张载的倡导有关。吕大临在《横渠先生行状》中写道："近世丧祭无法，丧惟致隆三年，自期以下，未始有衰麻之变；祭先之礼，一用流俗节序，燕亵不严。先生继遭期功之丧，始治丧服，轻重如礼；家祭始行四时之荐，曲尽诚洁。闻者始或疑笑，终乃信而从之，一变从古者甚众，皆先生倡之。"见《张载集》附录，第383页。

间也开始推行。①《吕氏乡约》由吕大钧主导制定，吕氏兄弟共同参与完成，最后由长兄吕大忠署名发布。②《吕氏乡约》以"德业相劝，过失相规，礼俗相交，患难相恤"四个纲目约束和处理乡党邻里关系及相关事务，是道学在关中地区推行礼仪教化、敦化民俗的重要成果，显示出关学注重从社会层面推行改革的尝试。正是在这几年间，四吕与张载在关中东西呼应，共同塑造了关学"尊礼贵德"的学风。③

　　在张载的诸弟子及吕氏诸兄弟中，若论学问的专一与精进，

①《吕氏乡约》末载有："熙宁九年十二月初五日，汲郡吕大忠白。"见《蓝田吕氏遗著辑校》，第567页。

② 朱熹说："此篇（《答刘平叔》）旧传吕公进伯所作，今乃载于其弟和叔文集，又有问答诸书如此，知其为和叔所定不疑。篇末著进伯名，意以其族党之长而推之，使主斯约故尔。"王承裕说："《乡约》本文，承裕十年前得之，盖吕氏兄弟相与论定者，其所以约乡人为善之意至矣。"见《蓝田吕氏遗著辑校》，第570页。今本《吕氏乡约》包括乡约、乡仪两个部分，曾经过朱熹的重新编辑。今存有吕大钧作《答伯兄》、《答仲兄》、《答刘平叔》、《寄刘伯寿书》等关于《乡约》的书信，与他们具体商谈其中的问题，见《蓝田吕氏遗著辑校》，第568—570页。

③《（吕大钧）行状略》称："先生（张载）之学，大抵以诚明为本，以礼乐为行。众人则姑诵其言，而未知其所以进于是焉。君（吕大钧）即若蹈大路，朝夕从事，不啻饥渴之营饮食也。潜心玩理，望圣贤之致剋期可到，而日用躬行，必取先生之法度以为宗范。自身及家，自家及乡人，旁及亲戚朋友，皆纪其行而述其事。"见朱熹：《伊洛渊源录》卷八，《朱子全书》第12册，第1029页。《宋元学案》也说："横渠之教，以礼为先，先生（吕大钧）条为《乡约》，关中风俗为之一变。"见黄宗羲、全祖望：《宋元学案》卷三十一《吕范诸儒学案》，第1097页。可见其均把吕大钧推行礼学看做是张载之学的重要实践部分之一。

都以吕大临最为突出。张载曾称赞其曰："某唱此绝学亦辄欲成一次第，但患学者寡少，故贵于学者。今之学者大率为应举坏之，入仕则事官业，无暇及此。由此观之，则吕（大临）、范（育）过人远矣。"①吕大临何时与张载相识，史无明载。吕大忠与张戬在皇祐五年（1053）同登进士第，二人此时应已相识；吕大钧与张载又在嘉祐二年（1057）同登进士第，吕大钧拜师张载。在此前后，吕大防、大临分别于皇祐元年（1049）、嘉祐六年（1061）登第。②虽然此后各自为政一方，但吕氏兄弟与张氏兄弟应有相互往来。又据吕大防《祭文》："吾十有四年而子始生。其幼也，吾抚之；其长也，吾诲之。以至宦学之成，莫不见其始终。"③由此推断，吕大临由幼及长似乎一直跟随吕大防。熙宁三年（1070），吕大防被召直舍人院，张载、张戬也在京师，吕大临是年三十一岁，他与张氏兄弟相识不会晚于此年。

　　熙宁九年（1076）三月，张戬逝世。吕大临为张戬的女婿，④张戬之《行状》即为吕大临所作。《全宋文》中辑有吕大临一通《上横渠先生书》，提到"前日往哭太博之殡"，当作于此时。在

―――――――――

① 张载：《张子语录·语录下》，《张载集》，第329页。

② 沈青崖等：《陕西通志》卷三十，第43页。

③ 朱熹：《伊洛渊源录》卷八，《朱子全书》第12册，第1032页。《伊洛渊源录》不载《祭文》作者，但李红霞、吕如冰都注意到宋李幼武《宋名臣言行外录》卷六引此文为汲公作。据此，《祭文》作者当为吕大防。

④ 吕大防《祭文》曰："子之妇翁张天祺尝谓人曰：'吾得颜回为婿矣。'"见朱熹：《伊洛渊源录》卷八，《朱子全书》第12册，第1032页。吕大临为张载长姐所撰的墓志云："大临既学于先生之门，继又受室于张氏。"见李如冰：《吕大临佚文一则》，《文献》，2011年第3期。

信中，吕大临劝导张载说："去圣既没，道有所在。虽废兴有命，亦当天下同忧。敢祈节抑自重，以慰士望，不胜区区之愿。"[1]

　　同年，四吕丧服期满，吕大忠回朝复职，仍为枢密院检详文字；大防为龙图阁待制、知秦州；大钧则"自以道未明，学未优"[2]，不复有禄仕意，独自家居讲道，推行礼教，敦化风俗，讲习井田兵制，务为实践之学。张载评价说："秦俗之化，亦先自和叔有力焉。"[3] 程颐也说："和叔任道担当，其风力甚劲。"[4]

　　熙宁十年（1077），张载虽已身体有恙，但在他"有用于世"的希望中，还是在吕大防的推荐下返回京师，同知太常礼院。很快他便发现其尊循古礼的想法不但得不到执政者的认同，甚至因此而受到轻视，加之病疾加重，遂于七月罢归。九月，邵雍病重，张载在洛阳与司马光、二程晨夕候之。张载与二程在此期间亦进行了生平的最后一次论学，其内容记于《河南程氏遗书》卷十《洛阳议论》之中，显示出关洛二学在政治、修身工夫和社会教化等诸多问题上的不同看法：首先，在推行"井田制"的问题上，张载认为这是推行新法的重要因素，"必先正经界，经界不正，则法终不定"，二程则认为应该"使上下都无怨怒，方可行"，对推行井田制持谨慎态度。其次，在礼教问题上，张载认为"绝非礼义，便当去之"，二程则认为古礼去日太远，多不能言，礼应注重实用。最后，在"穷理尽性"问题上，二程认为"只穷理

① 吕大临：《上横渠先生书一》，《全宋文》卷二三八五，第110册，第154页。
② 朱熹：《伊洛渊源录》卷八，《朱子全书》第12册，第1029页。
③ 程颢、程颐：《河南程氏遗书》卷十，《二程集》，第115页。
④ 程颢、程颐：《河南程氏遗书》卷二上，《二程集》，第44页。

便是至于命",张载则认为"失于太快,此义尽有次序",应先穷理,再尽性,进而才至于命。[1] 总之,在现实问题上,张载较为理想,二程则更为现实;在道德修养问题上,则似恰好颠倒,张载注重为学次第,较为现实,二程则注重当下体认,较为理想。这明显表现出张载与二程的不同理论侧重和关怀。这种差异,为后世道学的发展拓展了规模,也为关洛后学的争论埋下了伏笔。

十二月,张载逝世于回乡途中。程颢作诗悼念张载,哀叹道学人才之失落。[2] 吕大临之后撰写了《横渠先生行状》,对张载生平、学术特点等有详细的记载,准确地概括了张载"穷神化,一天人,立大本,斥异学"的为学宗旨和"知礼成性、变化气质"的为学工夫特点。[3]

五、由关入洛

与关学学派重视"以礼为教"不同,洛学学派更倾向个体的内在生命体认,由此造成关洛两大道学学派的不同学术倾向。在张载逝世后的两三年间,关洛二学的交融达到了高潮。先有元丰二年(1079)吕大临入洛问学于二程,后有元丰三年(1080)程颐入关讲学。通过与关学弟子的交往,程颐对关学推行礼学

---

[1] 程颢、程颐:《河南程氏遗书》卷十,《二程集》,第 110、111、113、115 页。

[2] 程颢诗作内容为:"叹息斯文约共修,如何夫子便长休! 东山无复苍生望,西土谁共后学求? 千古声名联棣萼,二年零落去山丘。寝门恸哭知何限,岂独交亲念旧游!"见程颢:《哭张子厚先生》,《河南程氏遗书》卷三,《二程集》,第 485 页。

[3] 吕大临:《横渠先生行状》,《张载集》附录,第 383 页。

的成就多有了解,乃至晚年编订五经解的时候,将最为繁难的礼学部分交予关中弟子。[①]但二程也对张载的道学思想做出较前更激烈的评判。这些评判,虽未被关学弟子完全接受,但对洛学以至整个道学的发展方向有着重要的影响。

重视"下学"之礼教,始终是吕大临最重要的问题意识。在给程颢的信中,吕大临说:

> 某自闻横渠见诲,始有不敢自弃之心。乃知圣学虽微,道在有德。不能千里往见,有愧昔人,然求有余师,方惧不勉。但执事伯仲与横渠始倡此道,世俗讹讹,和者盖寡。虽自明之德,上达不已,而礼乐之文,尚有未进,学士大夫无所效法。道将兴钦,不应如是之晦,此有道者当任其责。尝侍横渠,每语及此,心实病之。盖欲一见执事,共图振起,不识执事以为然乎?[②]

吕大临是在"礼乐之文,尚有未进,学士大夫无所效法"而"有道者当任其责"以"共图振起"的深切感受下,请求拜见程颢的。他显然把道学振兴看作是二程与张载的共同目标,而重视礼乐则更多是关学的特征。甚至吕大临在后来受程颢思想影响下所

①《程氏遗书》记:"曰:'闻有五经解,已成否?'曰:'惟《易》须亲撰;诸经则关中诸公分去,以某说撰成之。礼之名数,陕西诸公删定,已送与吕与叔。与叔今死矣,不知其书安在也?'"见程颢、程颐:《河南程氏遗书》卷十八,《二程集》,第239页。

② 吕大临:《与程伯淳书》,《全宋文》卷二三八五,第110册,第157页。

作之《中庸解》中，仍然不忘由"道"立"教"，正是对以往问题意识的继续。

元丰二年（1079），程颢知扶沟县，程颐随往，吕大临向二程问学并记有语录，其中以程颢之言为主，后世称之为《东见录》。① 在二程的诸多语录中，《东见录》由于记载较早、较多、较准确，且涉及二程特别是程颢之学最为核心的问题，因而具有特别重要的价值。其中既有二程关于"天理"与"万物"的许多论断，也有他们对"识仁"、"养心"、"诚敬"等修养工夫论的指点，还有对于佛禅异端之学和王安石、张载之学的批评，尤以几段关于"观仁"、"识仁"等的论述最为著名。② 程颐曾评价吕大临说："吕与叔守横渠学甚固，每横渠无说处皆相从，才有说了，便不肯回。"③ 这固然表明吕大临受张载影响极深，同时也表明吕大临并不轻易随从他人看法，而始终保持自己的思想主旨。

元丰三年（1080），程颐入关讲学，吕大临随行。《河南程氏遗书》中收有《入关语录》一卷，即为关中学者所记的程颐讲学语录。程颐后作有《雍行录》，记载其因丢失千钱而引起的诸弟

① 吕大临之问学语录后被朱熹编为《河南程氏遗书》卷二上，朱熹在目录上记曰"元丰己未吕与叔东见二先生语"，因而后世简称之为《东见录》。又有小注记道："吕大临，字与叔，蓝田人，学于横渠张先生之门。先生卒，乃入洛。己未，元丰二年。然亦有己未后事。"见《二程集》目录，第 1 页。

② 陈来认为："仁说及求仁之学是早期道学的主题，也是前期道学的核心话语，提供了道学从北宋后期到南宋前期发展的重要动力。"见《论宋代道学话语的形成和转变——论二程到朱子的仁说》，收入其《中国近世思想史研究》，生活·读书·新知三联书店，2010 年，第 56 页。

③ 程颢、程颐：《河南程氏遗书》卷十九，《二程集》，第 265 页。

子不同看法以及与吕大临的对答：

> 元丰庚申岁，予行雍、华间，关西学者相从者六七人。予
> 以千钱挂马鞍，比就舍则亡矣。仆夫曰："非晨装而亡之，则
> 涉水而坠之矣。"予不觉叹曰："千钱可惜。"坐中二人应声
> 曰："千钱亡去，甚可惜也。"次一人曰："千钱微物，何足为
> 意？"后一人曰："水中囊中，可以一视。人亡人得，又何叹
> 乎？"予曰："使人得之，则非亡也；吾叹夫有用之物，若沉
> 水中，则不复为用矣。"至雍，以语吕与叔曰："人之器识固不
> 同。自上圣至于下愚，不知有几等。同行者数人耳，其不同
> 如此也。"与叔曰："夫数子之言何如？"予曰："最后者善。"
> 与叔曰："诚善矣。然观先生之言，则见其有体而无用也。"
> 予因书而志之。

吕大临"见其有体而无用"的总结，反映了其为学特点，也引起
了程颐的共鸣。十五年后，即绍圣二年（1095），程颐"因阅故
编，偶见之，思与叔之不幸早死，为之泣下"[1]。程颐对于吕大临的
去世，颇为惋惜，可见其对吕氏的看重。

元丰八年（1085）六月，程颢逝世。吕大临作《哀词》追思
程颢的学问和修养："先生负特立之才，知大学之要；博文强识，
躬行力究；察伦明物，极其所止；涣然心释，洞见道体。"[2]吕大临
称赞程颢"知大学之要"，与前文所述"大学之丧废绝久矣，自扶

---

① 程颐：《雍行录》，《河南程氏文集》卷八，《二程集》，第587页。
② 吕大临：《哀词》，《河南程氏遗书》附录，《二程集》，第337页。

风张先生倡之"① 以及其自述"以不敏之资，祈进大学"② 是一致
的。"大学"实际上也就是"道学"，他认为程颢之学的根本在于
"涣然心释，洞见道体"。但这并不意味着道学可以离开日用常
行的人伦实践。体验到"涣然心释，洞见道体"的同时，也需要
"博文强识，躬行力究；察伦明物，极其所止"的具体修养和践
行过程。这仍然是对"有体有用"的注重。

六、解经论道

　　就在程颢逝世的这一年，神宗驾崩，年仅十岁的哲宗即位，
太皇太后高氏垂帘听政，司马光、吕公著复起执政，全力废除新
法。元祐元年（1086），吕大防进入执政行列，程颐在洛阳充任
崇政殿说书，吕大临为太学博士，主要在太学讲读《礼记》，其
讲义后辑为《礼记解》，这是吕大临今日所留存的内容最详尽的
著作。③

---

① 朱熹：《伊洛渊源录》卷八，《朱子全书》第 12 册，第 1029 页。
② 吕大临：《上横渠先生书一》，《全宋文》卷二三八五，第 110 册，第 153 页。
③ 今本吕大临《礼记解》是从卫湜《礼记集说》中辑出。据此可见，《礼记解》对
　《礼记》中的《曲礼》上下、《孔子闲居》、《中庸》、《表记》、《缁衣》、《深衣》、
　《投壶》、《儒行》、《大学》、《冠义》、《昏义》、《乡饮酒义》、《射义》、《燕义》、
　《聘义》、《丧服四制》等十七篇有完整的解释，而且除《孔子闲居》、《丧服四制》
　外，其他各篇篇首均有一段概论性的小序。其中，《儒行》解开篇有"今日讲解，
　所以不敢废也"之语，显然为讲说语气。《中庸》解起首有"既以浅陋之学为诸君
　道之，抑又有所以告诸君者"之语，又说"然朝廷建学设官，职事有不得已者，此
　不肖今日为诸君强言之也。诸君果有听乎，无听乎"，亦为讲说语气。见《蓝田吕
　氏遗著辑校》，第 360、592 页。据此可推测《礼记解》当为吕大临太学时讲义。

　　这一年，程颐与吕大临来往频繁。程颐《答吕进伯简三》中说："与叔每过从，至慰至幸。引偦门墙，坐驰神爽。"①程颐与吕大临的《论中书》即作于此年。②现保存于《河南程氏文集》中的《论中书》，实为吕大临所辑其与程颐数通往来论学书信的摘编。③问题的讨论，由吕大临提出的"中者道之所由出"所引起。这一观点实际上出自吕大临《礼记解》对《中庸》首章的注解："'天命之谓性'，即所谓中；'修道之谓教'，即所谓庸。中者，道之所自出；庸者，由道而后立。"④由对《中庸》首章的讨论，进一步涉及到如何理解"未发"与"已发"的问题。二人的讨论对理学日后的发展，发挥了重大的影响。

　　同年，吕大临作《上哲宗论选举六事》。⑤所论六事分别为"士规"、"学制"、"试法"、"辟法"、"举法"、"考法"，朱熹称"其

---

① 程颐：《答吕进伯简三》，《河南程氏文集》卷九，《二程集》，第 605 页。

② 关于程、吕论"中"之发生时间的讨论，可参见陈俊民：《关于蓝田吕氏遗著的辑校及其〈易章句〉的思想》，《蓝田吕氏遗著辑校》，第 7 页；卢连章：《二程学谱》，第 31 页；李红霞：《吕大临〈中庸解〉简论》，《早期道学话语的形成与演变》，第 66 页。

③ 《河南程氏文集》卷九《与吕大临论中书》题目下小注记曰："此书其全不可复见，今只据吕氏所录到者编之。"见《二程集》，第 605 页。

④ 吕大临：《礼记解·中庸》，卫湜：《礼记集说》卷一百二十三，第 15 页，影印文渊阁四库全书，台湾商务印书馆，1986 年；《蓝田吕氏遗著辑校》，第 271 页。

⑤ 文末小注曰："元祐元年上，时为太学博士。"见赵汝愚：《宋朝诸臣奏议》卷八十，上海古籍出版社，1999 年，第 873 页。可知元祐元年吕大临就已经任太学博士。

论甚高。使其不死，必有可用"①。《论选举》文后收入南宋赵汝愚编《宋朝诸臣奏议》，经节略后收入《宋史·吕大临传》，流传比较广泛。现代研究者多把《论选举》看作吕大临受张载关学影响之后的"经世实济之学"②，但吕大临此时已经问学二程多年。

元祐二年（1087），二程高弟刘绚、李吁相继逝世，吕大临写《祭李吁文》，回忆他们的相识、相知，表达自己深痛的怀念之情，其中说："识子于南山渭水之曲，知子于洛阳夫子之门，风期自振于流俗，问学不异于渊源。……不意二子之贤，而一朝至此，道之难行，我今知之。"③同年二月，吕大临得到文彦博的推举："试太学博士吕大临，强学笃行，有古儒之风。杜门十年，以讲学自乐，经术通明，闻誉夙著，虽蒙召置太学，以亲嫌，未极其用。"④但侍御史王岩叟因吕大防时为执政，建议"不若且养之，以重其名实，待他日亲嫌之大臣去位，躐等用之，无所不可"⑤。七月，太学徐生去世，吕大临率太学同僚前去吊祭。时为太学生的周行己有感于继胡瑗之后吕大临对太学"师弟子"风尚的提倡和实践，撰《书吕博士事》赞曰："於，美乎哉！师弟子之风兴矣。先生之赐甚厚，非特太学化之，将亦四方化之。非特今世化之，

① 黎靖德编：《朱子语类》卷一百一，第 2561 页。
② 徐远和：《洛学源流》，齐鲁书社，1987 年，第 238 页。
③ 吕大临：《祭李吁文》，《全宋文》卷二三八七，第 110 册，第 190 页。
④ 文彦博：《举杜诉等劄子》，《全宋文》卷六五六，第 31 册，第 5 页。
⑤ 李焘：《续资治通鉴长编》卷三百九十六，中华书局，2004 年，第 9652 页。

将亦后世化之，先生之赐甚厚也。"①

　　元祐六年（1091），吕大临擢升为秘书省正字。②七年（1092），所著《考古图》十卷编成，其中收录了宋代秘阁、太常、官廷内藏和民间的青铜器多达224件，石器1件，玉器13件。吕大临对所收录的物器，先进行摹画图像，并加以定名，介绍其外观特点、容量、重量及流传过程；而后又作《考古图释文》，对其中85件青铜器上的古文字加以文字学考察，具有重要的学术意义。③吕大临写有《考古图后记》，后收入吕祖谦编《宋文鉴》之中，得以广泛流传。从《考古图后记》中可以看到，其"考古"之目的在于"追三代之遗风"、"以意逆志"、"补经传之阙亡"④，这依然是重视礼学的体现，并未完全走向"独立孔门无一事，只输颜子得心斋"⑤。

---

① 周行己：《书吕博士事》，《周行己集》，周梦江笺校，上海社会科学院出版社，2002年，第116页。

②《续资治通鉴长编》记："（元祐六年七月）己卯，左宣德郎吕大临、秘书省校对黄本书籍秦观并为正字。"见李焘：《续资治通鉴长编》卷四百六十二，第11034页。

③ 程旭：《吕大临与关学及〈考古图〉》，《文博》，2007年第6期。

④ 吕大临：《考古图后记》，《全宋文》卷二三八六，第110册，第163页。

⑤《伊洛渊源录》卷八载《祭文》曰："子之学，博及群书，妙达义理，如不出诸口；……子之文章，几及古人，薄而不为。"见《朱子全书》第12册，第1032页。《河南程氏遗书》卷十八记："问：'作文害道否？'曰：'害也。凡为文，不专意则不工，若专意则志局于此，又安能与天地同其大也？《书》曰"玩物丧志"，为文亦玩物也。吕与叔有诗云："学如元凯方成癖，文似相如始类俳；独立孔门无一事，只输颜氏得心斋。"此诗甚好。古之学者，惟务养情性，其它则不学。今为文者，专务章句，悦人耳目。既务悦人，非俳优而（转下页）

同年,礼部侍郎兼侍讲范祖禹以吕大临"修身好学,行如古人"[①],推荐任用。但吕大临于次年"不及用而卒"[②]。蜀学领袖苏轼与道学有异,对洛学领袖程颐之言行非常不满,因而形成当时互相排挤的洛蜀党争,但其对吕大临却评价甚高,期许其重。在《吕与叔学士挽词》中,苏轼写道:

> 言中谋猷行中经,关西人物数清英。
>
> 欲过叔度留终日,未识鲁山空此生。
>
> 论议凋零三益友,功名分付二难兄。
>
> 老来尚有忧时叹,此涕无从何处倾。[③]

曾同为秘书省正字的诗人秦观写《吕与叔挽章四首》,表彰吕大

（接上页）何?'"见《二程集》,第 239 页。《宋元学案》据此两段材料推测:"始,先生（吕大临）于群书博极,能文章,至是涵养益粹,言如不出口,粥粥若无能者。"见黄宗羲、全祖望:《宋元学案》卷三十一《吕范诸儒学集》,第 1105 页。现代研究者又多根据学案认为吕大临入洛后完全接受了洛学思想,开始涵泳义理,实则吕大临始终保持有自身的道学特点。

① 李焘:《续资治通鉴长编》卷四百七十二,第 11276 页。

② 朱熹:《伊洛渊源录》卷八,《朱子全书》第 12 册,第 1032 页。

③ "叔度"乃东汉人黄宪,品学超群,尤以气量广远著称,《后汉书》有传。"鲁山"为唐人元德秀,学识渊博,名重当时,新旧《唐书》有传。"三益友",王文诰推测指张载、程颢、程颐。"二难兄",指吕大忠和吕大防。所谓"老来尚有忧时叹,此涕无从何处倾",王文诰认为是因为当时党祸日盛,苏轼寄望于吕大临解除纷乱,但不幸吕大临病故。若果如此,亦可见吕大临当时不拘党派,气量广大。见《苏轼诗集》,王文诰辑注,中华书局,1982 年,第 1967—1968 页。

临经术通明、文章典雅、品德高尚,追忆昔日之友情,惋惜其不幸早逝。[1] 吕大临的学生周行己写《哭吕与叔四首》,则忧叹"道"之可传。[2] 元祐后期,随着道学创始人张载、程颢及其众多早期弟子的离世,加之党争日趋激烈,使道学的发展已不能是有用于世,而是更多地"转向内在"并寄望于将来。

---

① 见秦观:《吕与叔挽章四首》,周义敢等:《秦观集编年校注》,人民文学出版社,2001年,第750—751页。

② 见周行己:《哭吕与叔四首》,《周行己集》,第209—210页。

第二章
吕大临以经释道的学术特点

自孔子开创了通过礼乐文教以表现生命内在价值的儒家"成德之教"传统后,仁与礼、经与道之间就产生了既有张力又不可分离的关系。不满于佛老之学对人伦现世价值的否定和汉儒对孔孟心性之学的离弃,道学家开始"执残编断简,欲逆求圣人之意于数千百年之上"[①],进而重新理解儒家经典中所蕴含的精神意义。张载"访诸释老之书,累年尽究其说,知无所得,反而求之六经"[②],程颢"泛滥于诸家,出入于老释者几十年,返求诸六经而后得之"[③],"六经"是道学义理体认的文本载体,而对"六经"文本的义理解读也成为道学阐释的主要途径。

受张载关学和吕氏家学影响,吕大临为学特别重视对六经、礼制的研习和实践。《宋史》概括其学术特点为:"通六经,尤邃于礼。每欲掇习三代遗文旧制,令可行,不为空言以拂世骇俗。"[④] 反映在著述中,就是他对儒家五经几乎都有注解,尤其着

① 吕大临:《与友人书》,《全宋文》卷二三八五,第110册,第155页。

② 吕大临:《横渠先生行状》,《张载集》附录,第381页。

③ 程颐:《明道先生行状》,《河南程氏文集》卷十一,《二程集》,第638页。

④ 脱脱等:《宋史》卷三百四十《吕大临传》,第10848页。亦见冯从吾（转下页）

意于三礼之学，将其天道性命理论完全落实于人伦常道之中。由此，经学特别是礼学构成吕大临道学的阐释基础，而经学、礼学和道学的交融与互动也成为其道学思想中最具特色的地方。

一、"通六经，尤邃于礼"

所谓"六经"，即《诗》、《书》、《礼》、《乐》、《易》、《春秋》，这是从儒家经学的实质性内容来说的；就文本而言，则只有"五经"，即《周易》、《尚书》、《诗经》、《仪礼》、《春秋》。六经之中，《诗》、《书》、《礼》、《乐》较早定型。《诗》、《书》是文献，《礼》、《乐》是操作，因而《礼记·王制》又将之分为两组对待，曰："乐正崇四术，立四教，顺先王《诗》、《书》、《礼》、《乐》以造士，春秋教以《礼》、《乐》，冬夏教以《诗》、《书》。"此虽可能是后世儒者的理想，未必为实事，但亦反映出《诗》、《书》、《礼》、《乐》在先秦士阶层教育中的意义。[①] 孔子也明确将《诗》《书》《礼》、《乐》当做培养人格的基本途径。《论语·述而》记："子所雅言，《诗》、《书》、执礼，皆雅言也。"《论语·泰伯》记："子曰：'兴于《诗》，立于礼，成于乐。'"也正是经过孔子内在化的解读，六经之学最终得到实质性的确立。

儒家化的六经，在《诗》、《书》、《礼》、《乐》之外，又增加

（接上页）《关学编》卷一，第 11 页。《郡斋读书志》称"通六经，尤精于礼"，见《郡斋读书志校正》，第 41 页。

① 徐复观根据《左传》、《国语》中的文献记载推证，《诗》、《书》、《礼》、《乐》在春秋时已成为培养贵族弟子的教材。见徐复观：《中国经学史的基础》，《徐复观论经学史二种》，第 9 页。

《易》和《春秋》。《易》本为卜筮之书,《春秋》是鲁国国史记录,都是孔子之前已经存在的资料,在经过儒家的重新解释之后,二者成为论述天道和人道及其关系的"天人之学"。①

虽然六经文本源于先秦,六经的意义纲维设定于孔子,但作为明确的学术形态而非仅仅发挥教育功能的"经学",特别是作为文本化形态的"五经"、"三礼"(《仪礼》、《周礼》、《礼记》)、"三传"(《公羊传》、《谷梁传》、《左氏传》),其正式确立则都是在汉代特殊的社会政治背景下完成的。汉承秦制,完成国家的大一统,政治的统一要求思想的统一。"罢黜百家,独尊儒术"以后,作为官方意识形态的经学得以成立,而"六经"之称继而也更多地被代之以"六艺"。② 在汉儒看来,六经皆礼,经学的主要意义在于对社会政治秩序的建构。由重"学"转变为重"术",

---

① 王国维说:"《易》为卜筮之书,《春秋》为鲁国史,孔子以前,其行世不及《诗》、《书》、《礼》、《乐》之广。儒家以孔子赞《易》,修《春秋》,遂尊之为经。故《诗》、《书》、《礼》、《乐》者,古代之公学,亦儒家之外学也。《易》、《春秋》者,儒家之专学,亦其内学也。其尊之为经者,以皆孔子手定之故。"王氏将《诗》、《书》、《礼》、《乐》和《易》、《春秋》区别为内外学,可资参考。见王国维:《经学概论》,《王国维全集》第六卷,浙江教育出版社,2010年,第313页。

② 钱穆看到,此所谓尊儒,实际上是尊经、尊术。参见钱穆:《两汉经学今古文评议》,商务印书馆,2001年,第277—281页。蒋国保指出:"汉儒以'六艺'称谓'六经'(五经),表明他们已从'术'的意义上重视《诗》、《书》、《礼》、《乐》、《易》、《春秋》的政治作用,已不再像原始儒家那样偏重从'道'的意义上发挥'六经'的思想教化意义。这一价值取向上的改变,有深意在,它似表明儒学由重'道'转向了重'术',意味着儒家精神倾向已由原始儒家之重道德理性转向了汉代儒家之重工具理性。"见蒋国保:《汉儒称"六经"为"六艺"考》,《中国哲学史》,2006年第4期。

随之而来的，一方面是儒学的"通经致用"之政治功能的发挥，另一方面则是学术独立性的失去，最终导致儒家学术只能在章句训诂中辨别是非，这便等于从功能到形式两方面都走向了"工具理性"。

越六朝隋唐，儒学仅仅成为汉代经学的余续，外在形式遮蔽了内在精神。玄学的兴起虽然仍须以"援道入儒"的方式展开，但其意义则在于以道家的超脱精神改造儒学，因而导致与儒家精神的偏离。与此同时，理论更为完备的佛学，无论在心性论，还是在宇宙论上，都远胜玄学一筹，对儒学提出更加强有力的挑战，也使士人对"道"的追求从根本上完全越出了儒家六经之外。

北宋儒学复兴，经历了一个由"通经致用"向"明体达用"发展的过程。胡瑗教学分"经义"、"治事"两斋，较早地提出儒学之体用两方面内容，但"经义"只有经过道学在心性义理方面的改造之后才全面展现出新的色彩。吴国武看到："自张载、二程等人变'经义'之体为'性理'之体、'治事'之用为'万物'之用，'明体达用'遂变为理学家专有之词。"[①] 这一转变之所以可能，最重要的原因就在于道学家对待六经的方式由治国之"术"转向了圣人之"意"，而这一点实际上也构成道学同当时王安石新学以及三苏蜀学等其他同讲"天道性命"之学者的差别所在。

道学奠基者张载与二程对经学都很重视。张载自述："某观《中庸》义二十年，每观每有义，已长得一格。六经循环，年欲

---

① 吴国武：《经术与性理——北宋儒学转型考论》，学苑出版社，2009年，第152页。

一观。"① 程颢说："道之大原在于经,经为道,其发明天地之秘,形容圣人之心一也。"② 程颐说:"圣人之道传诸经,学者必以经为本。"③《宋史》称张载之学"以《易》为宗,以《中庸》为体,以孔孟为法"④,《宋元学案》又改为"以《易》为宗,以《中庸》为的,以礼为体,以孔孟为极"⑤。据后世史志和书目著录记载,张载对六经、《论》、《孟》均有说解,如《易说》、《诗说》、《礼记说》、《春秋说》、《论语说》、《孟子说》等。⑥ 程颢不重视著书,但其语录中表述思想时频繁引用经典,往往只下一两句转语而另出新意。程颐晚年计划作五经解,成书者唯有《易传》,其他经解虽未成书,但在今存本《河南程氏经说》中亦包含《易说》、《书解》、《诗解》、《春秋传》、《论语解》、《孟子解》等,《中庸》的解说虽无书,但从语录中可见几乎每章均有论及。

与张载一致,吕大临也著有五经解。成书于南宋孝宗淳熙年间的《郡斋读书志》,由于距离北宋时间较近,对吕大临的著作

---

① 张载:《经学理窟·义理》,《张载集》,第 277 页。

② 程颢:《南庙试九叙惟歌论》,《河南程氏文集》卷二,《二程集》,第 463 页。

③ 程颐:《为家君作试汉州学策问三首》,《河南程氏文集》卷八,《二程集》,第 580 页。

④ 脱脱等:《宋史》卷四百二十七《张载传》,第 12723 页。

⑤ 黄宗羲、全祖望:《宋元学案》卷十七《横渠学案》,第 663 页。

⑥ 参见胡元玲:《张载易学与道学》,台湾学生书局,2004 年,第 225—227 页。这些著作虽然大部分都已散佚,完整流传的只有《横渠易说》,但其他经说的部分内容在《经学理窟》、《正蒙》以及后人编辑的经解著作如卫湜《礼记集说》、朱熹《论孟精义》中可见。林乐昌辑有《礼记说》、《论语说》、《孟子说》,见张载:《张子全书》,林乐昌编校,西北大学出版社,2015 年。

收录较为完备，其中录有吕大临著作八种，分别是：

   （1）《易章句》一卷，[①]

   （2）《书传》十三卷，

   （3）《芸阁礼记解》四卷，

   （4）《编礼》三卷，

   （5）《考古图》十卷，

   （6）《吕与叔论语解》十卷，

   （7）《老子注》二卷，

   （8）《吕与叔玉溪集》二十五卷、《玉溪别集》十卷。

《郡斋读书志》提到的八种著作中，除文集与《老子注》外，其余都是经学和礼学类著作。[②] 这些经解还仅是晁公武所亲眼所见或知晓的，难免存在遗漏。朱熹《伊洛渊源录》曰："（大临）有《易》、《诗》、《礼》、《中庸》说、《文集》等行世。"[③] 朱熹弟子度正在《跋吕与叔易章句》亦云："余家旧藏吕与叔《文集》、《礼记解》、《诗传》。"[④] 除去重复，都提到吕大临著有对《诗经》的解

---

① 晁公武《郡斋读书志》衢本作"吕氏《易章句》十卷"，袁本作"《芸阁先生易解》一卷"，黄丕烈校语云"《通考》'十'作'一'，当是"。见《郡斋读书志校正》，第41页。《宋志》亦作"《易章句》一卷"。

② 关于《考古图》，现代研究者多从历史学、博物学、文字学的角度评价其价值，但吕大临显然意不在此，而是将其作为考证古礼的一种途径，因而亦可看作经学著作。

③ 朱熹：《伊洛渊源录》卷八，《朱子全书》第12册，第1032页。

④ 度正：《跋吕与叔易章句》，《全宋文》卷六八六八，第301册，第130页。

说。① 朱熹还说 :"吕与叔《中庸》义,典实好看,又有《春秋》《周易》解。" ② 据此,吕大临还应当有对《春秋》的解说。此外,《宋史·艺文志》还录有 "《孟子讲义》十四卷"。由此可见,吕大临对《周易》、《尚书》、《诗经》、《礼记》、《春秋》等 "五经" 以及《论语》《孟子》都有解说。今所能见者,则有陈俊民所辑《易章句》、《礼记说》、《中庸解》、《论语解》和《孟子解》。 ③

朱熹无疑是对北宋道学文献保存起到最重要作用的学者,他对二程、张载及其门人之文献均有整理、编辑和评判。在程门

---

① 李如冰有吕大临《诗传》辑佚,见其《宋代蓝田四吕及其著述研究》附录一 ; 曹树明点校整理的《蓝田吕氏集》中也辑有《诗传》。

② 黎靖德编 :《朱子语类》卷一百一,第 2561 页。

③ 除经学和礼学著作外,吕大临的文集卷数也不少。《郡斋读书志》所录为《玉溪集》二十五卷、《玉溪别集》十卷。之后,除《宋史·艺文志》提到 "《玉溪先生集》二十八卷" 外,便再未见流传。在以后的文章选录中,宋赵汝愚辑《宋朝诸臣奏议》录吕大临《论选举六事奏》1 篇 ; 南宋吕祖谦编《宋文鉴》收入吕大临《克己铭》、《考古图后记》、《中庸后解序》、《北郊》、《送刘户曹》等诗文 5 篇 ; 南宋四川眉山地区刻宋人文集《国朝二百家名臣文粹》,内容为宋代名公 199 人的著述议论文,保存了大量无集宋人作家之文,其中录有吕大临文 22 篇。上述吕大临文章今全部辑入《全宋文》第 110 册,共辑文 32 篇。吕大临曾专门研习过 "文章之学",他在《与友人书》中自称 "某往者辄不自量,学为文章"。见吕大临 :《与友人书》,《全宋文》卷二三八五,第 110 册,第 155 页。朱熹说 :"吕与叔《文集》煞有好处。他文字极是实,说得好处,如千兵万马,饱满伉壮。" 见黎靖德编 :《朱子语类》卷一百一,第 2556 页。吕大防《祭文》说 :"子之文章,几及古人,薄而不为。" 见朱熹 :《伊洛渊源录》卷八,《朱子全书》第 12 册,第 1032 页。可见,吕大临作文不重修辞,而是更注重义理的表达。

弟子之中，朱熹对吕大临的评价最高，称其"高于诸公"、"大段有筋骨"，"与叔年四十七，他文字大纲立得脚来健，有多处说得好，又切。若有寿，必煞进"①究其原因，主要是出于吕大临的工夫比较笃实，没有像谢良佐、杨时、游酢等人"多流于禅"②，而这又与自张载以来就"与浮屠老子辩"③的关学学风有关。实际上，自孔子儒学提出仁礼双彰的结构以来，如何处理好身心内外的关系就必然是儒学道德修养和社会实践中面对的一个主要问题，而程门师弟子批评张载，以及朱熹又批评程门弟子，都是这一问题的延续和展开。

　　吕大临经学的核心文本是《中庸》与《孟子》。其对"诚"、"敬"、"仁"、"义"、"理"、"中"、"心"、"性"、"道"等重要道学概念的义理发挥，几乎都可以在这两部经典中找到根据。《中庸》与《孟子》对吕大临道学思想的重要性，其实在他与程颐论学的《论中书》中即可以明显地看出。他对《中庸》的重视，源于张载、二程，但阐释远比其师详尽。在易学上，吕大临主要重视"中正"、"反本"、"人伦常道"的重要性，与《中庸》《孟子》也直接相呼应贯通。《中庸》与《孟子》本为先秦儒家子思学派

①《朱子语类》记："蔡云：'上蔡老氏之学多，龟山佛氏之说多，游氏只杂佛，吕与叔高于诸公。'曰：'然。这大段有筋骨，惜其早死！若不早死，也须理会得到。'"见黎靖德编：《朱子语类》卷一百一，第2558页。全祖望在此基础上说："朱子于程门中最取先生，以为'高于诸公，大段有筋骨，天假之年，必理会得到'。"见黄宗羲、全祖望：《宋元学案》卷三十一《吕范诸儒学案》，第1110页。

② 黎靖德编：《朱子语类》卷一百一，第2556页。

③ 范育：《正蒙序》，《张载集》，第5页。

发扬心性义理的一脉相承之学,由吕大临对《中庸》与《孟子》的重视,亦可见其道学的纲维、宗旨和特点。以下主要结合《中庸解》《大学解》《易章句》和《礼记说》等文本,在将之与张载、二程道学相比较的前提下,分析其阐释特点,进而论述吕大临的道学结构及与其经学、礼学之间的互释关系。

二、四书:"入德之大要"

总的来说,道学经学与注重对五经进行注疏的汉唐经学有显著的不同。在形式上,道学经学更注重对义理的体会、议论,而非字词名物的训诂、注解;在内容上,道学经学更注重《论语》《孟子》《中庸》《大学》《易传》等带有儒家子学特征的"传记"文献,而非五经之本经。

在经学史上,北宋道学对日后影响最为深远的事件,不仅是《孟子》的"升格",也包括《礼记》中的《中庸》和《大学》作为"孔氏之遗经",受到特别的重视,逐渐独立出来,与《论语》和《孟子》放在了同等重要的位置,最终在朱熹那里形成"四书"之学,成为儒家"传道"之学的代表性著作。张载说:"学者信书,且须信《论语》《孟子》。《诗》《书》无舛杂。《礼》虽杂出诸儒,亦若无害义处,如《中庸》《大学》出于圣门,无可疑者。"[1]程颐也说:"入德之门,无如《大学》。今之学者,赖有此一篇书存,其他莫如《论》《孟》。"[2]"《中庸》乃孔门传授心法。"[3]这实际上都

---

[1] 张载:《经学理窟·义理》,《张载集》,第 277 页。

[2] 程颢、程颐:《河南程氏遗书》卷二十二上,《二程集》,第 277 页。

[3] 程颢、程颐:《河南程氏外书》卷十一,《二程集》,第 411 页。

是道学作为"道德性命"或"心性义理"之学的体现。道学以"性与天道"为其理论基础，既论及"性"又论及"天道"的《孟子》、《中庸》以及《易传》自然成为最重要的思想资源。吕大临著有《论语解》、《孟子解》、《中庸解》、《大学解》、《易章句》，显然是受到张载、二程的影响。

《论语》在儒学传承中的地位当然无可置疑，吕大临对孔子尤其是孟子的推崇，可见于其《与友人书》：

> 盖道始于尧而备于孔子，孔子之后，无以加矣，可加非道也。孟子之徒，知义理无出于孔子，故未尝立言。然而反复论辨不止者，直欲终身尽心于孔子之道而已。[①]

从对道"备"于孔子到对孟子之"论辨不止"的肯定，显示出道学的道统谱系正日渐成熟。所谓的"备"，不仅指孔子对"道"的继承和领会，更是由于礼乐文教的积累和儒家学术的创立在孔子这里得到了汇聚，因而"孔子之后，无以加矣，可加非道也"。虽然"道"（"义理"）不可加，但"道"随时而有隐有显、有偏有正。孟子之道即是孔子之道，孟子的贡献在于对于孔子之道的"论辨"与"尽心"。显然，在吕大临心目中，自己只能是效法于孟子，以尽心于孔子之道。实际上，在《中庸解》、《易章句》中，随处可见吕大临对《孟子》说法的引用，可见《孟子》对吕大临道学的重要性。此当后文随文再述。

---

① 吕大临：《与友人书》，《全宋文》卷二三八五，第 110 册，第 155 页。

就吕大临的思想建构及其影响来说，《中庸》毫无疑问是最核心的经典。在道学家看来，《中庸》是一部完整且有着严格内在逻辑层次的著作。其开篇先下贯性地提出"天命之谓性，率性之谓道，修道之谓教"，似从"天"开始立论，但其意图实际上是要阐发"道"与"教"的重要性和实践途径，"天"的意义被收缩内涵于"性"之中，"性"又成为"道"与"教"具体展开的前提。在这一结构中，所谓由孔子明言又传到子思的"中庸"，无疑即是"道"的同义语。"中庸"本质上构成对"道"之理解的具体化，同时又隐含着心、性、情、行的问题，因而产生丰富的阐释空间。之后在反复强调"中庸"之难能以后，《中庸》又进而展开论证"君子之道费而隐"，并提出"三达德"、"五达道"和"为天下国家有九经"的要求，最后归结于"所以行之者一也"即"诚"。后半部分自"自诚明谓之性，自明诚谓之教"以下，又深入论及"至诚"、"尽性"、"成己"、"成物"的问题，以至于圣人"参天地"、"赞化育"、以德"配天"、"经纶天下之大经，立天下之大本，知天地之化育"。在这一部分，《中庸》明显地对其理论做了形上天道方向的提升，与开篇"天命之谓性，率性之谓道"形成呼应。由此，《中庸》在实践上肯定"下学"之意义的同时，在理论上其实已经将"上达"设定为前提。

作为《礼记》中的一篇，《中庸》与礼确实有密切的关联。其全篇意在论"道"，且所论之"道"也主要是指与礼相关的"君子之道"，而非"天道"。但《中庸》将"道"、"教"、"礼"建立在"天命之谓性"的基础上，则使其可以与更明显论及"性"的《孟子》和论及"天道"的《易传》相沟通，实现在"心性"和"天道"两方面的拓展，为儒家心性论和本体论的建立提供理论框架。这也就可以理解，为何道学家如周敦颐、张载、二程及其诸弟子会普遍地重视《中庸》。①

正是在对《中庸》的解说中，吕大临的道学体系得以系统展示。现存吕大临的《中庸解》有两个版本，其中之一在南宋二程高弟如杨时、游酢、侯师圣尚在世时就被某些学者误作程颢的著作流传，另一个则是作为太学博士讲义之一的《礼记解·中庸》。②对于《中庸》在道学中的重要性，他在《礼记解·中庸》开篇提出：

---

① 周敦颐、张载尚未对《中庸》做更多的论述，仅以《中庸》之"诚"阐发天道。二程没有给《中庸》专门作注，但从其语录中已可看到几乎对《中庸》全书各章都作过解释。程门诸高弟如吕大临、游酢、杨时、侯师圣等，均有对于《中庸》的专门解释著作传世。以致南宋朱熹编《中庸辑略》时，已有众说纷纭、编之为难之叹。

② 《郡斋读书志》收有陈瓘所传《明道中庸解》一卷（孙猛：《郡斋读书志校证》卷二，第 79 页），陈瓘认为"非明道不能为此"（黎靖德编：《朱子语类》卷九十七，第 2494 页），朱熹"于石氏《集解》虽尝辨之，而论者犹或以为非程夫子不能及"（朱熹：《中庸或问》，《朱子全书》第 6 册，第 557 页）。《中庸解》实为吕大临所作，胡宏、朱熹已辨别甚明。朱熹进一步推测，《中庸解》乃是作为太学博士讲义的《礼记解·中庸》的后出改写本。相关材料可参见李红霞：《吕大临〈中庸解〉简论》，陈来主编：《早期道学话语的形成与演变》，第 69—76 页。尤袤《遂初堂书目》又有吕大临著《中庸再解》（见尤袤：《遂初堂书目》，中华书局影印《丛书集成初编》，1985 年，第 3 页），吕祖谦编《宋文鉴》卷九一中收有吕大临《中庸后解序》一篇，此序亦由卫湜收入《礼记集说》。据《中庸后解序》中的讲说语气，疑《中庸再解》与《中庸后解》当为一书，本是作为太学博士讲义的《礼记解·中庸》，独立成篇流传后被命名为《中庸后解》。

《中庸》之书，圣门学者尽心以知性，躬行以尽性，始卒
不越乎此书。孔子传之曾子，曾子传之子思，子思述所授之
言以著于篇。故此书之论，皆圣人之绪言，入德之大要也。①

吕大临这里首先指出《中庸》的核心乃在于"性"，其次是认为其
中包含着从孔子以来的"道"统，最后将《中庸》一书的意义定
位为"圣人之绪言，入德之大要"。所谓"尽心"、"知性"都是出
自《孟子》的术语，"躬行"出自《论语》，"尽性"见于《中庸》
和《易传》。这显示出吕大临以孟子心性之学贯穿其他经典的特
点。在他看来，"知性"、"尽性"是"圣门学者"的目的所在，而
《中庸》的重要之处在于它为之提供了有序可循的工夫径路。
他把"尽心"与"躬行"、"知（性）"与"尽（性）"、"始"与"卒"、
"本"与"末"、"不使人过"与"不使人不及"等相提并论，其用
意显然都在于突出圣学"入德"、"进德"之"序"。

《中庸》虽然本末兼具，但毕竟最重要的仍然是"本"。因而，
学者首先需要做的就是"择善而固执之"。其余固然重要，但却
是"末"，否则便是"涉猎无本"。而以末为本，就会流于"侥幸
获利"之学。圣人之学的目的，就是要在日常生活中通过对这一
"本体"的把握和体证，达到最终"性与天道合一"的最高境界。

如果说"尽心"与"躬行"注重的是主体对"性"与"道"的
体认和践履，那么"德"就是"性"与"道"的落实和展开。"德"
是在"知性"与"尽性"的过程中，达到的对"道"的自觉遵循。

---

① 吕大临：《礼记解·中庸》，卫湜：《礼记集说》卷一百二十三，第 2 页，《蓝田
吕氏遗著辑校》，第 270 页。

因而"圣人之德"既包含了"中"（本体），也包含了"庸"（常道），即在人伦秩序中安置个体的生命意义。二者并行不悖，互相支持。吕大临在《礼记解·中庸》序中概括说：

> 　圣人之德，中庸而已。中则过与不及皆非道，庸则父子、兄弟、夫妇、君臣、朋友之常道。欲造次、颠沛、久而不违于仁，岂尚一节一行之诡激者哉！ ①

一言以蔽之，圣人之德也就是"中庸之道"的体现。只有如此，才能在仁体流行之中保证行为的正确性和合理性。从根本上说，"中"与"庸"是"道"的两种规定性，"中"是不"过与不及"，"庸"则是人伦常道。

吕大临对《大学》的重视也值得注意。他所记《东见录》之中，就有程颢关于《大学》的若干段语录。对于《大学》的学派归属和思想宗旨，后世一直有争议。②在《礼记解·大学》序中，吕大临说：

> 　《大学》之书，圣人所以教人之大者，其序如此。盖古

---

① 吕大临：《礼记解·中庸》，《礼记集说》卷一百二十三，第 2 页；《蓝田吕氏遗著辑校》，第 270 页。

② 朱熹曾把《大学》归于曾子名下，冯友兰则把《大学》归于荀学，牟宗三说《大学》是一个"空架子"。如此，如何阐释《大学》的内在义理显然有更大的随意性。参见冯友兰：《中国哲学史》上册，《三松堂全集》第 2 卷，2000 年，第 572 页以下；牟宗三：《心体与性体》中册，第 350 页。

之学者，有小学，有大学。小学之教，艺也，行也；大学之教，道也，德也。礼乐射御书数，艺也；孝友睦姻任恤，行也。自致知至于修身，德也；所以治天下国家，道也。古之教者，学不躐等，必由小学然后进于大学。自学者言之，不至于大学所止则不进；自成德者言之，不尽乎小学之事则不成。①

吕大临对《大学》主旨的理解，与其对《中庸》主旨的理解是一致的，都是出于入德之序，因而都可以放在修身工夫的视域中来理解。他强调《大学》的特点，一个是"教人之大"，"大"就是学之所"止"；另一个是"序"，也即"大人之学"亦需循序渐进的过程。在吕大临的解释中，这二者与《中庸》是一理贯通并且互相补充的。

他又解释《大学》首章说：

> 大学者，大人之学也，穷理尽性而已。性者，合内外之道，以天地万物为一体者也。人伦物理，皆吾分之所固，有居仁由义，皆吾事之所必然。物虽殊类，所以体之则一；事虽多变，所以用之则一。知此然后谓之明，明则穷理者也；至此然后谓之诚，诚则尽性者也。
>
> 穷理则本末终始，莫不有序，昭然成列，而不可乱也。知天下皆吾体也，则不得不以吾身为本，以天下为末；知尽性

---

① 吕大临：《礼记解·大学》，《礼记集说》卷一百四十九，第1页；《蓝田吕氏遗著辑校》，第370页。

者，必以明明德于天下为主，则不得不以致知为始，以明明德
于天下为终。知此则可以进道，故曰近。德至此，则与道为一，
夫何远近之有哉？①

《大学》首章本是在表明"知"的内容和顺序。吕大临在《礼记
解·大学》序中指出知行并进的必要性，这里强调的则主要是
"知"的问题。他首先指出"大学"的主旨是"大人之学"。"大
人之学"类似于《中庸》的"圣人之学"，但又有所不同。"圣人
之学"意在强调"圣人之德"，以确立修学成德的根本依据和最
终境界，"大人之学"则隐含了与"小学"的相对性，更侧重于学
者的修学次序，故而更强调"知"。不过，吕大临总体上显然是以
《中庸》诠释《大学》，因而"大人之学"就是"穷理尽性"之学。
所谓"性"是指落实于万物之中却能合天地内外为一体的根本
依据，"理"则是指"人伦物理"，也就是人与万物自身必须遵循
的价值准则。"穷理尽性"之说本出自《易传》，不过，在吕大临
看来，"尽性"是《中庸》的主旨内涵，而《大学》实际上集中于
"穷理"。"穷理"与"尽性"虽然密不可分，但毕竟入手工夫有
具体的差异。吕大临分别从"体"和"用"来区分"性理"与"事
物"的不同，这种不同也可以理解为一与多、合与分的不同。"大
人之学"以"尽性"为其最后目的，但其首先所面对的问题则是
"穷理"。因此，吕大临对"穷理"和"尽性"的区分，也可理解
为是"由知到明"与"由至到诚"的不同。由此可见，"大人之学"

---

① 吕大临：《礼记解·大学》，《礼记集说》卷一百四十九，第 7、9 页；《蓝田吕氏
遗著辑校》，第 371、372 页。

当是未至于"成性"之前的工夫修养阶段。

总之，如果说《中庸》主旨集中于"尽心以知性，躬行以尽性"之道，那么《大学》的主题同样包括了格物致知、正心修身、齐家治国的不同层面。在吕大临看来，尽管《大学》以"大学"命名，实际上还隐含了对于"小学"的要求，即不但提出了修身成德的目标，还要求必须从人伦常道的日常培养开始，否则就落于空言。因此，《大学》与《中庸》的主旨是相同的，都是在从身到国的推扩中，强调从天道性命向礼义人伦的贯穿落实。

三、易学："惟人伦之为务"

北宋儒学复兴初期，儒家经典《周易》和《春秋》具有重要的地位。发展到道学阶段，由于"性与天道"等形上学问题成为其立论和体认的基点，《周易》的地位远高于《春秋》，而北宋道学家的《春秋》学则并不显著。[①] 与《春秋》讨论礼义大防等人事问题不同，《周易》是"推天道以明人事"[②]，自汉代以来就成为五经之首，衍化出名目众多、形式各异的易学流派。两汉主要以与阴阳五行、天文历法相结合的象数易学为主，魏晋产生王弼引老入儒、尽扫象数的义理易学，北宋又产生受道教影响的图书

---

① 据《郡斋读书志》，张载著有《春秋说》一卷，今已不传，其经说完整存世的是《易说》。程颐著有《春秋传》一卷，但相比其《易传》，在后世的影响和地位要小得多。据朱熹言，吕大临有《春秋解》，但后世也已不传，《易章句》则保存于宋陈友文编《大易集义》中相传至今。

②《四库全书总目提要·易类》曰："《易》之为书，推天道以明人事者也。"见纪昀等：《钦定四库全书总目》（整理本），中华书局，1997年，第3页。

易学，但此时的儒家易学主流则以义理为主，而道学易学尤以将《周易》与《孟子》、《中庸》相结合的义理诠释为特色。[1] 张载、二程并不绝对排斥象数，但他们主要使用义理的方法解《易》。

张载与二程初次京师论学，即是由张载坐虎皮讲《易》而引起。以《易传》特别是《系辞》解《易经》，是张载和二程共尊的法门。张载说："欲观《易》先当玩辞，盖所以说《易》象也。不先尽《系辞》，则其观于《易》也，或远或近，或太艰难。不知《系辞》而求《易》，正犹不知礼而考《春秋》也。""《系辞》所以论《易》之道，既知《易》之道，则《易》象在其中，故观《易》必由《系辞》。"[2] 程颢不重视著书，其道学思想虽然以体认"一本"著称，但天道论在其思想中也有重要的地位。在其语录中，关于《易》之天道论的谈话比比皆是。他也认为："圣人用意深处，全在《系辞》，《诗》、《书》乃格言。"[3] 程颐更明确地指出象数和义理之间的关系："《易》因象以明理，由象以知数，得其义则象数在其中矣。"[4] 他晚年亲自撰写《易传》，反复修改，直到临终前才出示弟子，成为后世理学易学之典范。

作为张载和二程的弟子，吕大临撰有《易章句》。原书已佚，今所见陈俊民辑本系从清纳兰性德编《合订删补大易集义

---

[1] 关于北宋易学的研究，可参考朱伯崑：《易学哲学史》第六章《宋易的形成和道学的兴起》，昆仑出版社，2005 年；余敦康：《内圣外王的贯通——北宋易学的现代阐释》，学林出版社，1997 年。

[2] 张载：《横渠易说·系辞上》，《张载集》，第 176。

[3] 程颢、程颐：《河南程氏遗书》卷二上，《二程集》，第 13 页。

[4] 程颢、程颐：《河南程氏遗书》卷二十一上，《二程集》，第 271 页。

粹言》和吕祖谦编《周易系辞精义》之中辑出。[1]《郡斋读书志》有《易章句》提要,其中记:"其解甚略,有统论数篇。"[2] 可惜此"统论"已不可见。对于《易章句》的特点,度正《跋吕与叔易章句》说:

> 今观《易章句》,其间亦有与横渠异而与伊川同者,然皆其一卦一爻之间小有差异,而非其大义所在,其大义所在,大抵同耳。[3]

按照度正的意思,吕大临《易章句》虽然同时受到张载和程颐二人之易学的影响,但大体上同于张载。陈俊民也指出:"吕大临的《易章句》同《横渠易说》、《伊川易传》相比,无论就其释《易》方法与形式来说,还是就其易学内容与主旨而论,都同张载《易说》的'原儒'思路一脉相承,带有更明鲜的原始儒家《易传》思想的特征。""总的来说,吕大临的易学方法原本于《易传》(即'十翼'),直承于有宋一代由胡瑗(翼之)开先河的易学义理派风气,以张载《易说》阐发的'天人合一'主题为架构,采取

---

[1] 据《四库全书总目提要》,《大易集义》六十四卷,所集诸儒之说凡十八家,失姓名两家,但仅有上下经解;《粹言》十卷,集说七家,无吕大临。见《钦定四库全书总目》(整理本),第 60、23 页。陈俊民《蓝田吕氏遗著辑校》从《合订删补大易集义粹言》辑出吕大临关于上下经解的部分 339 条,又从宋吕祖谦编《晦庵先生校正周易系辞精义》中辑出关于《系辞》上下和《说卦》的注解 29 条,定名为《易章句》。

[2] 晁公武:《郡斋读书志》卷一,《郡斋读书志校正》,第 40 页。

[3] 度正:《跋吕与叔易章句》,《全宋文》六八六八,第 76 册,第 130 页。

同尔后程颐《易传》相类似的传注形式,按十翼义例释经文,参证儒家经史阐经义,用平实精约的文笔,推天道以明人事伦理,充分发挥了儒家《易传》的'三才之道'。"① 不过,张载解《易》,尤其重视对《系辞》、《说卦》、《象传》的解说,之所以如此,在于其中有丰富的天道论思想资源,而吕大临解《易》,则主要着力于解经,对《系辞》、《说卦》、《象传》解说较少,其天道论的丰富性明显不足,而是呈现出"人伦为务"的特点。

试比较张载、程颐和吕大临对乾卦卦辞"元亨利贞"的解释:

> 天下理得,元也;会而通,亨也;说诸心,利也;一天下之动,贞也。贞者,专静也。②

> 元者万物之始,亨者万物之长,利者万物之遂,贞者万物之成。③

> 元,所以本也;亨,所以交也;利,所以成功也;贞,所以为主也。④

---

① 陈俊民:《关于蓝田吕氏遗著的辑校及其〈易章句〉之思想》,《蓝田吕氏遗著的辑校》,第 25、26 页。

② 张载:《横渠易说·上经》,《张载集》,第 69 页。

③ 程颐:《周易程氏传》卷一,《二程集》,第 695 页。

④ 吕大临:《易章句·乾》,见纳兰性德:《合订删补大易集义粹言》卷一,影印文渊阁四库全书,台湾商务印书馆,1986 年,第 9 页;《蓝田吕氏遗著辑校》,第 61 页。

三人都把"元亨利贞"理解为四德,属义理派解《易》的路径,但对四德具体内涵的理解又各不相同。张载的解释是从人心的角度讲的,与其天道性命理论相关。所谓"天下理得",源于《周易·系辞传》首章"易简而天下之理得矣。天下之理得,而成位乎其中矣"。其所谓"理",指天道变化中恒常不变的"易简之理",具有本体性的特质。所"会通"者,当指人生遭际的各种事物。能得理通事,自然会悦心定性,无所不利。因而,"元亨利贞"实际上是精神修养到一定境界后所达致的一时并起的结果。程颐的解释则不同,他把"元亨利贞"看作是万物的始、长、遂、成的过程,也即理解为天地所具有的四德,尚不能直接等同于人事。因而在解释《乾·文言》时,程颐又强调"元亨利贞,乾之四德,在人则元者众善之首也,亨者嘉美之会也,利者和合于义也,贞者干事之用也。"① 显然,程颐对"元亨利贞"四德做了"在天"与"在人"的区别,人事源于天理。相比之下,吕大临的解释更加立足于人事着眼,其路径确实与张载接近,但人事的意味更重,而这也正是吕大临解《易》的最大特点。

再如对《乾·文言》的解释,张载着意突出穷神知化、内正性命、圣人天德的重要性,程颐同样不断强调人当修德而合于天道,吕大临则强调安分成德。吕大临对乾卦九二、九三两爻解释说:

> 人伦者,天下之常道,百世所不易,大君所先治也。

---

① 程颐:《周易程氏传》卷一,《二程集》,第699页。

九二，人道之极而位正中，惟人伦之为务，故"庸言之信，庸行之谨"；九二成德，所以常久而不敝，在乎闲邪、不伐而已。

忠信进德，如有诸己，又知所以充实之也；"修辞立其诚"，正名是事，行其实以称之也。"所立卓尔"，而欲从之，知至至之也，于德有先见之明也；"人不堪其忧，而不改其乐"，知终终之也，于分有当安之义也。[①]

在道学家对乾卦的解释中，九二往往被看作是臣德、人德或学者之德，九五则被看作是君德、天德或圣人之德。吕大临对九二、九三两爻的解释，突出了人伦常道的重要性，以此要求学者知之以充其实、安之以行其实，但对九五却未致片言，可见他在《易章句》中关心的主要是对人伦常道的坚持，而较少用心于天道问题的思辨。

吕大临易学另一个突出的特点是以孟子心学思想解《易》。在解释坤卦六二《象传》时，他说：

理义者，人心之所同然，屈而不信，私意害之也；理义者，天下之所共由，畔而去之，无法以闲之也。私意害之，不钦莫大焉；无法以闲之，未有不流于不义也。直则信之而已，方则匡之而已，非有加损于其间，使知不丧其所有、不失其所行而已。二者，克己复礼者也。克己复礼，则天下莫非吾体，

---

① 吕大临：《易章句·乾》，《合订删补大易集义粹言》卷三，第9、19页；《蓝田吕氏遗著辑校》，第63页。

此其所以大也。心诚求之，虽不中不远矣，此所以"不习无不利"也。六二居坤下体，柔顺而中，君子存心治身，莫宜于此。[①]

在这段话中，吕大临提出了"存心治身"的义理根据和方法。修身的根据在于"理义"的共通性，这既是人心之"所同然"的特征，也是天下国家之"所共由"以维持其伦理秩序的根源。一旦人以自私之心隔绝、蒙蔽"理义"，必然会流于不敬不义。因此，学者所当做的工夫便是"克己复礼"，祛除私意，大其心，以诚求之，体认到"天下莫非吾体"，保持人心原初状态。

　　这里所谓"理义"，出自《孟子·告子上》："心之所同然者何也？谓理也、义也。圣人先得我心之所同然耳。""理"与"义"均是行为的客观准则，孟子较多讲"义"，偶尔也讲"理"。二者相较，"理"侧重客观性和准则性，而"义"侧重主体性和选择性。虽然如此，二者都不外在于人心，而是人心本有的，故而孟子接着强调"理义之悦我心，犹刍豢之悦我口"。吕大临则进一步阐发了理义的"公"义，并以"克己复礼"诠释《周易》"直方大"的内涵。"克己复礼"便是"存心治身"，儒家修身的方法正是要把礼与身心的关系协调一致。对"克己复礼"的强调，一方面当然存在着为社会礼仪所体现的人伦进行理论辩护的目的；另一方

---

① 吕大临：《易章句·坤》，《合订删补大易集义粹言》卷五，第25页；《蓝田吕氏遗著辑校》，第66页。许多学者将《易章句》看作是吕大临从学于张载之关学阶段的著作。从这段引文中可以看到，吕大临《易章句》的思想与其被看作洛学阶段的《中庸解》乃至《论中书》中的思想有着高度的一贯性。由此也可证明将吕大临思想和著作划分为关洛两个阶段无法坐实。

面却又是儒家不同于佛老之处，即包含着通过礼仪文化的认同和教养对个体身心行为进行规范、修养、提升的具体方法。所谓"克己复礼，则天下莫非吾体，此其所以大也。心诚求之，虽不中不远矣"，与张载"知礼成性"和"大其心则能体天下之物"①的思想颇为相通，从此亦可见张载对吕大临的影响。

　　总的来说，吕大临对《孟子》、《中庸》、《大学》、《周易》的解说更侧重于对其中构成道学理论纲维的心性之学的理解，进而为人伦常道提供理论基础，而人伦常道的具体规范则突出地体现在其礼学之中。

四、礼学："义理之所当然"

　　众经之中，礼本最切于实行，因而礼学亦号称实学。但因时代变迁，已经文本化且又涉及众多名物制度的礼学必然会变得越来越脱离实际，显得既形式又繁杂。汉唐时期，主要讲官制的《周礼》和讲义理的《礼记》，地位先后上升，不但入于经，甚至逐渐取《仪礼》的地位而代之，这即是主要原因之一。三礼之中，《仪礼》本为礼之本经，主要记载士大夫生活中相关的礼仪制度，保留着古礼的原本形式和意义；《周礼》原名《周官》，为后出古文经，其内容为一种理想化的官制设计；《礼记》为礼之"记"，其内容为孔门后学对礼仪进行补充和对礼义进行解说的杂编。《周礼》和《礼记》实介于经学和子学之间。郑玄遍注三礼，三礼之学成为研究古代各种礼制以为现实制度设计提供

---

① 张载：《正蒙·大心篇》，《张载集》，第24页。

依据和借鉴的专门之学。但六朝时只重视《仪礼·丧服》,唐初作五经正义则首选《礼记》,北宋熙宁变法更是废罢《仪礼》而为《周官》作新义,反映出不同时期、不同儒家学派对待礼学的不同态度。

由于以回归孔孟为宗旨,道学家在三礼之中一般更重视儒家子学色彩更重的《礼记》,以探求往圣先贤的心性微言。但在道学内部,偏重"上达"的学者,往往直指心性,对经学和礼学多不重视;相反,偏重"下学"的学者则往往需要处理和平衡经学特别是礼仪制度的繁杂性和身心修养的易简性之间的关系,变得内部张力极大。进而,偏重"下学"者的修养工夫,就不只在"心",还要广泛涉及"身"的方面。虽然在儒家思想中,身心是统一的,修身的核心是修心,但毕竟身心有内外之别。重视礼学的道学家往往对这一点有着清醒的意识,这也构成关洛二学的一大分野。

吕大临的礼学包括对《礼记》的解说以及对《编礼》、《考古图》的撰录。这是对三代"遗文旧制"的重视,可以看作是与同时代道学发展主流"上达"方向略显不同的对儒家传统"下学"方向的发扬。

关中学者的"重礼"之风和"原儒"特点,是由张载开创的。吕大临《横渠先生行状》记张载"政事大抵以敦本善俗为先,每以月吉具酒食,召乡人高年会于县庭,亲为劝酬,使人知养老事长之义",此本于乡饮酒礼;"继遭期功之丧,始治丧服,轻重如礼;家祭始行四时之荐,曲尽诚洁",此本于丧礼和祭礼;"其家童子,必使洒扫应对,给侍长者;女子之未嫁者,必使亲祭祀,纳酒浆，皆所以养孙弟，就成德"，这是养人与成人之礼，是冠礼和昏礼之前的必经过程；"论治人先务，未始不以经界为急，讲求法制，粲然备具"，这是本于《周礼》。张载晚年退居横渠，还亲自"与学者议古之法，共买田一方，画为数井，上不失公家之赋役，退以其私正经界，分宅里，立敛法，广储蓄，兴学校，成礼俗，救灾恤患，敦本抑末，足以推先王之遗法，明当今之可行"①。可见，张载不仅重视"穷神化，一天人"，思考宇宙的运行之道，而且特别重视人伦实践，而其根据在于礼学经典。

张载所开创的重礼之风，在吕氏兄弟身上得到更加充分的体现。范育《吕和叔墓表》记载，吕氏兄弟从为父亲守丧开始，就力图"悉捐俗习事尚，一仿诸礼"，其后又"寝行于冠昏、饮酒、相见、庆吊之间，"进一步推广到冠礼、昏礼、乡饮酒礼、士相见礼等，"其文节粲然可观"②。

这些具体的礼仪操作当然需要有相应的名数器物和制度节文知识，因而吕氏兄弟大多对于各种礼节的名数制度有精深的研究。晁公武《郡斋读书志》在"《编礼》三卷"条下记曰："右皇朝吕大临与叔编。以《士丧礼》为本，取'三礼'附之，自始死至祥练，各以类分，其施于后学甚悉。尚恨所编者'五礼'中特凶礼而已。"③据此，吕大临的《编礼》主要基于《丧礼》而编定，其目的服务于当时的实践需要。

吕大临还参与撰写了《家祭礼》。陈振孙《直斋书录解题》

———————————

① 吕大临：《横渠先生行状》，《张载集》附录，第382—384页。

② 范育：《吕和叔墓表》，《全宋文》卷一六五九，第76册，第112页。

③ 孙猛：《郡斋读书志校证》卷二，第81页。

记："《吕氏家祭礼》一卷,丞相京兆吕大防微仲、正字大临与叔撰。"[1] 这应该也是出于《吕和叔墓表》所说的"衰麻敛奠葬祭之事,悉捐俗习事尚,一仿诸礼"的目的而编订的。

《编礼》与《家祭礼》今已完全佚失,流传后世、影响很大的《考古图》实际上也是吕大临出于"论道考礼"所作。《考古图后记》记其作书缘由曰:

> 暇日论次成书,非敢以器为玩也,观其器,诵其言,形容仿佛,以追三代之遗风,如见其人矣。以意逆志,或探其制作之原,以补经传之阙亡,正诸儒之谬误。天下后世之君子,有意于古者,亦将有考焉。[2]

虽然吕大临因《考古图》而成为后世金石学的先驱,但从他之所以作《考古图》的本意来说,显然也是出于礼学实践的目的。

礼有器,有文,有义。在吕大临所有的礼学著作中,最能反映其礼学思想的无疑是《礼记解》。对于《礼记》一书的性质,吕大临在《礼记解·曲礼》开篇指出:

> 今之所传《仪礼》者,经礼也。其篇末称"记"者,记礼之变节,则曲礼也。汉兴高堂生传《礼》十七篇,今《仪礼》是也。戴圣传《礼》四十九篇,今《礼记》是也。《礼记》所载,皆孔子门人所传授之书,杂收于遗编断简者,皆经礼之变

---

[1] 陈振孙:《直斋书录解题》卷六,上海古籍出版社,1987年,第187页。
[2] 吕大临:《考古图后记》,《全宋文》卷二三八六,第110册,第163页。

节也。[①]

"经礼"与"曲礼"是相对而言的，"经"与"曲"的区别在于是"常"还是"变"。《仪礼》所记的"祭祀、朝聘、燕飨、冠昏、乡射、丧纪之礼"，是涉及家国秩序的重大礼节，原则上不可改变，属经礼；《礼记》则是"礼之变节"，是"大小尊卑、亲疏长幼，并行兼举、屈伸损益之不可常者"，需要在具体场合中随时应变，属曲礼。初看起来，《仪礼》的地位显然高于《礼记》。但是，礼学涉及到实际的礼仪制度及其意义理解，必然与社会生活的具体性和时代变化性息息相关，《礼记》虽然是"杂收于遗编断简"的"孔子门人所传授之书"，在义理上却更能体现礼之"时"与"义"，因而在道学中也必然具有更高的探讨和诠解空间，其意义也更值得探究。[②]

从具体内容看，《礼记》中既有对具体礼仪的补充记载，也有专门解释《仪礼》的义理说明，还有的则是孔子或阐发孔子思想之儒家后学的言论。吕大临突出了礼义的重要性，注重从"义

---

① 吕大临：《礼记解·曲礼上》，《礼记集说》卷一，第 1 页；《蓝田吕氏遗著辑校》，第 187 页。

② 张载和二程都认为《礼记》是孔子后学所作的"残章断简"，内容亦杂而不纯。如张载说："《礼记》则是诸儒杂记，至如礼文不可不信，己之言礼未必胜如诸儒。如有前后所出不同且阙之，《记》有疑议亦且阙之，就有道而正焉。"见张载：《经学理窟·义理》，《张载集》，第 277 页。程颐也说："《礼记》之文，亦删定未了，盖其中有圣人格言，亦有俗儒乖谬之说。乖谬之说，本不能混格言，只为学者不能辨别，如珠玉之在泥沙。"见程颢、程颐：《河南程氏遗书》卷十八，《二程集》，第 240 页。

理之所当然"来理解礼的来源、功能和本质,在他看来:

> 先王制礼,其本出于君臣、父子、尊卑、长幼之间,其详
> 见于仪章、度数、周旋、曲折之际,皆义理之所当然。①

这就使其礼学建立在道学的基础上。这一特点,也可以从吕大
临对《礼记》的选篇上看出。

吕大临所作《礼记解》原本已佚,今本《礼记解》是从卫湜
《礼记集说》中辑出的。据卫湜记载:

> 蓝田吕氏大临,字与叔,《解》十卷。案《中兴馆阁书目》
> 止一卷,有《表记》、《冠义》、《昏义》、《乡饮酒义》、《射义》、
> 《燕义》、《聘义》、《丧服四制》八篇而已。今书坊所刊十卷,
> 又有《曲礼》上下、《孔子闲居》、《中庸》、《缁衣》、《深衣》、
> 《儒行》、《大学》八篇。②

又据陈振孙《直斋书录解题》对《礼记解》的提要:

> 《芸阁礼记解》十六卷,秘书省正字京兆吕大临与叔撰。
> 案《馆阁书目》作一卷,止有《表记》、《冠》、《昏》、《乡》、
> 《射》、《燕》、《聘义》、《丧服四制》凡八篇。今又有《曲礼》

---

① 吕大临:《礼记解·冠义》,《礼记集说》卷一百五十四,第 2 页;《蓝田吕氏遗
　　著辑校》,第 382 页。
② 卫湜:《礼记集说·名氏》,第 7 页。

上下、《中庸》、《缁衣》、《大学》、《儒行》、《深衣》、《投壶》
八篇。此晦庵朱氏所传本,刻之临漳射垜,书坊称《芸阁吕氏
解》者即其书也。《续书目》始别载之。[①]

可见,吕大临《礼记解》应该最终是由朱熹编定的。卫湜所说的
书坊所刊十卷本《礼记解》大体与朱熹所传《芸阁吕氏解》一致,
微有不同之处在于多出《馆阁书目》所记八篇之外的"八篇",有
《孔子闲居》而无《投壶》。但卫湜《礼记集说》所收吕大临《礼
记解》实际上不是十六篇,而是包括《投壶》在内的十七篇。[②]从
中可以看到,无论是内容,还是成书,吕大临《礼记解》都明显地
分成两部分,一部分是关于冠、昏、乡、射、燕、聘、丧服之义,另
一部分则是诸儒杂记之说。

　　《曲礼》上下、《冠义》、《昏义》、《乡饮酒义》、《射义》、《燕
义》、《聘义》、《丧服四制》以及《深衣》、《投壶》等,主要侧重
对古礼的补充和对礼仪意义的解释。这些都属于"大小尊卑、亲
疏长幼,并行兼举、屈伸损益之不可常者",是礼在不同时代、环
境、场合、关系等情况中的具体表现。由于礼仪制度会随着环境
和关系的改变而改变,礼仪规范也可因时而起,故而学者所需掌
握的关键是其意义,而非节文。"礼之文"只有在"礼之义"的
理解之中才能随时应变,真正发挥作用,而不沦为虚文。吕大临
认为,《礼记》中"凡《冠》、《昏》、《射》、《乡》、《燕》、《聘义》,

---

① 陈振孙:《直斋书录解题》卷二,第47页。
② 清末《清麓丛书续编》所刊载的牛兆濂校刊本《蓝田吕氏礼记传》即为此十七
　篇。今《蓝田吕氏遗著辑校》所收《礼记解》完整的篇目亦为此十七篇。

皆举其经之节文,以述其制作之意者也"①。这就使礼从形式的外在刻板规定上升到义理的理解层面。这种理解,同吕大临制定《编礼》、《家祭礼》是相表里的。有"礼之用"才能体现"礼之义",有"礼之义"也才能够真正呈现出"礼之用"。"礼之用"反映在具体的"礼之文"、"礼之节"、"礼之器"、"礼之时"之中,而"礼之义"则是在"遗编断简"之中的"圣人微义",需要"自明不已","上达天德"。如《深衣》"纯记深衣之制度而已。古者衣裳殊制,所以别上下也"②,《投壶》记"投壶,射礼之细也"③,虽然重在讲明古制,但实际上同样是要说明古人制礼目的在养人之德的意义。

《中庸》、《大学》、《表记》、《缁衣》、《儒行》、《孔子闲居》等六篇,则侧重儒家后学所记对修身与治国思想的阐发。关于《中庸》和《大学》,前文已述及。《表记》和《缁衣》,同《中庸》体例近似。吕大临认为,《表记》"论仁为多"④,《缁衣》"言为上者,言行好恶,所以为民之所则傲,不可不慎也"⑤,如此都是

---

① 吕大临:《礼记解·冠义》,《礼记集说》卷一百五十四,第 2 页;《蓝田吕氏遗著辑校》,第 382 页。

② 吕大临:《礼记解·深衣》,《礼记集说》卷一百四十五,第 11 页;《蓝田吕氏遗著辑校》,第 355 页。

③ 吕大临:《礼记解·投壶》,《礼记集说》卷一百四十六,第 1 页;《蓝田吕氏遗著辑校》,第 357 页。

④ 吕大临:《礼记解·表记》,《礼记集说》卷一百三十七,第 1 页;《蓝田吕氏遗著辑校》,第 311 页。

⑤ 吕大临:《礼记解·缁衣》,《礼记集说》卷一百四十一,第 1 页;《蓝田吕氏遗著辑校》,第 339 页。

对"圣人之学"的具体展开或某一重点的强调。《儒行》一篇在北宋也一度有很高的地位,[①] 而吕大临却对其真实性提出怀疑:"此篇之说,有矜大胜人之气,少雍容深厚之风,似与不知者力争于一旦,窃意末世儒者将以自尊其教,有道者不为也",这明显是站在道学立场上的判断。但他也从义理与实践的角度对之又予以肯定:"虽然,其言儒者之行,不合于义理者殊寡,学者果践其言,亦不愧于为儒矣。"[②]

由此可见,吕大临的礼学仍然侧重于在义理方面的解读,而不局限于名物制度的细节。"理义",是吕大临道学反复强调的中心,其展开便表现为孟子之"赤子之心",《中庸》的"性"与"诚",《大学》的"格物",《周易》的"中"与"正",《曲礼》的"敬",《表记》的"仁",等等。正是通过对经典的理解和解读,吕大临建构并阐释了他的道学思想。

---

① 据《宋会要辑稿·选举二》,太宗"淳化三年三月初九日,赐新及第进士乡制诗、《儒行箴》各一首。十五日,诏赐新及第进士及诸科贡举人《儒行篇》各一轴,令至治所著于壁,以代座右之诫"。见刘琳等校点:《宋会要辑稿》,上海古籍出版社,2014年,第5266页。

② 吕大临:《礼记解·儒行》,《礼记集说》卷一百四十七,第1页;《蓝田吕氏遗著辑校》,第360页。程颐曾对此表示不同看法:"《礼记·儒行》、《经解》,全不是。因举吕与叔解亦云:'《儒行》夸大之语,非孔子之言,然亦不害义理。'先生曰:'煞害义理。恰限《易》,便只"洁静精微"了却;《诗》,便只"温柔敦厚"了却,皆不是也。'"见《河南程氏遗书》卷十九,《二程集》,第254页。

第三章
吕大临的天道论与性命论

子贡曾言："夫子之文章，可得而闻也；夫子之言性与天道，不可得而闻也。"（《论语·公冶长》）孔子对弟子的教育，主要不是通过对"性与天道"的理论探讨而实施的，而是使其在人格自觉和礼乐教化中由表及里，由下学而上达。北宋道学因应时代变化的需要，在继承《孟子》、《中庸》和《易传》的基础上，恰恰侧重于以对"性与天道"的体认为其理论前提。对于天道，汉代儒学其实已经通过融入道家和阴阳家的思想成分，建立起一套气化宇宙论系统。但在道学家看来，汉儒气化宇宙论的最大缺陷在于未能理解天道变化中包含的道德必然性意义，因而一方面使天道成为纯粹自然性的演化过程，另一方面又使人道成为人为意志的个别性和偶然性决定；道学则吸收孟子性善论，又通过天道与心性的贯通，将性善的根源追溯到天道，在对人性正面和负面的双向洞察中，为个体的道德实践和修养工夫奠定一个"形而上"的理论基础。

相比张载、二程，吕大临对天道论述较少。即便在《易章句》中，他主要关注的也是人伦常道，在《中庸解》、《孟子解》中更是如此。在他有限的天道论论述中，显示出其关注点主要在于以对天道的理解论证其对心性以及道德修养工夫的理解，道德实践始终是其理论的归旨，"性与天道一也"、"中者性与天道"、"中者道之所由出"是其基本观点。

一、"性命"与"天道"

中国哲学的源头出于对天道的体认，先秦儒学虽以论述人道为主题，但对作为人道之根源的天道也没有忽视，这构成道学天道性命论的直接理论来源。在先秦儒家经典中，孟子提出在理解层面上通过"尽心"、"知性"以"知天"，在修养层面上"存心"、"养性"以"事天"，"天"被内向收摄于"性"乃至于"心"之中；《中庸》开篇提出"天命之谓性"，又通过"参天地"、"赞化育"的方式论及"天地之道"，其径路同于孟子，但比孟子详尽；相比之下，《易传》的天道论则更为明确，已可视为一个客观的系统。北宋张载的天道论主要源于《易传》和《中庸》，吕大临《易章句》所解释者则主要在经而不在传，因此对《系辞》、《说卦》、《象传》的解释较少，且主要关注其中的人道论意义，与张载不同，其道学义理架构更多建立在《孟子》与《中庸》的基础之上，实质在于性（命）论，而不在天（道）论。

（一）"中者性与天道"

我们先来看吕大临对《孟子》"尽心"章的诠释。孟子曰："尽其心者，知其性也。知其性，则知天矣。存其心，养其性，所以事天也。夭寿不贰，修身以俟之，所以立命也。"（《孟子·尽心上》）朱熹《论孟精义》辑录两段吕大临对该章的解说，第一段为：

"尽其心"者，大其心也。心之知思，足以尽天地万物之理，然而不及者，不大其心也。大其心，与天地合，则可知思之所及乃吾性也。性即天道，故"知性则知天"。①

在这里，吕大临显然预设了心、性之分，却没有性与天道之分，因而"尽心"则能知性又知天。关于这里所涉及的"尽心"、"大心"、"尽性"、"穷理"等工夫论问题，我们在后章续有专论，在此仅关注"性（命）"与"天（道）"的关系。

于此，《论孟精义》辑录的第二段材料论述非常详尽，引录如下：

天道性命，自道观之则一，自物观之则异。自道观者，上达至于不可名，下达至于物，皆天道也。"乾道变化，各正性命"，彼所谓性者，犹吾以职授之而已，或偏或正，惟其所受；（人得之正，故可达天；物得之偏，故不得达。）彼所谓命者，犹吾以令使之而已，死生寿夭，惟令是从。自物观者，犬异于牛，牛异于人，皆谓之性；不得于仁义礼智，与桎梏而死，皆谓之命。事天者，如事君。性，天职也，不敢不尽；命，天命也，不敢不顺。尽性顺命为几矣，而犹未与天一。达天德者，物我幽明，不出吾体；屈伸聚散，莫非吾用。性命之禀，虽与物同，其达乃与天一。"大德必受命"，则命合于性；（位禄名寿，皆吾性之所能致。）"天命之谓性"，则性合于命，（我受于天，亦天

---

① 吕大临：《孟子解·尽心上》，《孟子精义》卷十三，《朱子全书》第 7 册，第 792 页；《蓝田吕氏遗著辑校》，第 479 页。

所命。）性命一也。圣人之于天道有性焉，则性于天道一也。①

这里区分了"自道观之"与"自物观之"以及"尽性顺命"与"达天德"的不同。"自道观之"，强调的是道之由合而一。"自物观之"，则"性"与"命"实都有多。性不仅有偏正，而且还有犬、牛、人之异；命不仅有不可选择的死生夭寿之命，而且有人为的善恶之命。因而，所谓"事天"，就当不断尽其正性，顺其天命，这是就实践工夫而言。但对"达天德者"即圣人而言，则"物我幽明，不出吾体；屈伸聚散，莫非吾用"，"命合于性"，"性合于命"，"性命一也"，这已达到一种自然流行的化境，是就境界论而言。可见，吕大临这里对天道性命合一的论述是从本体、工夫、境界三方面循序进行的。对"大德必受命"、"天命之谓性"的引用，也明显可以看到其理解与《中庸》的关联。

由此再来看吕大临《中庸解》对《中庸》首章"天命之谓性，率性之谓道，修道之谓教"的解释：②

> 此章先明性、道、教三者所以名。性与天道一也，天道降而在人，故谓之性。性者，生生之所固有也。循是而之焉，莫非道也。道之在人，有时与位之不同，必欲为法于后，不可不修。③

---

① 吕大临：《孟子解·尽心上》，《孟子精义》卷十三，《朱子全书》第 7 册，第 792 页；《蓝田吕氏遗著辑校》，第 479 页。括号中为吕大临自注。

② 为方便起见，本书对《中庸》章节的划分，俱以朱熹《中庸章句》为准。

③ 吕大临：《中庸解》，《河南程氏经说》卷八，《二程集》，第 1152 页。（转下页）

不同于《易传》,《中庸》所讲之"道"首先是作为"君子之道"的人道,而非天道。在"性与天道一也"的预设前提下,"性"便构成"道"和"教"的基础。"天道"禀赋于人即为"性",这是"生生之所固有",意味着性是先天必然的,不是人为选择的结果,因而"性"成为人理解自身乃至理解天道进而在社会中活动的基础。"道"是"性"之"循是而之"的自然呈现,"教"则是"道"在具体情况和外在条件(包括历史性条件的"时"和社会性条件的"位")之下的人为规范。性、道、教三者的关系是:性是根据,道是自然,教是人为。但人为与自然并不对立,人为当然包含着人的意志性和选择性,有可能偏离以至背离自然,然而也正是人的意志性和选择性,使自然永远处于一种待完成的状态,这本身就是"性"与"道"的内涵之一。因而自然性的"道"在理论上可以包含人为性的"教",使"教"成为"道"的一部分,这也是天道

(接上页)《中庸解》虽被收入《河南程氏经说》,但其作者为吕大临则无疑问。该书编者在卷后有按语曰:"按晁昭德《读书志》,有明道《中庸解》一卷,伊川《大全集》亦载此卷。窃尝考之,《中庸》,明道不及为书,伊川虽已成《中庸》之书,自以为不满其意,已火之矣。反复此解,其即朱子所辨蓝田吕氏讲堂之初本改本无疑矣。用仍其旧,以备参考。"见《河南程氏经说》卷八,《二程集》,第 1165 页。《蓝田吕氏遗著辑校》中的《中庸解》系从《河南程氏经说》中迻录,《礼记解·中庸》则从卫湜《礼记集说》中辑出。但需要注意的是,《礼记集说》所辑吕大临对《中庸》的注解,非只一本,不同本用"一本曰"、"又曰"区分,其中包含了部分《中庸解》的内容。因此,作为太学讲义的《礼记解·中庸》,应当将凡属《中庸解》的部分祛除。本书以下凡引《中庸解》均据《河南程氏经说》,引《礼记解·中庸》则据《礼记集说·中庸》吕大临解之中祛除《中庸解》的剩余部分。

可以与人道统一的理论依据。在这一意义上，不仅是"教"，包括
"时"与"位"其实也都是"道"的体现。这是对"道"的生成性
和历史性的强调。

在《礼记解·中庸》中，吕大临更加详细地阐释了他对性、
道、教关系的理解。[1] 原文较长，以下做分段疏解：

> （1）"天命之谓性"，即所谓中；"修道之谓教"，即所谓
> 庸。中者，道之所自出；庸者，由道而后立。

这里把"天命之谓性"理解为"中"，把"修道之谓教"理解为
"庸"，通过"中"与"庸"的理解，实际上使对"性"与"道"的
理解得到了具体化。这一理解构成吕大临整部《中庸》解说的主
旨。

"中"何以为"性"？吕大临引用了《尚书》和《左传》来说明：

> （2）盖中者，天道也，天德也，降而在人，人禀而受之，
> 是之谓性。《书》曰："惟皇上帝，降衷于下民。"《传》曰："民

---

[1] 许多学者将《礼记解》（包括其中的《中庸》部分）看作吕大临从学于张载的
关学阶段的作品，又将后世一度被误认为是程颢著作的《中庸解》看作是吕
大临从学于二程之后的洛学阶段的作品。本书认为《礼记解》是吕大临为太
学博士时所作讲义，其时已入洛多年。关于《中庸解》，朱熹推测为讲义之改
本，且有"昔腴今瘠"而劣于原本之处。见朱熹：《中庸或问》，《朱子全书》
第 6 册，第 558 页。鉴于此，本书不将二书看作吕大临两个思想阶段的作品并
比较其差异，也不认为吕大临的现存著作可以反映出这种差异。以下详引吕大
临《礼记解》中对《中庸》第一章的诠释，也意在见其意涵的"丰腴"。

受天地之中以生。"此人性所以必善,故曰"天命之谓性"。①

《尚书·汤诰》曰:"惟皇上帝,降衷于下民,若有恒性,克绥厥猷惟后。"吕大临以此证明"人性所以必善",这可能受到了《孔传》和《尚书正义》的影响。《孔传》释曰:"皇,大。上帝,天也。衷,善也。顺人有常之性,能安立其道教,则惟为君之道。"亦即天降善性于人,为君之道在于顺人之善性而立教施化。②《左传》成公十三年有言:"民受天地之中以生,所谓命也。是以有动作礼义威仪之则,以定命也。能者养以之福,不能者败以取祸。是故君子勤礼,小人尽力。勤礼莫如致敬,尽力莫如敦笃。敬在养神,笃在守业。"这段文字提到了"中"与"命",并没有提到"性"。③而吕大临同样以"民受天地之中以生"证明"人性所以

---

① 吕大临:《礼记解·中庸》,《礼记集说》卷一百二十三,第15页;《蓝田吕氏遗著辑校》,第271页。

② 孔颖达疏曰:"天生烝民,与之五常之性,使有仁义礼智信,是天降善于下民也。天既与善于民,君当顺之,故下传云,顺人有常之性,则是为君之道。"孔颖达:《尚书正义》,李学勤主编:《十三经注疏》(标点本),北京大学出版社,1999年,第199页。牟宗三认为,这种解读很可能已经将之与《中庸》首三句联系起来了,"惟皇上帝,降衷于下民"的内涵就等同于"天命之谓性","若有恒性"同于"率性之谓道","克绥厥猷惟后"等于"修道之谓教"。见牟宗三:《心体与性体》上册,第172页。

③ 孔颖达疏曰:"'天地之中',谓中和之气也。"见孔颖达:《春秋左传正义》,《十三经注疏》(标点本),第755页。由于孔疏将"中"理解为"气",这里的"命"便成为气命,而礼的意义成为"有法则命之长短得定,无法则夭折无恒也","敬之所施,在于养神,朝廷百官,事神必敬;笃在守业,草野四民,勿使失业也",礼与敬同人的内在德性失去了关联,显然与《中庸》"天（转下页）

必善"，将"生"理解为"性"，将"中"理解为"善"。

　　但朱熹曾对此两处所论之"衷"或"中"，与"善"作了区分："'衷'字看来只是个无过不及、恰好底道理。天之生人物，个个有一副当恰好、无过不及底道理降与你。与程子所谓'天然自有之中'，刘子所谓'民受天地之中'相似。""后人以衷为善，却说得未亲切。"①朱熹认为"衷"或"中"不即是"善"，只是无过不及、恰好的道理，而吕大临则将"中"首先理解为"天道"、"天德"，如何看待二者的差异呢？

　　就"惟皇上帝，降衷于下民"和"民受天地之中以生"的语境而言，"衷"与"中"的前提都是天之"生"。因而，"中"首先不是与"性"而是与"生"相联系。从思想史的角度说，"性"是"生"之后起字，其内涵也伴随着对"生"之理解的逐渐深入而变得丰富起来。②在儒家哲学中，"生"本身就具有一种积极的价值意义。③在这一意义上反观吕大临所言"盖中者，天道也，

―――――――――

　　（接上页）命之谓性"的主旨不同。牟宗三也认为，这里的"命"是指"得其存在自然是得其'个体生命之存在'"，而非"天命之谓性"之命令之命。见牟宗三：《心体与性体》上册，第 179 页。

①　黎靖德编：《朱子语类》卷十八，第 409 页。

②　傅斯年统计了先秦"生"、"性"、"令"、"命"等字的使用情况，认为："统计之结果，识得独立之性字为先秦遗文所无，先秦遗文皆用生字为之。至于生字之含义，在金文及《诗》、《书》中，并无后人所谓'性'之一义，而皆属于生之本义。后人所谓性者，其字义自《论语》始有之，然犹去生之本义为近。至孟子，此一义始充分发展。"见傅斯年：《性命古训辨证》，《中国现代学术经典·傅斯年卷》，河北教育出版社，1996 年，第 10 页。

③　如方东美认为："就代表时际人之儒家心灵眼光看来，宇宙元是一（转下页

天德也,降而在人,人禀而受之,是之谓性",其所理解之"中"与"性"就不止是"恰好的道理",而是包含着"生生"之"道"的具体内容在其中。因此,吕大临明确地指出,"中"不仅是"性",也是"天道"。在这里,我们也可以看到张载与程颢对吕大临道学的影响。

张载对"天"的理解是明确与"道"相连的,而其天道论的一个突出特点是又常常通过气化的方式展现出来。如他说:"由太虚,有天之名;由气化,有道之名;合虚与气,有性之名;合性与知觉,有心之名。"[①]但这并不表明天道仅仅是一个自然气化的过程,否则由天道下贯于人物的"性"便成为了一个实然的气质之性,不可能包含道德价值在其中,这与张载"性于人无不善,系其善反不善反而已"[②]的思想显然是矛盾的。张载提出"气化"之道,其意义同样也在于强调宇宙之生生不已的价值性。在张载哲学中,这种价值性通过"虚"、"感"、"神"、"化"等不同层次的性质和特征表现出来。因而"性"也具有了"天地之性"和"气质之性"的区分。

与张载相比,程颢对天道之"生"的价值意义肯定得更为直接明了。吕大临《东见录》记其语录曰:"'生生之谓易',是天之所以为道也。天只是以生为道,继此生理者,即是善也。善便

（转上页）个包罗万象之大生机,无一刻不发育创造,而生生不已;无一地不流动贯通,而亹亹无穷。"见方东美:《中国哲学精神及其发展》,中华书局,2012 年,第 112 页。

① 张载:《正蒙·太和篇》,《张载集》,第 9 页。

② 张载:《正蒙·诚明篇》,《张载集》,第 22 页。

有一个元底意思。'元者善之长'，万物皆有春意，便是'继之者善也'。'成之者性也'，成却待它万物自成其性须得。"[1] 程颢以"生生"来疏解《易传》"一阴一阳之谓道，继之者善也，成之者性也"，也是意在表明万物创生过程中的价值性。"天"之所以为"道"，正是因为"天"具有生生之德，作为变化之体的"易"即是天道本体在生化和妙用中的呈现。这一本体不是孤立、静止的超绝对象，而是在生生变化之中可以感受和体验的现实存在。因此，程颢才颇有自得地说："天地万物之理，无独必有对，皆自然而然，非有安排也。每中夜以思，不知手之舞之，足之蹈之也。"[2] 他对"天道"与"天命"也有明确的区分："言天之自然者，谓之'天道'；言天之付与万物者，谓之'天命'。"[3] 在道学家中，把"民受天地之中以生"理解为"天命之谓性"，也始于程颢："'民受天地之中以生'，'天命之谓性'也。'人之生也直'，意亦如此。"[4] 他甚至同意告子"生之谓性"的说法在一定程度是可以讲得通的："告子此言是，而谓犬之性犹牛之性，牛之性犹人之性，则非也。"[5] 但告子是从自然材质的角度论性，因而引出"性无善恶"的结论，程颢之所以引述"生之谓性"，则在于肯定"性"在价值源头上的超善恶："善固性也，然恶亦不可不谓之性也。盖'生之谓性'，'人生而静'以上不容说，才说性，便已

---

① 程颢、程颐：《河南程氏遗书》卷二上，《二程集》，第 34 页。
② 程颢、程颐：《河南程氏遗书》卷十一，《二程集》，第 121 页。
③ 程颢、程颐：《河南程氏遗书》卷十一，《二程集》，第 125 页。
④ 程颢、程颐：《河南程氏遗书》卷十二，《二程集》，第 135 页。
⑤ 程颢、程颐：《河南程氏遗书》卷十一，《二程集》，第 120 页。

不是性也。凡人说性，只是说'继之者善也'，孟子言人性善是也。"[1] 这与在现实生活中肯定"性"可以为善并不矛盾。程颢对"性"的超越义的理解容纳了"性"的自然义与理则义，这使他直接将天人统一起来，人之为学工夫的重点转向体验天道的生化流行以及在人生中为善去恶。

由于吕大临所理解的"性"不仅仅是规范性的理，而内在地包含着积极的与"生"而来的价值意义，因而对于现实中的人来说，"良心所发，莫非道也"，善的价值可以直接表现在各种人伦关系和自然的情感状态中。他接着说：

（3）性与天道，本无有异，但人虽"受天地之中以生"，而梏于蕞然之形体，常有私意小知挠乎其间，故与天地不相似，所发遂至于出入不齐而不中节。如使所得于天者不丧，则何患不中节乎？故良心所发，莫非道也。在我者，恻隐、羞恶、辞让、是非，皆道也；在彼者，君臣、父子、夫妇、昆弟、朋友之交，亦道也。在物之分，则有彼我之殊；在性之分，则合乎内外，一体而已。是皆人心所同然，乃吾性之所固有。随喜怒哀乐之所发，则爱必有等差，敬必有节文。所感重者，其应也亦重；所感轻者，其应也亦轻。自斩至缌，丧服异等，而九族之情无所憾；自王公至皂隶，仪章异制，而上下之分莫敢争。非出于性之所有，安能致是乎？故曰"率性之谓道"。[2]

---

[1] 程颢、程颐：《河南程氏遗书》卷一，《二程集》，第 10 页。

[2] 吕大临：《礼记解·中庸》，《礼记集说》卷一百二十三，第 15 页；《蓝田吕氏遗著辑校》，第 271 页。

人悖离道的原因在于梏于形体而产生的私意小知。由于人有形体的限制，其与他人他物之间的区别之心便会自然产生，因而导致"私意小知"，这就使人不能与天道为一，其情感和行为失去自然的合性性，导致或过或不及。那么，如何保持"性"之本有"必善"的状态呢？吕大临引用孟子的思想，即通过"良心"、"四端"与"五伦"。孟子曰："心之所同然者何也？谓理也，义也。"（《孟子·告子上》）"仁义礼智，非由外铄我也，我固有之也，弗思耳矣。"（《孟子·告子上》）吕大临主张，良心、四端、五伦皆道也。他接着以良心说论证了礼仪制度的合理性。心之所发为情，情之应物为感。事事物物不同，而有情有感，就需要有所差别对待。从理上讲是同是一，从情上讲则是别是异。因此，道实际上是合情理二者而成。吕大临此处阐释的特殊之处在于又一次在"性"与"道"之间加入了对"中"的强调，因而"中"不但具有善的价值，而且成了率性、发情、循道的最高标准。

孟子曰："尧舜，性者也。汤武，反之也。"（《孟子·尽心下》）"率性之谓道"属于圣人之所能，常人则需要"修道之谓教"。对于"修道之谓教"，吕大临解释道：

（4）循性而行，无物挠之，虽无不中节，然人禀于天者，不能无厚薄昏明，则应于物者，亦不能无小过、小不及，故"喜斯陶，陶斯咏，咏斯犹，犹斯舞，舞斯愠，愠斯戚，戚斯叹，叹斯辟，辟斯踊矣。品节斯，斯之谓礼"。闵子除丧而见孔子，予之琴而弹之，切切而哀，曰："先王制礼，不敢过也。"子夏除丧而见孔子，予之琴而弹之，侃侃而乐，曰："先王制礼，不敢不及也。"故"心诚求之,虽不中不远矣",然将达之天下,传之后世,"虑其所终","稽其所敝",则其小过、小不及者,不可以不修,此先王所以制礼,故曰"修道之谓教"。[①]

与"率性之谓道"所针对的"私意小知"不同,"修道之谓教"针对的是"厚薄昏明",前者属心意,后者则属气质。因而"率性之谓道"需要回到良心所发,"修道之谓教"则需要以礼教中节之。这里又可以看到张载"知礼成性"思想的影响。在这一意义上,也可以反过来理解吕大临为何突出地把"性与天道"理解为"中"。吕大临理解的"中"不仅是一种状态,更多地体现为行为的恰当与合理,因而"中"便最明显地表现在先王所制之礼中。这固然是他有意识地以"中庸"二字诠释《中庸》文本的结果,也是他将天道、性命、礼教相贯通而重视直觉性的道德实践的表现。

在对《中庸》"道也者,不可须臾离也,可离非道也"的诠释中,吕大临着重对"道"进行详细的描述:

> (5)道之为言,犹道路也,凡可行而无不达,皆可谓之道也。"成象之谓乾,效法之谓坤",天立是理,地以效之,况于人乎? 故人效法于天,不越"顺性命之理"而已。"率性之谓道",则四端之在我者,人伦之在彼者,皆吾"性命之理",受乎天地之中,所以"立人之道","不可须臾离也"。绝类离伦,

---

① 吕大临:《礼记解·中庸》,《礼记集说》卷一百二十三,第16页;《蓝田吕氏遗著辑校》,第271—272页。

无意乎君臣、父子者,过而离乎此者也;贼恩害义,不知有君臣、父子者,不及而离乎此者也。虽过、不及有差,而皆不可以行于世,故曰"可离非道也"。"非道"者,非天地之中而已。非天地之中而自谓有道,惑也。①

这里借用了《周易·系辞》"成象之谓乾,效法之谓坤"和《说卦》"顺性命之理"来理解"道"的内涵。"道"之根源出于"天","道"的实质即是"理",因而"率性之谓道"也就是"顺性命之理"。而所谓"性命之理",也即是人受"天地之中"所表现出的四端五伦。

吕大临在接下来对《中庸》"是故君子戒慎乎其所不睹,恐惧乎其所不闻。莫见乎隐,莫显乎微,故君子慎其独也"的诠释中,明确提出"中者性与天道"的说法:

（6）所谓中者,性与天道也。谓之有物,则"不得于言";谓之无物,则"必有事焉"。"不得于言"者,"视之不见,听之不闻",无声形接乎耳目而可以道也;"必有事焉"言者,"莫见乎隐,莫显乎微","体物而不可遗"者也。古之君子,"立则见其参于前,在舆则见其倚于衡",是何所见乎?"洋洋如在上,如在其左右",是果何物乎?学者见乎此,则庶乎能择中庸而执之。隐微之间,不可求之于耳目,不可道之于言语,然有所谓昭昭而不可欺、感之而能应者,正惟虚心

---

① 吕大临:《礼记解·中庸》,《礼记集说》卷一百二十四,第4页;《蓝田吕氏遗著辑校》,第272页。

以求之,则庶乎见之,故曰"莫见乎隐,莫显乎微"。然所以慎其独者,苟不见乎此,则何戒慎恐惧之有哉? 此诚之不可掩也。①

这段论述中所要强调的,显然是"中"即"性与天道"的"形而上"特征,所谓"隐微之间,不可求之于耳目,不可道之于言语,然有所谓昭昭而不可欺、感之而能应者"。"不得于言"和"必有事焉"均出自《孟子》"知言养气"章。②"不得于言",指用语言无法形容、表述、传达;"必有事焉",指有所活动。那么,"中庸"如何才能"择"而"执"之? 在吕大临看来,恰恰是因为其无法通过耳目把握,所以"正惟虚心以求之,则庶乎见之"。由此,吕大临对"中者性与天道"的理解最终落实到了"心"之上。这与《论中书》中吕大临的表述受到程颐批评以后不断答辩而最后归于其对孟子所言"赤子之心"的体察,如出一辙。

(二)《论中书》的争辩

《论中书》是对程颐与吕大临二人就如何理解吕大临在《礼记解·中庸》所提出的"中者道之所自出"所引发的一系列讨论

---

① 吕大临:《礼记解·中庸》,《礼记集说》卷一百二十四,第 5 页;《蓝田吕氏遗著辑校》,第 273 页。

② "告子曰:'不得于言,勿求于心;不得于心,勿求于气。'不得于心,勿求于气,可;不得于言,勿求于心,不可。""必有事焉而勿正,心勿忘,勿助长也。"见《孟子·公孙丑上》。

书信的辑录,现存于《河南程氏文集》之中。[①] 在其开篇,程颐就对吕大临提出的"中者道之所由出"的观点予以批评,因而引起七个回合的往复讨论。程颐的批评,或许也是导致吕大临在被朱熹称为"改本"的《中庸解》中不再提这一命题的原因,但吕大临的理解其实并没有多大改变。

如前所述,吕大临首先把"中"理解为"天道"、"天德",继而赋予人,即为"性"。因而,所谓"中者道之所自(由)出"即表示作为"性与天道"之具体化的"中"是"道"的依据。此"道",主要指人道而言。不过,"道"是"率性"而出,此"道"也是不假人为的,其内容只能是圣人、先王或君子之无过无不及的礼乐之道。在这一意义上,"性"与"道"本质上又是同一的,因而吕大临依据《中庸》首章又说"性与道,大本与达道,岂有二乎"。二者差别只在于前者是内在的,隐而不发,后者则表现为四端、五伦以及各种礼仪节文。

程颐则首先认为:"中即道也。若谓道出于中,则道在中内,别为一物矣。"这是说,"中"本是对道的形容,如说"道出于中",则隐含了二义:其一,"中"与"道"分离为二物;其二,原本是作为一种状态描述的"中"就被实体化了,但实际上并没有一个

---

① 《河南程氏文集》所收《与吕大临论中书》标题下有注曰:"此书其全不可复见,今只据吕氏所录到者编之。"见《二程集》,第 605 页。本节以下引用《论中书》,不再注明出处。关于《论中书》的讨论,学界成果已多。可参见牟宗三:《心体与性体》中册,第 297—298 页;丁为祥:《虚气相即——张载哲学体系及其定位》,人民出版社,2000 年,第 218—221 页;文碧方:《关洛之间——以吕大临思想为中心》,中华书局,2011 年,第 187—217 页,等。其中,尤以文碧方分析较为详尽。

可名为"中"的独立存在物。其次，程颐又说："若谓性与道、大本与达道可混而为一，即未安。在天曰命，在人曰性，循性曰道。性也，命也，道也，各有所当。大本言其体，达道言其用，体用自殊，安得不为二乎？""性"与"道"，"大本"与"达道"之间，前者为"体"，后者为"用"，"体用自殊"，因而不能混为一谈。这显然是从体用二分的角度对"性"与"道"作了区分，"中"只是对"道"之形容，而绝不能看作是与"性"同等的本体。

程颐指出"中"并非实体，这是正确的。其实，吕大临也没有将"中"理解为实体，他要表达的是通过"中"将"性与天道"的理解具体化，从而使之直接成为人伦常道中可体可行的内在标准、规范以及感受。也正因如此，吕大临并没有刻意区分体用之间的不同。在具体的行为中，体必定是通过用之展现才有其意义，因而这种区分的必要也就不大了。

接下来，吕大临对程颐"道在中内，别为一物"的批评进行了答辩和澄清，并明确指出"中即性也"：

> 既云"率性之谓道"，则循性而行莫非道。此非性中别有道也，中即性也。在天为命，在人为性，由中而出者莫非道，所以言道之所由出也，与"率性之谓道"之义同，亦非道中别有中也。

由于吕大临将"性"与"道"一滚论之，因而不仅可以以"中"指道，也可以以"中"指性。从词性上讲，"中"为形容词，"性"为实词，二者当然并不等同。所谓"中即性"，其实就是以"中"

理解"性"。但程颐则认为"此语极未安","中也者,所以状性之体段。如称天圆地方,遂谓方圆为天地,可乎","中既不可谓之性,则道何从称出于中"。程颐的批评显然有些刻意。实际上,在儒学中如"皇极"、"太极"、"诚"、"神"等概念原本都是形容词,但在道学中都可以指示最高的天道实体。在这一意义上,"中"的用法是与之相同的。

那么,程颐如何理解"中"的内涵呢?他先说:"盖中之为义,自过不及而立名。"又说:"不偏之谓中。"这就把"中"只理解为人之行为的恰当,因而作为行之"中"与作为理之"性"当然就有不可抹杀的界限而绝不能混淆。吕大临则又补充说:"不倚之谓中,不杂之谓和。""不倚"与"不偏"意义相近,都是强调"中"之状态的保持,差别在于"不偏"需要涉及一物与他物的关系,"不倚"则是独立自存。程颐对"不倚之谓中"表示了肯定,但认为"不杂之谓和,未当"。

之后,吕大临不再直接讨论性与道的关系问题,而是借孟子"赤子之心"的说法论述了对"率性之谓道"的理解。

> 喜怒哀乐之未发,则赤子之心。当其未发,此心至虚,无所偏倚,故谓之中。以此心应万物之变,无往而非中矣。……故大人不失其赤子之心,乃所谓允执其中也。大临始者有见于此,便指此心名为中,故前言中者道之所由出也。……所谓以中形道,正此意也。"率性之谓道"者,循性而行,无往而非理义也。以此心应万事之变,亦无往而非理义也。皆非指道体而言也。

由此可以很明显地看到，吕大临受孟子学的影响，坚持本心与性、道为一的思想。程颐则认为"赤子之心"是已发之"和"，以"赤子之心"为未发之"中"是"不识大本"。吕大临针对这一批评，从个人的修身实践体验和《尚书》《论语》《孟子》《易传》的经典根据两方面全面坚持并申说了自己的观点，最后他指出二人的分歧所在："大临以赤子之心为未发，先生以赤子之心为已发。所谓大本之实，则先生与大临之言未有异也，但解赤子之心一句不同尔。"他肯定地说："先生谓凡言心者皆指已发为言，然则未发之前谓之无心可乎？窃谓未发之前，心体昭昭具在，已发乃心之用也。"这表明吕大临与程颐的分歧实质上是对心性关系的理解不同，吕大临坚持心性为一，程颐则否定这一点，并坚持对体用作进一步的区分。①

　　实际上，吕、程二人关心的问题从一开始就有所不同。对于"中庸"，程颐的理解是："不偏之谓中，不易之谓庸。中者，天下之正道；庸者，天下之定理。"②他把"中"理解为不偏之正道，把"庸"理解为不易之定理，这种对"中"和"庸"的诠释显然与他的理学体系有关，其最大特点是提高了"庸"的地位，不把它理解为"用"，而是理解为"理"，这就把"中庸"的思想从方法论提高到了本体论的高度。但吕大临关心的是如何为道德实践确立一个内在标准的问题，因而不但要有一个绝对的、客观的价值本体，而且此本体必须是内在的、能动的。因此，在二人的讨论过程中，程颐反复注意的却是"此语有病"、"词之未莹"，即对

① 关于《论中书》中吕大临对"心"的理解，本书第四章第二节续有专门讨论。
② 程颢、程颐：《河南程氏遗书》卷七，《二程集》，第100页。

本体自身理解有差、表达不清的问题。他反复斟酌于如何理解"中"与"心",如何区分体与用,如何在"论愈精微,言愈易差"的情况下恰当地表述,在讨论过程中不仅不断地修正吕大临的说法,也在调整和修正自己的说法。吕大临虽然也承认有"命名未当"、"辞命不明,言不逮意"之处,但在证明其论断有经典根据的同时,更多强调的是付诸实行的经验感受。因而他自述其看法是在经历过一个"反求诸己"、"由是而之焉"的过程之后的体验所得,故而"自信不疑"。

对于程颐和吕大临在《论中书》中的歧见,《朱子语类》中记有朱熹与弟子的一段问答:

> "吕与叔云:'圣人以中者不易之理,故以之为教。'如此,则是以中为一好事,用以立教,非自然之理也。"先生曰:"此是横渠有此说。所以横渠没,门人以'明诚中子'谥之,与叔为作《谥议》,盖支离也。西北人劲直,才见些理,便如此行去。又说出时,其他又无人晓,只据他一面说去,无朋友议论,所以未精也。"①

朱熹对张载关学的批评实际上也涉及到本体与工夫的问题。朱熹主张"涵养须用敬,进学在致知",即在内居敬,在外穷理,而张载关学的工夫则是"知礼成性,变化气质",指向在道德践履之中改变气质之性的偏蔽。因而,朱熹一方面称张载"工夫最

---

① 黎靖德编:《朱子语类》卷一百一,第 2561 页。

亲切"，一方面又认为"西北人劲直，才见些理，便如此行去"，而这二者之间实际上是一致的。吕大临之为学受到张载的影响是明显的。朱熹早年就读到吕大临对《中庸》的解释，对其印象甚深："某年十五六时，读《中庸》'人一己百，人十己千'一章，因见吕与叔解得此段痛快，读之未尝不竦然警厉奋发。"①在程门诸弟子对《中庸》解释中，朱熹也始终最为推崇吕大临的《中庸解》。②这可以说从另一侧面说明了吕大临道学思想的特点。

　　吕大临理解之"中"的内涵包括了由"道"立"教"的内容，要比单纯的"由中状道"的意义更为丰富。他把《中庸》设定为"入德之要"，当然也是基于其道学实践的需要。这其实也是吕大临提出"中者道者所自（由）出"所要表达的意思。尽管从严格意义上讲，吕大临的诠释仍有可以讨论之处，反映出道学话语形成过程中意义的模糊性，但如果能够把握其思想主旨，那么其诠释意义也便可以完全明了。

二、天道之"虚"与"感"

　　孟子以"尽心"、"知性"的方式"知天"，把"天"内摄于

---

① 黎靖德编：《朱子语类》卷四，第 66 页。

② 在《朱子语类》中，也记有多处夸赞吕大临《中庸解》的语录，如说："吕与叔《中庸》义，典实好看。""吕《中庸》，文滂沛，意浃洽。""李先生说：'陈几叟辈皆以杨氏《中庸》不如吕氏。'先生曰：'吕氏饱满充实。'""龟山门人自言龟山《中庸》枯燥，不如与叔浃洽。先生曰：'与叔却似行到，他人如登高望远。'"见黎靖德编：《朱子语类》卷一百一、六十二，第 2561、1485 页。

"心"之中理解，必然导致天道论的虚欠；《中庸》将"君子之道"统摄于"诚"，由"诚"再上契天道、天德，使建立在儒家心性之学上的天道论得到了丰富；而蕴含于《易传》之中，由天地生化所表现的天道论，无疑具有更为广阔的诠释空间。汉代哲学吸收道家和阴阳家的思想资源，使儒家的气化宇宙论得到了空前发展。北宋道学虽然批判汉儒，主张向孔孟心性儒学返归，但也面对一个如何改造、兼容气化宇宙论的问题。在天道论问题上，吕大临并未着力太多，而是主要吸收了张载的一些学说，以之为其心性论和礼教实践奠定进一步展开的基础。

（一）"虚"与"诚"

道学对天道气化流行的理解，同时包含着自然性和价值性双重意义，不仅通过天道生生与生命个体之仁德相呼应，而且通过万物相感与人心相感为心性作用的展现提供理论基础。天的根本品性在于"生"，由此引申出"仁"、"诚"、"神"等德性；而物的根本品性则在于"感"，由此万物成为"一体"，由共通而达于本源之天。天的根源性存在状态和价值意义既可以直接反映在心之本体中，也可以反映在身之与物共生、共在的关系中。不过，如果说重视天的价值根源性是不同道学家的共同之处，在人如何体认这种根源性价值这一问题上，他们则表现出不同的看法。程颢更重视心的意义，吕大临也有此倾向，但他同时也重视气、虚、感的作用，进而为其礼学论述和人伦常道关怀确立理论基础，这一点又具有张载关学的特色。

吕大临在诠释《孟子·告子上》"富岁子弟多赖"章时，将

"性善"与"天之道,虚而诚"结合起来理解,赋予了《孟子》心性理论更丰富的天道论意蕴:

> 世之言性,以似是之惑而反乱其真。或以善恶不出于性,则曰"性无善";或以习成为性,则曰"性可以为善,可以为不善";或以气禀厚薄为性,则曰"有性善,有性不善"。三者皆自其流而观之,盖世人未尝知性也。天之道,虚而诚,所以命于人者,亦虚而诚。故谓之性虚而不诚,则荒唐而无征;诚而不虚,则多蔽于物而流于恶。性者,虽若未可以善恶名,犹循其本以求之,皆可以为善而不可以为不善。是则虚而诚者,善之所由出,此孟子所以言性善也。①

吕大临所引"世之言性"的三种观点,出自《孟子·告子上》之中公都子对孟子性善论的疑问:"告子曰:'性无善无不善也。'或曰:'性可以为善,可以为不善。是故文、武兴,则民好善;幽、厉兴,则民好暴。'或曰:'有性善,有性不善。是故以尧为君,而有象;以瞽瞍为父,而有舜;以纣为兄之子,且以为君,而有微子启、王子比干。'今曰性善,然则彼皆非与?"第一种观点是告子主张的"性无善无不善",吕大临概括其实质为"以善恶不出于性",即是说性无所谓善恶,或性与善没有必然关系。这一观点实际上是告子"生之谓性"说的必然推论,作为生之自然材质的性,当然无法用价值评判。第二种观点是"性可以为善,可以为不善",吕大临

---

① 吕大临:《孟子解·告子上》,《孟子精义》卷十一,《朱子全书》第 7 册,第 777 页;《蓝田吕氏遗著辑校》,第 479 页。

将其实质概括为"以习成为性"。这种观点虽然肯定了性有善恶，但其所理解之性是后天环境对人道德品质的影响而造成的结果，并不考虑性本身是否有某种先天内容，因而所谓的"善"或"恶"便都是外在附加的产物。第三种观点是"有性善，有性不善"，吕大临将之实质概括为"以气禀厚薄为性"。这种观点认为人性不但有善恶之别，而且其善恶是先天决定的，因而无可选择也不可改变。吕大临认为这三种观点虽有不同，但都是"自其流而观之"，即在自然条件下判定人性的善恶倾向。这意味着真正的性当更进一步逆观其"源"或"本"以寻之。那么，性之"本"在何处？答案即在于天之根源性的存在状态和价值意义之中。

　　实际上，作为价值判断的善恶，不可能不涉及人的心思意念和生活处境。道学对"自其流而观之"的三种性，并非全不承认。如由"生之谓性"所引出的"性无善"，程颢就有明确的肯定："'生之谓性'，性即气，气即性，生之谓也。人生气禀，理有善恶，然不是性中元有此两物相对而生也。有自幼而善，有自幼而恶，是气禀有然也。善固性也，然恶亦不可不谓之性也。"这很像上述第三种观点，不过他接着说："盖'生之谓性'、'人生而静'以上不容说，才说性时，便已不是性也。凡人说性，只是说'继之者善'也，孟子言人性善是也。"[①] 程颢以气言性，一方面固然肯定了现实之性不可能摆脱气的影响，因而"人生气禀，理有善恶"；另一方面，就性之"元"而言，却无恶也无善，但这又不同于告子之说，实际是指"不容说"的本然至善状态。因此，人性

---

① 程颢、程颐：《河南程氏遗书》卷一，《二程集》，第10页。

善便成为"继善"，即对天道之善的发扬。这实质上是把孟子性善论向上推到天道生生之后，在本然之性至善无恶的前提下，既肯定了气化过程本身之无善恶，又肯定了先天气禀之性有善有恶，还肯定了人在后天环境中应当为善去恶。

吕大临也肯定性有"未可以善恶名"的一面，但另一方面"循其本以求之，皆可以为善而不可以为不善"。之所以如此，乃在于"天之道，虚而诚，所以命于人者，亦虚而诚"。他将性的根本追究到天道本身，天道流行可以从有形有象的事物上看，也可以从无形无象的天道性质来看。从后者而言，即是"虚而诚"。"虚"则"无声形接乎耳目而可以道"，"诚"则成己成物以化育流行，二者恰好构成一种逆顺关系。天道之"虚"而"诚"，构成人性善的来源。

吕大临的这种理解同于张载。张载把"太虚"理解为天道的价值根源，在天道观上强调"太虚即气"，作为价值本体的太虚隐含于天道气化过程之中。张载的人性论也是综合了天地之性和气质之性二者，因而有"合虚与气，有性之名"之说。张载也以"虚"理解天道的价值特性。他说："天地之道无非以至虚为实。"又说："天地以虚为德，至善者虚也。虚者天地之祖，天地从虚中来。"① 这就把"虚"与"善"联系起来了。他又以"诚"理解天道："天所以长久不已之道，乃所谓诚。""性与天道合一存乎诚。"② 并且他将"诚"与"虚"结合起来："诚者，虚中求出实。""诚则实也，太虚者天之实也。万物取足于太虚，人亦出于

---

① 张载：《张子语录·语录中》，《张载集》，第 326 页。

② 张载：《正蒙·诚明篇》，《张载集》，第 21、20 页。

太虚,太虚者心之实也。"① 虚是天道的本体,因而天道虽然变化不息,万物都处于生成毁灭过程之中,但天道自身恒久存在。天地以"太虚"为本,这本身就是"至实",至实便是诚。诚既是天的德行,也是人的德性。诚实际上兼有虚与实的双重意义,是天道本体的完全展现。

　　作为"性与天道"之内在品性的"虚而诚",是一切价值判断的源头,因而必然是至善的。"虚"是天道本体,"诚"则化育万物。"虚"侧重强调价值本体的形上性,"诚"则强调价值本体的创造性和实现性。"虚"与"诚"既是互逆的,也是互补的。吕大临所谓"谓之性虚而不诚,则荒唐而无征",可以说继承了张载对佛老的批判立场;"诚而不虚,则多蔽于物而流于恶",则是对诸种从经验事物的既成特殊性出发去理解性之规定的思路的批评,这尤其表现在上述三种"自其流而观之"的言性方式。正因为"性"有更深的来源,吕大临批评了以经验判断而非价值判断言性的诸种观点。但他没有把"性"和"善"直接地等同起来。"善"是对人而言的性之属性,有待于人的行为才能得以呈现。性之善的规定性是潜在的,由"未可以善恶名"到"可以为善而不可以为不善",不仅是天道本体的逆求,也是现实"成性"的道德实践过程。

(二)"虚"与"感"

　　天道本体为"虚",化育生物为"诚",万物之间相互作用则

---

① 张载:《张子语录·语录中》,《张载集》,第 324 页。

为"感"。在儒家经典中,"感"的一个重要思想来源是《易传》。《周易·咸·彖传》曰:"咸,感也。柔上而刚下,二气感应以相与。止而说,男下女,是以'亨利贞,取女吉'也。天地感而万物化生,圣人感人心而天下和平。观其所感,而天地万物之情可见矣。"《易传》的感也具有天道论性质,首先是刚柔二气之感,继而也是天地之感以及圣人之感。吕大临对此的解释是:

> 咸,以无心感也。咸之所感不一,故咸之义又为感。天与地相感,故万物化生;圣人与人心相感,故天下和平。理义者,人心之所同然。感无不应,应无不同。好色好货,亲亲长长,以斯心加诸彼,未有不和不平者也。天地万物形气虽殊,同生乎一理,观于所感,则其情亦未尝不一也。[①]

表面上,吕大临似从字形上把"咸"理解为"以无心感也",但道学的字义解释在于义理,这句话显然并非仅仅从文字的拆分组合上来理解"感"。"以无心感",实际上就是"虚"之"感"。对于虚与感的关系,吕大临在《周易·咸·彖传》"山上有泽,咸。君子以虚受人"的解释中说:

> 泽居下而山居高,然山能出云而致雨者,山内虚而泽气通也。土灰候气,可以知也。故君子居物之上,物情交感者,

---

① 吕大临:《易章句·咸》,《合订删补大易集义粹言》卷三十五,第15页;《蓝田吕氏遗著辑校》,第114页。

亦以虚受也。[①]

泽气感通而致雨是因为山之内虚,与之相应,君子可以感万物之情而通理义,同样是由于其能虚心有容。

在上述两段引文中,首先涉及到"虚"、"气"、"理"与"感"之间的关系,这是就天道层面来看;其次涉及"虚"、"心"、"理"、"情"与"感"之间的关系,则属人道层面。物与物之间存在着各种各样的差异,差异是造成感的基本原因,也导致感的形式和内容都不会相同,这就是"所感不一"。但是,如果万物之间是绝对无法沟通的,那么感同样不可能。因此,万物虽因气之凝结成形,各自表现不同,但在根源上同时是天之"一理"所生,由不同中感其同,在本然的意义上便都会彼此贯通和合。

圣人不可能无心,圣人之所谓"以无心感",是无"私意小知"之感,也即"理义"之感。吕大临在各种经典诠释中,最常引用的就是孟子"心之所同然者何也? 谓理也、义也"(《孟子·告子上》)。他之所以强调"无心感",是因为一旦"有心",就会隔断万物之间的贯通性,从而陷于偏蔽。他对《周易》咸卦九四爻辞解释道:

> "憧憧往来,朋从尔思"者,有心于周物而未能无心,犹自思焉。天下何思何虑? 将无所不感,斯所以光大矣。[②]

---

① 吕大临:《易章句·咸》,《合订删补大易集义粹言》卷三十五,第15页;《蓝田吕氏遗著辑校》,第114页。

② 吕大临:《易章句·咸》,《合订删补大易集义粹言》卷三十五,第32页;《蓝田吕氏遗著辑校》,第115页。

这就是说,要感通万物,必须无心,否则会蔽于个人的思量揣测,不能得到本体的贯通。"何思何虑"出自《周易·系辞》中孔子对"憧憧往来,朋从尔思"的解释:"天下何思何虑,天下同归而殊涂,一致而百虑。天下何思何虑? 日往则月来,月往则日来,日月相推而明生焉。寒往则暑来,暑往则寒来,寒暑相推而岁成焉。往者屈也,来者信也,屈信相感而利生焉。尺蠖之屈,以求信也;龙蛇之蛰,以存身也。精义入神,以致用也;利用安身,以崇德也。过此以往,未之或知也;穷神知化,德之盛也。"张载对这里所讲的"昼夜寒暑"、"往来屈伸"之道以及"精义入神"、"穷神知化"的命题尤其重视,以此构建他的本体宇宙论体系。[1]吕大临对此处的天道和神化思想未有发挥,主要关注的是人道。

但吕大临的理解仍然受到了张载的影响。张载也把"心之虚"与"气之虚"联系在一起,"心之虚"本质上来源于"气之虚",但"心之虚"不仅仅是心的本然状态,也是一个工夫论问题。张载把"虚心"当作体会圣人之言,向内修养身心、变化气质以上达天德的重要方式。只有通过虚心工夫,才能祛除私意,最终达到无意必固我的天道无私境界。同样,"感"在张载道学中也有相当重要的意义。他对《周易·咸·彖传》也有专门的解释,可与吕大临相比较:

　　有无一,内外合,(自注:庸圣同。)此人心之所自来也。若圣人则不专以闻见为心,故能不专以闻见为用。无所不感

---

[1] 可参见《横渠易说·系辞下》中张载对这一段文字的反复诠解,见《张载集》,第 215—220 页。

者虚也，感即合也，咸也。以万物本一，故一能合异；以其能合异，故谓之感；若非有异则无合。天性，乾坤、阴阳也，二端故有感，本一故能合。天地生万物，所受虽不同，皆无须臾之不感，所谓性即天道也。[1]

遵循《周易·咸·彖传》的思路，张载把"感"也区分为"天地之感"和"人心之感"。"天地"生"人心"，天之所感能够"有无一、内外合"，"所受虽不同，皆无须臾之不感"；圣人不以见闻桎梏其心，能虚其心，因而与天地相似。与之相比，吕大临明显突出了感的"理义"前提，以《孟子》释《易传》，将张载的天道论落实在人伦常道之中。

在吕大临的鬼神论之中，可以更清楚地看到他对天道之虚、感、诚之品性的理解。他之所以重视鬼神之中表现出的虚、感、诚，当然与他重视礼学实践有重要关系。如他对《中庸》第十六章"鬼神之为德，其盛矣乎"解释曰：

> 鬼神者，无形，故视之不见；无声，故听之不闻。然万物之生，莫不有气，气也者，神之盛也；莫不有魄，魄也者，鬼之盛也。故人亦鬼神之会尔，此"体物而不可遗"者也。鬼神者，周流天地之间，无所不在，虽寂然不动，而有感必通。通虽无形无声，而有所谓昭昭不可欺者，故"如在其上，如在其左右"也。弗见弗闻，可谓"微"矣，然体物而不可遗，此之

---

[1] 张载：《正蒙·乾称篇》，《张载集》，第 63 页。

谓"显";周流天地之间,昭昭而不可欺,可谓"诚"矣,然因感而必通,此之谓"不可揜"。[1]

如前所述,"视之不见"、"听之不闻"属于"性与天道"的形上特征,吕大临在这里则以此描述鬼神。鬼神与天道不能等同,天道生化万物,万物无出于天道之外,而鬼神则是天道生化的一种形态表现,天道比鬼神更为根本。依照吕大临的解释,天道生化万物,既有气,又有魄,气与魄乃是神与鬼之"盛"的状态。但本质上,魄也是气化之物。因而,鬼神虽无形无声,不可被直观感知,但其本质为气。凡气均有阴阳相感、翕辟开合、往来屈伸的运动状态,因而鬼神也有感有应。鬼神之"周流天地之间,无所不在,虽寂然不动,而有感必通",实质上是气的作用。因其感而无形,故而鬼神之感具有不同于显见事物感应的两大特征:一方面是其感甚微,另一方面是有感必通。"无形"即是"虚",因"虚"故"微",因"虚"故"通"。这样,天道之虚、诚、感的德性,实际上也就表现为气之虚、诚、感的作用。同样,天道万物之理,也就最明显表现为"鬼神之理";天道之无私,表现为人对待鬼神当虚心而诚,绝无私意。吕大临曰:

> 鬼神之理,至虚而善应。齐戒絜诚,虚心以求之,犹有不应,将以二三不定之私意,渎而求之,其可得乎?[2]

---

[1] 吕大临:《礼记解·中庸》,《礼记集说》卷一百二十八,第 25 页;《蓝田吕氏遗著辑校》,第 284 页。

[2] 吕大临:《礼记解·缁衣》,《礼记集说》卷一百四十二,第 35 页;《蓝(转下页)

人与鬼神相感,亦须"虚心以求之",而不可有成见习心。当鬼神之理由微而显,人心之理实际上也随之由微而显。

由此,再来看吕大临对于"心"之虚与感的看法:

> 鬼神者,二气之往来尔。物感虽微,无不通于二气。故人有是心,虽自谓隐微,心未尝不动,动则固已感于气矣,鬼神安有不见乎?其心之动,又必见于声色举动之间,人乘间以知之,则感之著者也。①
>
> 喜怒哀乐之未发,则赤子之心。当其未发,此心至虚,无所偏倚,故谓之中。以此心应万物之变,无所往而非中矣。②

上引材料第一条同样是对《中庸》第十六章的解释,但与前述解释略显不同的是,这里不再侧重对鬼神之气的特性的描述,而侧重于心之隐微的特性。事实上,当在进行对天地或祖先的祭祀、丧葬之礼时,一方面当然需要认识到无形无声之鬼神之相感,另一方面也需要反省到人心自身之情非得已,如此才能诚于中、形于外,祭神如神在。隐微状态下的心,也就是"慎独"之心,"反本"之心。

第二条材料出自《论中书》,但实际上是对《中庸》首章"喜怒哀乐之未发谓之中,发而皆中节谓之和"的解释,吕大临把"喜怒哀乐之未发"等同于孟子所说的"赤子之心"。"赤子之

(接上页)田吕氏遗著辑校》,第352页。

① 吕大临:《礼记解·中庸》,《礼记集说》卷一百二十八,第25页;《蓝田吕氏遗著辑校》,第284页。

② 程颐:《与吕大临论中书》,《河南程氏文集》卷九,《二程集》,第607页。

心"也即是人之"本心"。"喜怒哀乐之未发"之时,是本心未与物相感之时。此时的本心是"至虚"的,是绝对的恰当,不偏不倚,故谓之"中"。保持此心感应万物,其行为就无过无不及,无往非中,恰如其分。但这种对心之"虚"与"感"的体会,既是工夫,也是境界。因而,吕大临将孔子自云"六十耳顺"解释为"心知之虚,通贯乎全体"①,将孔子自云"空空如也"解释为"空空无知,有感必应,虽鄙夫有问,无不尽焉"②。

综此,吕大临对天道、气、鬼神之虚与感的论述可以说都是服务于他的心性论以及修养工夫论的,这是其思想特点所在。

(三)"寂"与"感"

吕大临强调"鬼神者,周流天地之间,无所不在,虽寂然不动,而有感必通",所谓"无所不在"是指其遍在性,"寂然不动"是形容其形上性和绝对性,"有感必通"则是其作用和功能。如果说"虚"既可以被理解为一种本体之状态,又可以被理解为一种回复本体的工夫,那么"寂"则只能被理解为本体自身的状态,其与"感"的关系因而也就是"体"与"用"的关系。"寂然不动"不是孤绝的"不动",而是包含着动的"不动",否则就不可能"周流天地,无所不在"。

---

① 吕大临:《论语解·为政》,《论语精义》卷一下,《朱子全书》第7册,第69页;《蓝田吕氏遗著辑校》,第428页。

② 吕大临:《论语解·子罕》,《论语精义》卷五上,《朱子全书》第7册,第323页;《蓝田吕氏遗著辑校》,第448页。

　　所谓"寂然不动"，出自《周易·系辞》："易无思也，无为也，寂然不动，感而遂通天下之故。"原本指易卦或易数自然而然，不假营为，但又能适用于天下所有事物。吕大临对此的解释是：

> 　　寂为感体，感为寂用。妙于应物，非寂则不周；虚寂而方，无机则难感。寂然之中，天机常动；应感之际，本原常静。洪钟在簴，叩与不叩，鸣未尝已；宝鉴在手，照与不照，明未尝息。[①]

这里明确把"寂"与"感"理解为体用关系。所谓"机"，与"几"同，指动之微，处于隐显之间的一刹那。"寂然之中，天机常动"是静中有动、体中有用，"应感之际，本原常静"是动中有静、用中有体。只有以"寂"为体，天道才能遍应万物，不受形气褊隘的局限；同时，只有以"感"为用，天道才能运动不已、生化不息、感通无限。这与周敦颐所说"动而无动，静而无静"表达的是同一意思。《周易》中"寂感"的主体本指易卦，北宋道学家则普遍把"易"看作天道流行，"寂感"主体因而就成为"天"、"太极"、"气"、"理"、"心"等，"寂"与"感"的关系也转变为"静"与"动"、"微"与"显"的"本体宇宙论"问题。

　　由于"天道"与"性命"相贯通是道学理论的前提，因而"寂感"问题不仅反映在天道之中，也必然反映在人心中。吕大临对

---

① 吕大临：《易章句·系辞上》，吕祖谦：《周易系辞精义》卷上，《吕祖谦全集》第 2 册，第 50 页；《蓝田吕氏遗著辑校》，第 180 页。

《中庸》首章"喜怒哀乐之未发,谓之中"解释说:

> 人莫不知理义,当无过不及之谓中,未及乎所以中也。喜怒哀乐未发之前,反求吾心,果何为乎?《易》曰:"寂然不动,感而遂通天下之故。"《语》曰:"子绝四,毋意,毋必,毋固,毋我。"《孟子》曰:"大人者,不失赤子之心。"此言皆何谓也? "回也其庶乎,屡空。"唯空然后可以见乎中。空非中也,必有事焉。喜怒哀乐之未发,无私意小知挠乎其间,乃所谓空。由空然后见乎中,实则不见也。若子贡聚见闻之多,其心已实,如货殖焉,所蓄有数,所应有期,虽曰富有,亦有时而穷,故"亿则屡中"而未皆中也。①

这一系列引语在《论中书》中再次被提及。吕大临从《中庸》出发,把天道本体理解为"中","理义"亦是"中"。"中"既是对本体最根本特征的揭示,同时也可以借以直接指代本体。"中"的含义本为不偏不倚、无过无不及,这主要是在人之行为上的表现。当其引申为对天道本体的形容时,"中"的含义实际上还包含了"所以中"。那么,"所以中"的含义是什么呢? 吕大临把《中庸》首章同《周易》、《论语》、《孟子》联系起来,所谓的"中"就是喜怒哀乐未发之前"无私意小知挠乎其间"的心之本体,同"寂感一如"的天道本体是同一的。

因此,"感"并非仅仅是事物间的自然感应,也不能等同于

---

① 吕大临:《礼记解·中庸》,《礼记集说》卷一百二十四,第 31 页;《蓝田吕氏遗著辑校》,第 273 页。

人心的实然活动,它可以上升到本体论的层面,成为超经验界之理义、本心的自然作用。如前所引,吕大临认为:"天地万物,形气虽殊,同生乎一理,观于所感,则其情亦未尝不一也。"[①]"感"介于"理"与"情"之间,也是由天道到人心的中间环节。必须有物,才能有感,但所感者则是人心之所同然的理义。"理"与"物"在这里也成为体用关系。有感必有应,感而通之,必有同。天地万物所不同的是由气所成的形体,但其都生于共同的理义,以理义相感成为贯通天人的最重要工夫。

三、理气与"一体"

在天道与人心之虚与感的理解基础上,吕大临特别强调"万物一体"的观念和境界。所谓"万物一体",源于儒家的"天人合一"传统,在《孟子》、《中庸》、《易传》中已有较为明确的论述,而这些经典又恰恰是张载、二程所共尊的,其精神脉络的一致当然不言而喻。正如探讨"天人合一"的事实前提是天人已有"分"而问题在于如何能"合"一样,"万物一体"的事实前提也是经验物都各自为体,问题在于如何为"一"?

(一)"理"、"性"与"质"

借助了《孟子》、《中庸》、《易传》的思想资源,张载、二程特别强调"诚"、"仁"、"生"在"天人合一"或"万物一体"中的

---

① 吕大临:《易章句·咸》,《合订删补大易集义粹言》卷三十五,第 15 页;《蓝田吕氏遗著辑校》,第 114 页。

意义。如张载说:"儒者则因明致诚,因诚致明,故天人合一。"①
程颢说:"仁者,以天地万物为一体。"②又说:"万物之生意最可
观,此元者善之长也,斯所谓仁也。人与天地一物也,而人特自
小之,何耶?"③从中可见,所谓"万物一体"是在主体超越精神
上的"一体",与感官经验事实不在一个平面。只有将人的精神
视野提升到道的层次,通观宇宙,祛除个体的私意小智,直接体
认一种豁达、自然、包容、恻隐的精神境界,才有所谓"合"或
"一"。在此境界中,认识、道德和审美是合一的,不仅是作为事
物存在依据的"理",作为万物之实存根源的"气"同样具有这三
重意义。

受张载和程颢影响,吕大临提出了"天下通一气,万物通一
理"的命题。他对《大学》"致知在格物"解释说:

> "致知在格物",格之为言至也。致知,穷理也。穷理者,
> 必穷万物之理,同至于一而已,所谓格物也。合内外之道,则
> 天人物我为一;通昼夜之道,则生死幽明为一;达哀乐好恶
> 之情,则人与鸟兽鱼鳖为一;求屈伸消长之变,则天地山川草
> 木人物为一。孔子曰"吾道一以贯之",又曰"天下同归而殊
> 涂,一致而百虑",又曰"天下之动,贞夫一者也",故知天下
> 通一气,万物通一理。此一也,出于天道之自然,人谋不与焉,
> 故大学之序,必先致知。致知之本,必知万物同出于一理,然

---

① 张载:《正蒙·乾称篇》,《张载集》,第65页。
② 程颢、程颐:《河南程氏遗书》卷二上,《二程集》,第15页。
③ 程颢、程颐:《河南程氏遗书》卷十一,《二程集》,第120页。

后为至。一物之不至,则不能无疑,疑存乎胸中,欲至于诚,
不啻犹天壤之异,千万里之远,欲卒归于道而无惑,难矣! [①]

　　吕大临的这一长段论述,以"一"贯穿始终,又把"致知"、"格
物"、"穷理"理解为一事。"天下通一气,万物通一理",是这里
全部理论的核心。

　　"穷理"之说,出于《周易·说卦》:"昔者圣人之作易也,幽
赞神明而生蓍,参天两地而倚数,观变于阴阳而立卦,发挥于刚
柔而生爻,和顺于道德而理于义,穷理尽性以至于命。"《易传》
所讲之"理",不同于客观的物理事实之理,其将"理"和"性"、
"命"联系在一起,显然与人的道德实践相关,因而为后世道学
的阐释准备了前提。"穷理"之"理"上承"理于义"之"理",前
者为名词,后者为动词,名词之义由动词之义引申而出。无论将
"理"之古义理解为是"治玉",还是"治理"、"分理", [②] 其中的
条理、文理、秩序义都是明显的。因而,"理"与"义"常可并举。
"义"的本义为自我仪容之美,引申为可资效法的道德规则和价
值标准。[③] "理于义",也就是使人伦社会中的秩序、规则、价值显
示出来,成为生命个体行为的标准。以此意涵推论,所谓"穷理"
之"穷"即"穷尽"之"穷",即使人伦社会之义理完全呈现的意

---

① 吕大临:《礼记解·大学》,《礼记集说》卷一百四十九,第 33 页;《蓝田吕氏遗
　　著辑校》,第 373 页。

② 参见陈荣捷:《新儒学"理"之思想之演进》,《王阳明与禅》,台湾学生书局,
　　1984 年,第 23—30 页。

③ 参见刘翔:《中国传统价值观诠释学》,上海三联书店,1996 年,第 111—114 页。

思。就此而言,《易传》所讲之"理",虽然隐含着理的统一性和超越性,因而才可能"穷",但其显义则更侧重于具体的分位、秩序、规则。

道学所理解的"理"是超越性的"本体宇宙论"之理,宇宙万物在"理"的前提下通同为一,这即吕大临所说的"致知之本,必知万物同出于一理,然后为至"。但"万物同出于一理"不等于"只是"一理,否则就沦于佛教以虚空立说。因而道学强调"格物",即将"物"与"理"看作是"万"与"一"或"用"与"体"的关系,二者不可绝然割裂。以此来理解吕大临所言之"物"、"理"、"气"、"一"、"诚"等概念,其强调的重点就在于对超越之宇宙本体及其生化作用的当下肯定以及体认。

在现实事物,理又含于性之中,由此构成"穷理"与"尽性"的必要。"性"源于天,因而内在地具有天命所有的天地之德;另一方面,人生之后,气质便会影响到天命之性,从而展现出各种差异。因此,天命之性固然重要,气质对性的影响也不能不受到足够的重视。在不同的气质中,如果要判定理义、保持天地之性的本善,唯有借助"心"之"尽"才可能实现。如前所述,这一思想在吕大临对《中庸》首章前三句的诠释中已明确地提了出来。

不过,从概念上看,吕大临在《中庸》首章的解说中,主要探讨的是"中"、"庸"、"心"、"性"、"道"、"教"之间的关系,频繁论及"理"之概念则是在《中庸》第二十章"论诚始详"之后。之所以如此,正是因为在这一部分,吕大临要用"理一"来统贯天道之流行以及人道之工夫。故而他对"性"的论述反倒更强调

其现实层面。吕大临解释《中庸》第二十二章"唯天下至诚,为能尽其性"说:

　　　　至于实理之极,则吾生之所固有者,不越乎是。吾生所有,既一于理,则理之所有,皆吾性也。人受天地之中,其生也,具有天地之德。柔强昏明之质虽异,其心之所同者皆然。特蔽有浅深,故别而为昏明;禀有多寡,故分而为强柔。至于理之所同然,虽圣愚有所不异。尽己之性,则天下之性皆然,故能尽人之性。蔽有浅深,故为昏明;蔽有开塞,故为人物。禀有多寡,故为强柔;禀有偏正,故为人物。故物之性与人异者几希,惟塞而不开,故知不若人之明;偏而不正,故才不若人之美。然人有近物之性者,物有近人之性者,亦系于此。于人之性,开塞偏正,无所不尽,则物之性,未有不能尽也。己也,人也,物也,莫不尽其性,则天地之化几矣。故行其所无事,顺以养之而已,是所谓"赞天地之化育"。天地之化育犹有所不及,必人赞之而后备,则天地非人不立,故人与天地并立为三才,此之谓"与天地参"。[①]

上述引文细致地阐释了人与物之"理"的"同"、"质"的"异"

---

① 吕大临:《中庸解》,《河南程氏经说》卷八,《二程集》,第 1159 页。吕大临对《中庸》此章的解释,《礼记集说》只录此一段,与《中庸解》同,别无二说。根据朱熹的推测,《中庸解》是在《礼记解·中庸》基础上的改本。如此属实,说明此章解释在改本中得到了完整的保留,更可以看出吕大临此段解释的一贯性。

与"性"的"近"。"性"来自于"生",具有生成性。但这种生成性不仅是实然的,还有超越性的一面,因为"生"之源头"天"具有不能通过人的经验来把握的价值意义。吕大临把"理"理解为"吾生之所固有者","理之所有,皆吾性也",这是从价值性、超越性的一面来说的。这一观点,可以说是对二程"性即理"说的继承。那么,如何解释人在实然世界中,其德性有差异,行为有善恶呢?他将之归咎于"质"之不同。"质"又是从何而来?显然,由于"天"是万物生成之源,因而"质"同样只能源于"天"。这样,"性"与"质"都来源于"天"而呈现于人和物,但一者同而无别,一者别而不同,"性"与"质"的关系如何就成为理解人性结构的关键。

吕大临强调"理"是"生之固有",实际上"质"同样是"生之固有"的。从天道本体即"天地之德"的角度来说,"理"对于所有的人物都是通同为一、没有分别的,这可以被看作是"生"之"同一原则"。人物的不同,不在于"理"与先天之"性"的不同,而在于后天之"质"的差异,这可以被看作是"生"之"差异原则"。吕大临在解释《中庸》第二十章时说:

> 性一也。流行之分,有刚柔昏明者,非性也。有三人焉,皆有目以别乎众色,一居乎密室,一居乎帷箔之下,一居乎广庭之中,三人所见昏明各异,岂目不同乎?随其所居,蔽有厚薄尔。凡学者,所以解蔽去惑,故生知、学知、困知,及其知

之一也,安得不贵于学乎? ①

"性"与"质"都源于"天",但"性"同于"理","质"成于"气","性理"与"气质"构成一种对反结构。这样,"性"与"质"就有着不同的规定性。所谓"学",即是通过"解蔽去惑",进而"穷理"、"尽性"。

气质一方面有其自身的作用,另一方面又对"性"的呈现发生影响,这便是气质的"禀"与"蔽"。气质之"禀"与"蔽"的不同,不但造成了人与人的差异,也造成了人与物的差异。气质的"蔽"(昏明开塞)关系到"知"的问题,"禀"(刚柔偏正)则关系到"才"或"能"。

"气质之性"的思想虽由张载明确提出,吕大临则较之论述更为具体。对于吕大临的性、质之说,朱熹曾评论说:

> 清浊偏正等说,乃本《正蒙》中语,而吕博士《中庸详说》又推明之,然亦只是将人物贤、智、愚、不肖相对而分言之,即须如此。若大概而论,则人清而物浊,人正而物偏。又细别之,则智乃清之清,贤乃正之正,愚乃清之浊,不肖乃正之偏,而横渠所谓物有近人之性者,又浊之清、偏之正也。物欲浅深厚薄,乃通为众人之性。②

---

① 吕大临:《礼记解·中庸》,《礼记集说》卷一百三十,第29页;《蓝田吕氏遗著辑校》,第291页。

② 朱熹:《答李晦叔》,《朱熹集》卷六十二,第3253页。

吕大临以"蔽"之浅深、昏明、开塞和"禀"之多寡、刚柔、偏正来区分人与人和人与物之差异，朱熹则将之概括为"清浊偏正"，更强调"气"，不似吕大临更注重"质"。朱熹以"浅深厚薄"归为"物欲"，这也与吕大临略有不同。

朱熹所指的《正蒙》中语"或指"人之刚柔、缓急、有才与不才，气之偏也。天本参和不偏，养其气，反之本而不偏，则尽性而天矣"①。但张载这里只论及"气之偏"，没有更具体的区分。倒是《性理拾遗》中有更具体的说明：

> 张子曰：天下凡谓之性者，如言金性刚，火性热，牛之性，马之性也，莫非固有。凡物莫不有是性，由通蔽开塞，所以有人物之别，由蔽有厚薄，故有智愚之别。塞者牢不可开，厚者可以开而开之也难，薄者开之也易，开则达于天道，与圣人一。②

如果说"理"是所有事物客观而超越的属性，那么"性"就是落实在人与物之中的内在规定性。性不同于理的一个最显著的地

---

① 张载：《正蒙·诚明篇》，《张载集》，第 23 页。

② 见《张载集》，第 374 页。唐君毅推测说："依此朱子言此蔽有浅深之四句，当初出自吕与叔，然《程氏经说》及《张子全书·性理拾遗》亦同见此四句。按《经说》之《中庸说》，朱子亦谓与叔所著，如所谓《程氏经说》，犹程门经说，此言固本诸与叔；而《性理拾遗》，则后人更将与叔本张子之意而有之言，编入张子之书也。"见唐君毅：《中国哲学原论·原性篇》，中国社会科学出版社，2006 年，第 242 页。

方，在于性总是要处在气质之中。气质是事物特殊性的体现，因而性的呈现也就有了昏明强柔以及开塞偏正的差异。唐君毅以此分析说：“故清浊偏正，乃‘性质’（Quality）之概念，为善、不善之所由分；而厚薄强弱，乃度量（Quantity and degree）之概念，与善者相连，则随之善，与不善者相连，则随之不善。”“此人之种种气质之差别，皆可依其人之存在的生命及心之气，与其所知所行之理之种种关系以言者。而为朱子言人性之所特重。盖人之学圣之事，固当一面须就气质之所长，加以发展，一面亦须就气质之所短，加以变化；人一日未至圣人，于气质之性，则一日不得不加以正视也。”[①] 吕大临依据气质的不同对人物之不同进行了区分，这是一大贡献。朱子对《中庸》第二十二章的解释基本承袭了吕大临的理解。

（二）“大气本一”

吕大临不仅提出“天下通一理”，还提出“天下通一气”的思想。自先秦时代，气大体上可以从“天地”和“身体”两个方面来理解。[②]“天地之气”，也可称为“自然之气”，包括“大气”、“五

---

① 唐君毅：《中国哲学原论·原性篇》，第 242 页。

② 杨儒宾说：“‘气’是先秦诸子思想的共法，早在孔、老兴起之前，‘君子时代’的中土君子对这个概念已非常熟悉。两周时期，气被视为盈满天地之间的物质性材料，其时有‘元气之说’；但气也是构成人身的基本东西，它与‘血’并称，合称为‘血气’。气除了见于人身与自然之外，西周时期的君子又主张‘人助宣气，与天地相参’。换言之，当时已有某种的‘治气’、‘养气’的工夫。”见杨儒宾：《儒家身体观》，中央研究院中国文哲研究所筹备处，1999 年，第 12 页。关于中国哲学中“气”概念的内涵，亦可参见李存山：《“气”概念的几个 （转下页）

行之气"和"鬼神之气"等,其特点在于无处不在,彼此贯通;
"身体之气",也可称为"生命之气",包括"血气"、"勇气"和"浩
然之气"等,是生命个体修身工夫中或克制、或充养的对象。相
比张载,吕大临论气较少,但在对《周易·系辞》的解释中,仍有
一些相关论述:

> 大气本一,所以为阴阳者,阖辟而已。开阖二机,无时
> 止息,则阴阳二气安得而离?阳极则阴生,阴胜则阳复,消长
> 凌夺,无俄顷之间,此天道所以运行而不息。入于地道,则
> 为刚柔;入于人道,则为仁义;才虽三而道则一,体虽两而用
> 则一。

> 大气本一,所以为阴阳者,阖辟而已。气辟则温燠发生,
> 阖则收敛肃杀伹。一体二用,不可以二物分之。分之二用物,
> 则阖辟之机露则布,生生之用息矣。[①]

对于这两段材料,有解释者以此论证吕大临受张载影响的"气本
论"特征。[②] 固然,这里的确讲气之"本"为"一",但却未讲万物
之"本"为气。否则,如何以"气本"产生"仁义"便会成为一个

(接上页)层次意义的分殊》,收入其《气论与仁学》,中州古籍出版社,2009
年,第199—216页。

① 吕大临:《易章句·系辞上》,《周易系辞精义》卷上,第55页;《蓝田吕氏遗著
辑校》,第181—182页。

② 参见陈俊民:《关于蓝田吕氏遗著辑校及其〈易章句〉之思想》,《蓝田吕氏遗
著辑校》,第42页;姜国柱:《张载关学》,陕西人民出版社,2001年,第405页。

难以解决的问题,而"仁义"之性等同于气之阴阳之性恰恰是汉唐儒学的宇宙论比附,这便与前述"天下通一气,万物通一理"的"格物穷理"之学构成矛盾。直接来讲,上述两段材料都是吕大临对《系辞》"一阖一辟谓之变,往来不穷谓之通"的解释,第一段也结合解释了《周易·说卦》"昔者圣人之作《易》也,将以顺性命之理,是以立天之道曰阴与阳,立地之道曰柔与刚,立人之道曰仁与义",可见他在这里不仅讲气的变化规律,也是讲"性命之理"。两段的着重点微有不同,第一段强调阴阳之不可离,第二段则是一体不可分,二者互相补充。两段共同强调的是天道之运行不息。天道在气的层次表现为阴阳,在质的层次是刚柔,在德的层次是仁义,三个层次是贯通的。在天道与地道、人道的关系上,他用了一个"入"字,且明确说"才虽三而道则一,体虽两而用则一"。

　　实际上,这里所谓之"大气本一",其内涵与前述"天下通一气"是相同的,强调的都是气之贯通性。只有气之阴阳两方面贯通,以及天道、地道、人道彼此间都贯通,天道才可能是"运行而不息"。"大气本一"是阴阳二气阖辟变化的根源,如果"分之二物",就会出现"生生之用息矣"的情况。这并不能同于说"气"就是天道的全部。"气"代表着天道的流行状态,其"动"与"通"都包含着更进一步的价值意义。当吕大临强调"本"、"一"、"同"的时候,往往包含着"自然"也就是"本然"的意指,但这里的"自然"却不能等同于今天与"价值"相对的"实然"。对"大气本一"的认识虽然与"理"不同,不是由"心"逆反而得,而是由"身"之顺物而感得到的,但天道运行不息,也体现在"地道"

之刚柔和"人道"之仁义之中,三者相互贯通,因而必然有其价值意义。

　　吕大临在论述他对"气"的理解时,始终突出气的运行,因而"气"与"化"便紧密相连,但其意义却在于突出"德"的崇高境界。他在解释《中庸》第三十章(特别是此章的"小德川流,大德敦化")时说:

　　　　此言仲尼辟夫天地之大也。其博厚足以任天下,其高明足以冒天下;其化循环而无穷,达消息之理也;其用照鉴而不已,达昼夜之道也。

　　　　五行之气,纷错于太虚之中,"并行而不相悖"也。然一物之感,无不具有五行之气,特多寡不常尔;一人之身,亦无不具有五行之德,故百理差殊,亦"并行而不相悖"。[1]

德与礼是多,但天道则一,其中无不具有气的存在。"一气"之中又有"五行之气",正如"一人之身"又有"五行之德",一与多是体与用的关系。正是因为万物都由气化生,因而气之中可以体现"一",可以与"理"并言。"理"不仅存在于"一气"之中,也存在于"气"之"化"的过程中。理即气,气即理,二者都是"此一也,出于天道之自然,人谋不与焉"[2]。显然,所谓"天道之自

---

[1] 吕大临:《礼记解·中庸》,《礼记集说》卷一百三十五,第32页;《蓝田吕氏遗著辑校》,第306页。

[2] 吕大临:《礼记解·大学》,《礼记集说》卷一百四十九,第33页;《蓝田吕氏遗著辑校》,第373页。

然"不仅是"理"之必然表现，也是气化流行的过程；而所谓"合内外之道"，也就是合天人、合理气、合物我之道。

因此，吕大临又说："至诚与天地同德。与天地同德，则其气化运行，与天地同流矣。"[1] "气化运行，与天地同流"并不是一个通过耳目见闻所直接得到的事实，而是需要有精神上的前提，这就是人心之"至诚"。耳目见闻往往因气质遮蔽，或是受私意小智影响，使人之所见所得滞于物欲，陷于一偏，无法从宇宙整体运行不息的存在状态中把握人原本就具有的道德超越精神。所以，只有通过修身工夫之后，回复其天性，才可"与天地同流"。

吕大临的"万物一体"观同时受到了张载和程颢的双重影响，在经典依据上又可追溯到《中庸》和《孟子》。他不仅强调"诚"，也强调以"仁心"直感，认为"仁者，以天下为一身者也"[2]，在此基础上进一步提出"一气同体"的理论：

> 天生人物，流形虽异，同一气耳。人者，合一气以为体，本无物我之别，故孺子将入井，人皆有怵惕恻隐之心，非自外铄也。天下无一物非我，故天下无一物不爱，我体或伤，心则慆怛，理之自然，非人私智所能为也。人而不仁，非无是心，

---

[1] 吕大临：《礼记解·中庸》，《礼记集说》卷一百三十三，第 24 页；《蓝田吕氏遗著辑校》，第 300 页。

[2] 吕大临：《礼记解·曲礼下》，《礼记集说》卷十一，第 24 页；《蓝田吕氏遗著辑校》，第 233 页。

丧是心尔。①

从宇宙论视角理解，"气"比"仁"更具有先在性，但从心性论的角度说，心之自反所得的"仁"则比"气"更为当下直接。一气同体，物我无别，人自然有恻隐之心，无须通过外在手段培养。人的身心是同时共具的，但由于气质的作用，身处气化过程之中，心需要反省而后才能自觉其本体。因此，只有当心感受到恻隐之情的时候，"人者，合一气以为体，本无物我之别"才是真实的存在前提。吕大临把"形"与"气"做了区分，形虽异，气却是相同的，气成为实现万物感通为"一"的基础。就人而言，感通最终是人心的表现，但只有借助"气"的流行，一"体"才成为可以感受的，"心"的感知作用才能发挥出来。

《克己铭》被认为是经程颢"语之以'识仁'"的点拨，吕大临"默识深契，豁如也"②而后所作，其起首说：

> 凡厥有生，均气同体，胡为不仁，我则有己。③

这里同样把"气"与"仁"贯通起来理解。从先秦开始，儒家发展了"仁"的学说，而道家发展了"气"的学说。"气"往往与生命主体的"身"相关，而"仁"则与生命主体的"心"相关。经过

---

① 吕大临：《礼记解·缁衣》，《礼记集说》卷一百四十二，第 16 页；《蓝田吕氏遗著辑校》，第 349 页。

② 冯从吾：《关学编》卷一，第 11 页。

③ 吕大临：《克己铭》，《全宋文》卷二三八七，第 110 册，第 179 页。

汉唐气化宇宙论及佛老之学对其的批评以后，当道学在《孟子》、《中庸》的基础上重建宇宙论和心性论之时，身与心以及气与理当然不是割裂的。得到重新定位的气，正是通过"本一"、"同体"、"流行"、"感通"以及"诚"、"仁"等儒家具有形上性的道德体验，才获得其理论上的意义。

第四章
吕大临的心性论与修养工夫论

通过天道论，道学建立了其理论的形上基础，但其核心必须仍然归于心性论，才能为现实生活中的道德实践确立内在的依据和出发点。道学重建天道论，既是为了批判佛老之虚空，也在于批判汉唐儒学的气化宇宙论，因而当天道内化于人而成为心性时，也以"合内外"为其基本特征："性"是普遍的先天本性，具有客观性和超越性，"心"则是主体精神，具有自觉性和能动性。道学"本体论"，本质上是一种价值本体论，没有"心性"理论的基础，"本体"就恍惚难指，失去了赖以呈现的凭借。天与人之间既在本然上合一又在实然上分离的关系，使得身心修养成为必要。如何通过道德修养体验本然存在并提升人生境界，构成道学心性论和修养工夫论的主要内容。①

在此方面，道学创立者张载、程颢、程颐的理解并不全然一致。在工夫论方面，张载主张"大心"和"知礼成性"，程颢主张"识仁"，程颐则重视"穷理"和"致知"。吕大临对这些思想都

---

① 所谓"心性论"，可以有两种理解，一为"心"与"性"的合论，二为论"心之性"。在道学中，"性"可以上下其讲，有"天之性"、"物之性"、"人之性"、"心之性"。广义的"性"，上章已述；本章所涉及之"性"，主要是"心之性"。

有涉及，也有继承，但其特点是在孟子学的基础上，坚持"心"、"理"合一，以此"尽心"、"尽性"、"穷理"，进而为人伦常道的道德实践奠定理论基础。

一、心与"理义"

道学兴起之初首先重视天道宇宙论的建构，其目的是要肯定天道生化万物的真实性和存在合理性，以与佛老"较是非"，但其中也蕴含着对作为天道生化之根源的超越性、价值性和本体性的肯定，从而为道德实践提供形上基础和价值动力。相比张载、二程，吕大临对天道宇宙论的论述较少，其观点也更多是对张、程的继承，但在心性论上他则有确然自信的体验。吕大临的心性论，更多从《孟子》、《中庸》等儒家经典出发，有其自身的领悟。在这两部经典之中，吕大临既找到了落实天道流行的基点，也找到了人伦实践的动力。

（一）"尽心"与"尽性"

在《礼记解·中庸》中，吕大临明确将《中庸》的意义概括为：

> 圣门学者尽心以知性，躬行以尽性，始卒不越乎此书。[①]

这即是说《中庸》之论是以"性"为核心的。对于"性"，他同时重视"知"与"行"的双重工夫。"知性"的前提是"尽心"，"躬

---

① 吕大临：《礼记解·中庸》，《礼记集说》卷一百二十二，第 2 页；《蓝田吕氏遗著辑校》，第 270 页。

行"的目的则是"尽性"，从而通过知与行在心性之间进行联结。这里对心与性区分对待：心的意义在"知"，性的意义在"行"。"尽心"的目的在"知性"，"知性"又为道德行为上的"尽性"提供了理论前提。这样，心之"知"便起着一种主体自觉的作用，而作为工夫实践的"尽"则包涵着"知"与"行"的双重意义。

　　"尽心"之说出自《孟子》，"尽性"之说出自《中庸》和《易传》。在道学看来，《孟子》提供的主要是心性论和修养工夫论，而《中庸》和《易传》则由"天命之谓性"和"乾道变化，各正性命"通向了对天道的直接论述。在吕大临的理解中，也可以看到心性论和修养工夫论对天道论的实践性基础意义。

　　"尽心"的前提是对"心"的认识。孟子"即心言性"，心是性的表现，因而心之"四端"成为"性善"之证明，所谓"君子所性，仁义礼智根于心"（《孟子·尽心上》）。孟子同时也提出了"尽心"之工夫，所谓"尽其心者，知其性也，知其性则知天矣"（《孟子·尽心上》）。孟子理解的"尽心"，主要表现为充分地发扬心的本有情感能力。由于性涵于心中，因而"尽心"之后便能"知性"。孟子所"尽"之"心"是人的本然的符合义理之心，所"知"之"性"是人的先天本有善性，他基本上是就人内在精神的先验道德能力来论说心的。

　　但《中庸》和《易传》的语境则有所不同。《中庸》和《易传》是"即天言性"，所谓"天命之谓性，率性之谓道"（《中庸》），"乾道变化，各正性命"（《周易·乾·象传》），都是在天道生生、"继善成性"的前提下，论述"性与天道"的关系，因而较少直接涉及心，对人而言便有了"尽性"工夫。在孟子那里，所"尽"者为心，而不是性，性是"知"的对象，因为性善需要"常人"经过心之主体的反"思"以后才能获得。《中庸》则直接从"天命之谓性"说起，在"性与天道"合一的前提下，论述"圣人"之与天道参赞化育，进而成己成物，这样性便需要充分地"尽"。可以说，孟子更注重工夫本身之展现及其内在性根据，而《中庸》则更注重工夫之果效及其超越性境界。

在吕大临看来，"尽心"与"尽性"是一致的，这不仅表现在"中庸"是从孔子到曾子、到子思、再到孟子的一线单传，所谓"孔子传之曾子，曾子传之子思，子思述所授之言，以著于篇，故此书之论，皆圣人之诸言，入德之大要也"①，而且"尽心"是知的工夫，"尽性"是行的工夫，二者结合正好符合其知行并举、身心兼养的特点。②

---

① 吕大临：《礼记解·中庸》，《礼记集说》卷一百二十三，第 2 页；《蓝田吕氏遗著辑校》，第 270 页。

② 由"心"为起点以达"性"，既反映出北宋道学工夫论的共同之处，也体现出儒学自身的逻辑发展。与"生"相比，"性"是后起字。从字形看，"性"字意涵的重点不仅在于"生"，也在于"心"。因此，从"生"的意识到"性"的意识，本身便代表着人类理解水平的提高。这样就很容易理解，为何在孟子以前，把"性"与"生"等同，把"生"的内涵理解为"性"的内涵，是一种主流观点；直到孟子"即心言性"观点的提出，"性"不同于"生"的特殊意义才被完全确立下来。在后世儒学理论中，如果说"生"强调的是"性"从天所命、生生固有的一面，那么"心"则强调"性"与心灵知觉之能动作用的关系。因此，从逻辑上讲，从"生"到"性"再到"心"的转进就构成了一个自然生化序列，反之从"心"到"性"再到"生"构成了一个逆向认取序列。在理论形态上，前者表现为本体宇宙论，后者则表现为心性工夫论。

在孟子"尽心"说的基础上，吕大临把"尽心"理解为"大其心"：

> "尽其心"者，大其心也。心之知思，足以尽天地万物之理，然而不及者，不大其心也。大其心，与天地合，则可知思之所及乃吾性也。性即天道，故"知性则知天"。①

这里的解释特点，首先是把"大其心"与"尽心"等同，其次是以"天地万物之理"作为"心"的内在规定性，其三是将心之"思"与"知"作为"大"或"尽"之具体内容和工夫。

这段材料中，吕大临同时沿用了张载和二程的理解。在对《孟子》"尽心"章的解释中，张载将"尽心"理解为"大其心"，将"性"理解为内在的主体价值之性，将"天"理解为合万物而无外之天。因而，张载强调在"尽性"基础上推扩心对"天下万物"的"体"也即感受，进而达到天人合一的境界。② 而程颐将"性"与"天"都理解为"理"，心则为理、性之"存"或"主"："自理言之谓之天，自禀受言之谓之性，自存诸人言之谓之心。"③ 所

---

① 吕大临：《孟子解·尽心上》，《孟子精义》卷十三，《朱子全书》第 7 册，第 792 页；《蓝田吕氏遗著辑校》，第 478 页。

② 张载说："大其心则能体天下之物，物有未体则心为有外。世人之心，止于见闻之狭。圣人尽性，不以见闻梏其心，其视天下无一物非我，孟子谓尽心则知性知天以此。天大无外，故有外之心，不足以合天心。"见《正蒙·大心篇》，《张载集》，第 24 页。

③ 程颢、程颐：《河南程氏遗书》卷二十二，《二程集》，第 296 页。

谓"尽心"即是由"有限量"之心通"无限量"之道,而后"只能
穷理便尽性至命也"。[1] 因此,程颐理解之"尽",乃在于打破气
化之心的自身局限,目的在于穷理,而"性"实际上并不存在是
否"尽"的问题,"尽性"被等同于"穷理",其独立性被取消了。

　　吕大临将"尽心"理解为"大其心",又将"性"理解为
"理"与"道",显然受到张载和程颐的不同影响。不过,张载与
程颐的看法其实并不完全相同,"大其心"重在"体","穷理"
重在"知"。吕大临先强调"大其心",接着强调"思"与"知",
颇似朱熹后来将"涵养"与"致知"分为心之工夫的两个阶段的
看法。不同在于,吕大临在"涵养"阶段,重视的是"大其心"或
"体",而非"居敬";在"致知"阶段,也更重视"与天地合",而
非"穷理至命",因而其"知"是直接服务于"行"的,这样恰好是
将"穷理"纳入到"尽性"之中赋予意义,故总体上与张载相似,
而与程颐不同。

（二）心之"思"与"知"

　　吕大临将"尽心"理解为"大其心",是对孟子思想在继承基
础上的发展。在孟子那里,"尽"虽然也有竭尽的意思,但主要

----

[1] 程颐说:"自是人有限量,以有限之形,有限之气,苟不通之以道,安得无限
量? 孟子曰'尽其心,知其性',心即性也。在天为命,在人为性,论其所主为
心,其实只是一个道。苟能通之以道,又岂有限量?"见程颢、程颐:《河南程
氏遗书》卷十八,《二程集》,第204页。又说:"尽其心者,我自尽其心,能尽
心则自然知性知天矣。如言'穷理尽性以至于命',以序言之,不得不然,其实
只能穷理便尽性命也。"见程颢、程颐:《河南程氏遗书》卷二十二,《二程
集》,第292页。

意义是呈现，也即说人之内在的至善无恶之性由心和情显发出来。因而，只要向内反省原初自然之心，就可以当下了悟性善之义。孟子诚然也认为心的功能主要在于"思"，所谓"心之官则思，思则得之，不思则不得也"(《孟子·告子上》)，但作为孟子所理解的心之工夫的"思"，实际上是通过内在体验，以情感的方式把握心性之超越性。而吕大临的"大心"说，由于引入了"天地万物之理"的思想，其对心性之超越性的理解就不能直接通过情感的方式而达致，而是要通过更复杂的道德修养实践来完成，这就是他提出的"大其心"、"虚心"、"穷理"、"成性"、"尽性"等工夫的实际意义。孟子"尽心"之结果是"知性"、"知天"，强调"知"的意义，也即是"心"之直觉意义；而吕大临"大其心"之结果是"穷理"、"成性"乃至"尽性"，包容了客观的认知活动和礼教的实践过程。

由此，吕大临所理解的心之"知"也具有了多重含义：第一，是出于成心的"私意小知"，是对物感的直接反应，由于没有价值规定，所以与私欲居于同一层次。它的道德意义显然是负面的，是低级的知觉形式。第二，是与"行"、"礼"相应的"知"，是道德修养工夫，其直接目的是通过"尽心"、"大其心"、"虚心"、"穷理"等形式达到对"天下通一气，万物通一理"或"理义之同然"的价值体认。

如前文所述，吕大临认为要达到对"天下通一气，万物通一理"的认识，一个重要的前提就是"心"之"虚"与"感"。但感只是心之外在与他物相作用的能力，不一定具有价值意义。心之感要恰当，需要对"天地万物之理"有确然的肯定和认识，这就要靠心之"思"与"知"的功能：

> 知生乎思，思则得之，故尽致思之功，然后可以达乎高明。[1]

"思"是心之内向反省的活动。从认知的角度看，引起心理反思的对象同样源于经验。但道学理论并不是要解决认知问题，而是要解决价值问题，因而内在反省便需穷竭到底，以推极至天道之超越性的价值意义，这才称得上"高明"。

吕大临又说：

> 唯君子之学，自明而诚，明而未至乎诚，虽心悦而不去。然知不可不思，行不可不勉。[2]

"明"是心之工夫，"诚"是性与天道之本体，也是道德修养的最终境界，"自明而诚"也就是由"思"而"知"，以至于达到天人合一，自然中理。这样，"思"与"知"首先被定位为一种道德修养工夫。

具体而言，吕大临所理解的心之"思"，有如下几个特点：

第一，"思"具有内向性。"学也，问也，求之外者也；闻也，

---

[1] 吕大临：《礼记解·冠义》，《礼记集说》卷一百五十四，第 4 页；《蓝田吕氏遗著辑校》，第 383 页。

[2] 吕大临：《礼记解·中庸》，《礼记集说》卷一百二十五，第 21 页；《蓝田吕氏遗著辑校》，第 276 页。

见也,得之外者;不致吾思以反诸身,则学问闻见,非吾事也。故知所以为性,知所以为命,反之于我,何物也? 知所以名仁,知所以名义,反之于我,何事也? 故曰'思则得之,不思则弗得也'。慎其所以思,必至于得而后已,则学问闻见,皆非外铄,是乃所谓诚也,故曰'有弗思,思之弗得弗措也'。"[1] 吕大临所言之"思",是"反诸身"的手段,是由学问通向性命的中介,是仁义所发的前提。学与问首先都是向外而求,思则是反诸己身,可见思在根本上是由外在事物认知转向内在体验的手段,是基于主体性、价值性的道德修养工夫。

第二,"思"不仅具有"成己"的意义,还具有"成物"的意义。"诚虽自成也,道虽自道也,非有我之得私也,与天下同之而已。故思成己,必思所以成物,乃谓仁知之具也。性之所固有,合内外而无间者也。"[2] 由于所"思"及之"性"根源于天道,天道无私,性理为人物所同具,因而成己必然伴随成物。"思成己"是立足于生命个体,恢复其本有恻隐之心的感通功能,成就个人的道德生命;"思成物"则是以自身之感通,与他物的存在相联结,使他物的价值意义可以顺畅地呈现和成就。

第三,"思"具有意志性。作为认知活动的"思"当然要排除主体的"私意小知",但作为修养工夫,"思"必然需要意志性对其导向、推动和保持。"诚之者,以人求天者也,思诚而复之。故明有未穷,于善必择;诚有未至,所执必固。善不择,道不精;

---

[1] 吕大临:《礼记解·中庸》,《礼记集说》卷一百三十二,第 16 页;《蓝田吕氏遗著辑校》,第 296 页。

[2] 吕大临:《中庸解》,《河南程氏经说》卷八,《二程集》,第 1161 页。

执不固，德将去。"① "择善"是导向，"固执"是保持和推动，都需要意志的介入，只有达到与天道同德方能无私无勉。

第四，"思"也是知与行的中介。"由多闻多知而得之，又当精思以求其至约而行之。"② 心在与物相接的同时，也容易随感而迁，失其本心。由于"思"的内向性和意志性，通过"思"可以使心反求诸己，由博返约，使由向外所"知"的内容与主体直接联系，经过道德意志的选择和指导，进一步转化为道德行动。

第五，"思"不仅是学而未诚时的工夫，即使达到"诚一于理"的境界，"思"仍然存在。"诚一于理，无所间杂，则天地、人物、古今、后世，融彻洞达，一体而已。兴亡之兆，今之有思虑，如有萌焉，无不前知。"③ 作为心之功能，思一方面具有主动性，另一方面又具有自然的感通性。达到诚的境界之后，虽无刻意勉强之思，但与物相接当仍然有思之发。不过，此时之思是自然的、本乎理的，因而也可预知客观事物的变化。

与在修养工夫论的意义下理解"思"不同，吕大临赋予"知"更多的客观性。在具体的语境中，他把"知"的内容和意义区分为"私意小知"与"知之至"。"性与天道，本无有异，但人虽受天地之中以生，而梏于蕞然之形体，常有私意小知挠乎其间，故与天地不相似，所发遂至于出入不齐而不中节。"④ "私意小

---

① 吕大临：《中庸解》，《河南程氏经说》卷八，《二程集》，第 1158 页。

② 吕大临：《礼记解·缁衣》，《礼记集说》卷一百四十二，第 21 页；《蓝田吕氏遗著辑校》，第 350 页。

③ 吕大临：《中庸解》，《河南程氏经说》卷八，《二程集》，第 1160 页。

④ 吕大临：《礼记解·中庸》，《礼记集说》卷一百二十三，第 15 页；《蓝（转下页）

知"源于人的身体形躯，与物有隔，便与他物不再能够在理和气上相互感通，因而成为道德修养需要克服的对象。

而所谓"知之至"，不是一般意义上的知识，而是要破除前者的局限，达到"知止"、"知本"、"知化"，是在道德意义上对超越之"理"的认识。吕大临诠释《中庸》"唯天下至诚，为能经纶天下之大经，立天下之大本，知天地之化育"曰：

> 反而求之，理之所固有而不可易者，是为庸，亲亲、长长、贵贵、尊贤是已，谓其所固有之义，广充于天下，则经纶至矣；理之所自出而不可易者，是为中，赤子之心是已，尊其所自出而不丧，则其立至矣；理之所不得已者，是为化，气机开阖是已，穷理尽性，同其所不得已之机，则知之至矣。知者，与"闻一以知十"、"穷神知化"、"乐天知命"之知同，所谓"与天地参"者也。[1]

"中"为大本，是理之所出，表现为赤子之心；"庸"为大经，是理之固有，表现为五伦常道；"化"为化育，是理之不已，表现为气机开阖。本在于立，常道在于经纶，气化在于知。吕大临在这里显然借用了《周易·系辞下》"穷神知化，德之盛也"的理解。不过，他对气化之关注又显然在于理，即气之运行不息所体现出的"理之所不得已"。因此，"知化"也就是"穷理尽性"，二者是一回事。

（接上页）田吕氏遗著辑校》，第 271 页。

[1] 吕大临：《礼记解·中庸》，《礼记集说》卷一百三十六，第 1 页；《蓝田吕氏遗著辑校》，第 307 页。

　　吕大临把理之表现区分为人伦常道、人之本心和大化流行三个方面，"知"所对应的是气化流行，这显示出"知"的外在性、客观性特点。这并不是说人伦常道和人之本心不涉及"知"的工夫。应当理解为，只是由于这二者都处于人事之范围中，更重要的是实践，因而吕大临将人伦常道称之为"经纶"，将人之本心称之为"立至"，而把与人无涉的天道之大化流行称之为"知之至"。作为一种认识活动的"知"，虽然对道德实践会产生导向性的作用，但并不是全然内在的，而是必须将生命主体与整个存在世界连成一体。这样，所谓"知之至"以及"穷理尽性"、"穷神知化"、"乐天知命"、"闻一知十"等，其意义就都是将心之"知"的能力扩充到极点，超越一己之私，达到人与物的相感相通。因此，虽然吕大临受孟子影响，首先认可"赤子之心"、"反身而诚"等在道德实践中的重要意义，但由于"知"还具有外向性和超越性的特点，因而具有与天道论相关的更为丰富的修养工夫内涵。

（三）"本心"与"理义"

　　由于"心"最终指向宇宙全体的大化流行精神，这样就可以理解为何吕大临把《中庸》末章"君子之道：淡而不厌，简而文，温而理。知远之近，知风之自，知微之显，可与入德矣"解释为"求其本心"：

　　　　君子之道，深厚悠远而有本，故"淡而不厌，简而文，温而理"。本，我心之所固有也。习矣而不察，日用而不知，非失之也,不自知其在我尔。故君子之学,将以求其本心。本心之微,非声色臭味之可得,此不可得而致力焉。惟循本以趋之,是乃入德之要,推末流之大小,则至于本源之浅深,其"知远之近"欤! 以见闻之广,动作之利,推所从来,莫非心之所出,其"知风之自"欤! 心之精微,至隐至妙,无声无臭,然其理明达暴著,若悬日月,其"知微之显"欤! 凡德之本,不越是矣。如此,则入德其几矣。[①]

吕大临依照《中庸》"君子之道"来论述其"君子之学"。他把"君子之学"归结于"求其本心",这显然是以《孟子》诠释《中庸》。但在这一诠释过程中,无疑也以《中庸》重新理解了《孟子》。由于本心之微,因而"不可得而致力",只能"循本以趋之"。他又将"见闻之广,动作之利"都推及于"心之所出",这里的"心"之内涵当已超出了"本心",但亦可视为是"本心"之用。再由"心之精微","其理明达暴著",可知他所理解的"理"亦系由心所显现。由此,"本心"不仅仅是内向反思而得,也与天道流行直接关联起来,呈现为一种"工夫—境界"形态。由于"心"在生命个体中具有"思"和"知"的功能,心不但是主体的道德行为之源,也是客观世界的义理之源,从而使吕大临的道学理论可以由"本心"上升到"性与天道",扩展其在宇宙论中的意义。

"本心"虽然"不可得而致力",但却可以由流推源,这是前

---

① 吕大临:《中庸解》,《河南程氏经说》卷八,《二程集》,第 1164 页。

述"思"与"知"的工夫。经过思与知之工夫,所体验和把握到的价值意义之"心",就是人之"本心"。"本心"之说,导源于孟子,但孟子之"本心"首先以"恻隐之心"的形态出现,包含着很强的情感意味,心本身具有能够感受的恻隐、羞恶、辞让、是非等道德情感,这种道德情感使人性内在的价值意义通过人心的感知能动作用自然产生、呈现出来,而不出于人的理性谋划,正是这种善性的自然流露表现出人与其他物的区别;而吕大临之所谓"本心"则首先是"理义之心",他把本心理解为"天地之中"、"天下之大本",都是要将其内在的价值意义独立出来,以之作为道德判断的标准。

吕大临对孟子"心之所同然者何也? 谓理也,义也"(《孟子·告子上》)解释道:

> 我心所然,即天理、天德。孟子言同然者,恐人有私意蔽之。苟无私意,我心即天心。[①]

这里也将孟子所言之"理"与"义"理解为"天理"、"天德",提升了其天道论的价值意义。理义不出于己,而出于天,天无私意,因而"理义"最重要的内涵也是与"私意"相对。理义由心呈现,因而心同理同。

对于人为何会有私意,吕大临同样追溯到其生成源头,将之归咎于心为形体所梏。他在解释《大学》"诚其意"章时说:

---

① 吕大临:《孟子解·告子上》,《孟子精义》卷十一,《朱子全书》第7册,第778页;《蓝田吕氏遗著辑校》,第478页。

　　　　理义,人心之所同然,虽小人岂无是心哉? 惟其为形体
　　所梏,区区自处于一物之中,与万物以争胜负,故丧其良心,
　　不与天地相似,所以以人为可欺,而闲居为不善也。人犹可
　　欺也,心不可欺也。[①]

　　这就意味着,在现实中,心与身(形体)是有相对性的。身有形,
故与他物相区分;心无形,故而可以突破局限,自觉自知。梏
于形体,人便丧其良心,心之知呈现为私意小知,其作用表现为
"与万物以争胜负",本有理义之善被完全遮蔽。

　　在道学理论看来,万物生成不是随意的,随意生成的世界显
然是无意义的。意义也不是人心的构造,而是本来就遍在于天
生万物的过程之中。由于形体之限制,人心本有的意义在万物
生化过程中的感通性发生阻隔。因而,心之修养工夫,当然不能
是顺其耳目见闻,了知每个事物的现象,而是相反,要通过现象
以反思心体,把握万事万物所内在的价值,以之重新理解现实,
并在现实中实现生命个体自我的价值。

　　在孟子哲学中,"理"仅出现四次,并不是一个重要的概念,
其内涵都与人心相关。孟子把"理"与"义"相联,如唐君毅所
说,指的是"道德上之发自内心之当然之理"。[②]孟子又将心与耳
目口等身体器官相提并论,可见他确实是从人本身拥有的能力
来理解"心",以表明理义的内在性。吕大临则将"理义"合言,

――――――――――

① 吕大临:《礼记解·大学》,《礼记集说》卷一百五十,第 30 页;《蓝田吕氏遗著
　辑校》,第 374 页。

② 唐君毅:《中国哲学原论·导论篇》,中国社会科学出版社,2006 年,第 8、16 页。

并将心之内在的理义外推于"天理"、"天德",这样就将理与气、心与形的关系纳入其理论体系之中。只有在无"私意"的情况下,"我心即天心",这时"本心"才会呈现。如此,理欲、公私之间呈现为一种更为强烈的对立关系,显示出道学有别于先秦儒学的理论特征。

由于理义内在于心,其具有客观必然性的同时,又通过心所参与的各种活动表现出来,而具有感通性:

> 理义者,人心之所同然。感无不应,应无不同。好色好货,亲亲长长,以斯心加诸彼,未有不和不平者也。[①]

人心之感不可能完全不涉及物,因而感也容易受欲的影响而流于私。要"感无不应,应无不同",需要在理义的基础上才得以可能。无理义的感是将心局限在一物一时,并且往往出于利欲,因而不能推及他人他物,道德实践也因此失去可能。

"理义"之心,也即"良心"。在本体上说,所谓"良心"、"诚心"、"本心"、"理义之心"都是指超越性的本然之心。其不同只是在于:"本心"是就情之未发而论,更强调理义之同然;"诚心"是就应事而论,体现为一种境界形态;而"良心"则是就善恶而论,包含着人伦实践之动力。吕大临在诠释《中庸》第二十六章时说:

---

① 吕大临:《易章句·咸》,《合订删补大易集义粹言》卷三十五,第15页;《蓝田吕氏遗著辑校》,第114页。

今夫人之有良心也，莫非受天地之中，是为可欲之善。不充之，则不能与天地相似而至乎大。大而不化，则不能不勉不思，与天地合德而至于圣。然所以至于圣者，充其良心，德性纯熟而后尔也。①

孟子曰："可欲之谓善，有诸己之谓信。充实之谓美，充实而有光辉之谓大，大而化之之谓圣，圣而不可知之之谓神。"（《孟子·尽心下》）"可欲"是一种指向。人禀赋"天地之中"为性，性存于心即为良心，因性善而心亦"欲"善。充养之，则"大而化之"以至于"圣"。因此，良心也就是理义之心。

吕大临所说之"理义"，当然不能理解为事物规律，但也不能理解为道德原则。道德原则是抽象的、形式性的，在现实中总是需要结合情境，并需要意志的选择和推动。但吕大临所说之"理"，本身是有内容的，这便是"人伦"之"体"。他解释《礼记·缁衣》"民以君为心，君以民为体"说：

> 心体之说，姑以为譬，若求之实理则非譬也。体完则心说，犹有民则有君也；体伤则心憯，犹民病则君忧也。②

以心体关系比喻君民关系，本来是虚指，但吕大临认为其中包涵着

---

① 吕大临：《礼记解·中庸》，《礼记集说》卷一百三十四，第 5 页；《蓝田吕氏遗著辑校》，第 303 页。

② 吕大临：《礼记解·缁衣》，《礼记集说》卷一百四十二，第 17 页；《蓝田吕氏遗著辑校》，第 349 页。

"实理"。在这里,我们很自然地可以联想到张载《西铭》"乾称父,坤称母;予兹藐焉,乃混然中处。故天地之塞,吾其体;天地之帅,吾其性。民,吾同胞;物,吾与也"[①]。心与体,也即心与身之间,是感而相通的关系。君民之间虽不是身体之直接感通,但由于人心具有同然之理,其身体也与他人他物共处一体之中,因而若以心体关系推而广之,则不但君民,乃至人物,都可以具有感通关系。

吕大临使用"理义"概念,最明显的特征是其所突显的人伦含义,如他说:

> 人伦者,天下之大经,人心之所同然者也。[②]
>
> 人之血气、嗜欲、视听、食息,与禽兽异者几希,特禽兽之言与人异耳。然猩猩、鹦鹉亦或能之,是则所以贵于万物者,盖有理义存焉。圣人因理义之同然而制为之礼,然后父子有亲,君臣有义,男女有别,人道所以立,而与天地参也。[③]

"理义"之心之所"同"或"一"的内容,就是人伦道德。人伦出于人心,而人心所同者是"理义"。"人心"与"本心"、"良心"是不能直接等同的,人心既可以是对"本心"的落实,也可以是对"本心"的偏离。当其作为对"本心"的落实时,就是"人伦",

---

① 张载:《正蒙·太和篇》,《张载集》,第 62 页。

② 吕大临:《礼记解·中庸》,《礼记集说》卷一百三十,第 4 页;《蓝田吕氏遗著辑校》,第 290 页。

③ 吕大临:《礼记解·曲礼上》,《礼记集说》卷二,第 20 页;《蓝田吕氏遗著辑校》,第 192 页。

其所内具的必然性是"理义"。通过"理义",吕大临将心之本然与人伦道德和礼仪制度贯通了起来。

概而言之,在吕大临看来,心不但是生命主体自觉的基础,而且有着道德价值内涵,因而既可上达于"性与天道",也可下达于"四端"、"五伦"和礼乐教化。在他对"心"之内涵的理解中,"人心"能感,"本心"合于理义,"诚心"顺成万物,"良心"至善可欲,这样就形成了对"心"之全方位的理解,呈现出心在实然世界和本然世界中的现实功能和价值意义。

我们可以把吕大临所理解的"心"视为一个双重结构:一方面是实然能感的"人心",由此具备与现实存在的万物相感相通的能力;另一方面又是本然至善的"良心",此则超越现实存在,是从其内在价值所说。这使其道德实践理论也出现了对应的双重结构:一方面是心之"尽",以恢复、呈现、扩充人之"本心"或"良心";另一方面是心之"发","良心所发,莫非道也",循礼修道,内外合一,无不中节。实践理论的双重结构是对心之内涵的双重结构的应用:"尽"是由实然回复为本然,"发"则是由本然呈现为实然。

二、心与"中庸"

在心之诸涵义中,"本心"具有基础性的地位。"本心"概念出自《孟子》,但仅为一见。经过佛学挑战之后,北宋道学特别注重立本,尤以张载为然,所谓"学者先须立本"[①],又多有"推本所

---

① 张载:《张子语录·语录中》,《张载集》,第 324 页。

从来"①的说法。"本"之所以重要,不仅是因为它具有根源性的意义,而且还具有"合"、"一"的意义,也即由"本"可以推"末"。正是由于把"本末"思维融入到了"体用"范畴之中,"体用"才由经验性的"实体—功能"内涵上升为带有价值性的"本体—现象"内涵。

(一)"本心"与"未发之中"

孟子虽然对"本心"直接阐释不多,但对"失其本心"的原因则多有论述。与之相比,吕大临则将之与《中庸》"喜怒哀乐之未发"相结合,更注重对本心合乎理义之自然状态的阐释。在孟子看来,"本心"虽然是自然呈现出来的,但很容易被"物蔽"②、"陷溺"③、"茅塞"④乃至"放失"⑤,因而需要内向反求。这是孟子"即心言性"的理路使然,其重点放在心之种种现象上,来导引学者体会性之超越性。吕大临则将人容易"失其本心"的原因统一归于本心受气质的影响产生"私意小知",在"感物而动"之后,其价值判准功能受到扰乱,出现或过或不及的偏离自然状态的情

---

① 张载:《正蒙·太和篇》,《张载集》,第8页。

② 《孟子·告子上》:"耳目之官不思,而蔽于物。物交物,则引之而已矣。心之官则思,思则得之,不思则不得也。"

③ 《孟子·告子上》:"富岁,子弟多赖;凶岁,子弟多暴。非天之降才尔殊也,其所以陷溺其心者然也。"

④ 《孟子·尽心下》:"山径之蹊间,介然用之而成路,为间不用,则茅塞之矣。今茅塞子之心矣。"

⑤ 《孟子·告子上》:"虽存乎人者,岂无仁义之心哉? 其所以放其良心者,亦犹斧斤之于木也。"

况。因此，吕大临讨论的重点不在如何会"失其本心"，而在如何体验本心并进一步去保持本心，这便将关注点转移到了具有超越性的心之本然状态上，而不再着眼于对现象的描述。

那么，心的本然状态是什么样的呢？吕大临将孟子的"本心"与《中庸》首章的"喜怒哀乐之未发谓之中"进行相互诠释：

> 情之未发，乃其本心。本心元无过与不及，所谓"物皆然，心为甚"。所取准则以为中者，本心而已。由是而出，无有不合，故谓之和。非中不立，非和不行，所出所由，未尝离此大本根也。[①]

借助于《中庸》首章"中"与"和"的关系结构，本心与情隔绝了关系，成为了超越经验界的道德价值评判原则。吕大临认为心之"中"的状态就是心之本然状态。"本心"之"中"有三层意义：一是"情之未发"，即情尚未感物而生；二是"无过与不及"，这也就是说本心自身不存在偏离的情况；三是此时的心可以裁断万物，以自身为价值评判的准则。这表明，"中"是"心"的超越性价值规定，其根据不来自于现实的经验界。如前所述，"本心"实际上也就是"理义之心"，因此我们也可以说"中"就是"理义"。"理义"不但有超越性，也包涵着具体的道德伦理内容。

吕大临不仅用孟子的"本心"解释"喜怒哀乐之未发谓之中"，在《论中书》中又以"赤子之心"解释之：

[①] 吕大临：《中庸解》，《河南程氏经说》卷八，《二程集》，第 1152 页。

> 喜怒哀乐之未发，则赤子之心。当其未发，此心至虚，无所偏倚，故谓之中。以此心应万物之变，无往而非中矣。[①]

这即是说，本心就是赤子之心，其之所以"中"，是因其"至虚"而"无所偏倚"。这样，"中"也具有两重涵义，即"无所偏倚"和"无过与不及"。"本心"与"赤子之心"都不同于"私意小知"之心，但"赤子之心"毕竟处在实然世界中，是否为本然之心，就成为一个需要继续讨论的问题。而"无所偏倚"和"无过与不及"虽然都能表示恰当，但二者也有所不同。这些问题，也正是程颐在《论中书》中对吕大临予以批评的原因。因此我们有必要更进一步来讨论吕大临以"中"来诠释"本心"的多种理论可能。

"赤子之心"的说法也源于孟子。《中庸》虽然提出了"未发"、"已发"的问题，但通篇没有提及"心"。从"未发"、"已发"的直接所指来说，是讲情；从整个第一章的语境来看，也涉及性、情和道的关系。孟子说："大人者，不失其赤子之心者也。"（《孟子·离娄下》）这并不是说"大人"之心与"赤子"之心是同一的，而是说大人之心中具有赤子之心的某些特质。赤子之心虽然是实然的，但却源于天成，其特点是自然无伪，毫无刻意计较；大人之心虽然经过了一个道德自觉和修养的过程，但在源于天成、自然无伪这一点上，与赤子之心是相同的。

吕大临认为，性源于天道，但人生具有形体之后，便会产生性体的区隔，由此进一步产生"私意小知"，使本性被遮蔽起来。

---

① 程颐：《与吕大临论中书》，《河南程氏文集》卷九，《二程集》，第607页。

因此,他在《论中书》中回应程颐的批评时对"赤子之心"解释说:

> 圣人智周万物,赤子全未有知,其心固有不同矣。然推孟子所云,岂非止取纯一无伪,可与圣人同乎? 非谓无毫发之异也。①

所谓"纯一无伪",也即是"诚",源于上述"此心至虚,无所偏倚",是相对于"私意小知"而言的,因而具有"本"与"良"的意义。虽然赤子之心不可能不发展为有识有知之心,但此时其知和识还处于潜存的状态,因而可以称之为"未发"。因此,虽然圣人之心是经过道德修养之后达到的理想境界,与天合一,无思无勉,与赤子之心是不同的,但在"纯一无伪"这一点上,二者没有分别。可见,吕大临所讲"赤子之心",实际上是对"本心"的喻指。②

吕大临之所以有此喻指,是因为他对"心"的理解建立在"性与天道"的超越性前提之下。他在解释《大学》"所谓修身在正其心者"时说:

> 大人者,不失其赤子之心。赤子之心,良心也,天之所以

---

① 程颐:《与吕大临论中书》,《河南程氏文集》卷九,《二程集》,第 607 页。
② 牟宗三说:"与叔之意是顺孟子以'赤子之心'比喻本心,言'赤子之心'为中是取义语,非是以实然的观点看儿童之心之喜怒无常也。"这是十分恰当的。见牟宗三:《心体与性体》中册,第 295 页。

降衷，民之所以受天地之中也。寂然不动，虚明纯一，与天地相似，与神明为一。《传》曰"喜怒哀乐之未发谓之中"，其谓此欤？此心自正，不待人正而后正，而贤者能勿丧，不为物欲之所迁动。如衡之平，不加以物；如鉴之明，不蔽以垢，乃所谓正也。唯先立乎大者，则小者不能夺，如使忿懥、恐惧、好恶、忧患一夺其良心，则视、听、食、息从而失守，欲区区修身以正其外，难矣！ ①

从喻指意义上说，赤子之心源自"天之降衷"，具有"寂然不动"、"虚明纯一"的本体特征，不受外在事物的干扰，不待正而正，因而实际上并不存在"正心"的问题。显然，这一理解是以孟子学诠释《大学》的结果。

在《论中书》中，我们可以看到吕大临以"赤子之心"为"未发之中"的一系列论证：

圣人之学，以中为大本，虽尧、舜相授以天下，亦云"允执其中"。中者，无过不及之谓也。何所准则而知过不及乎？求之此心而已。此心之动，出入无时，何从而守之乎？求之于喜怒哀乐未发之际而已。当是时也，此心即赤子之心，（纯一无伪。）即天地之心，（神明不测。）即孔子之绝四，（四者有一物存乎其间，则不得其中。）即孟子所谓"物皆然，心为甚"，（心无偏倚，则至明至平，其察物甚于权度之审。）即

---

① 吕大临：《礼记解·大学》，《礼记集说》卷一百五十一，第 30 页；《蓝田吕氏遗著辑校》，第 377 页。

《易》所谓"寂然不动,感而遂通天下之故"。此心所发纯是义理,与天下之所同然,安得不和? 大临前日敢指赤子之心为中者,其说如此。①

无论是"允执其中"、"纯一无伪"、"神明不测",还是"至明至平"、"纯是义理",都表明"本心"具有价值的内在规定性,因而才能够成为人伦常道和礼仪制度的价值来源。自私而用智的情,显然已经不具有顺性而出的自然性,这就必然会导致或过或不及,使心被蒙蔽而失去其起初的本然状态。所谓的"空"也就是祛除这些私意小智,使本心得以呈现,性情也便各得其顺与正。

吕大临反复引用孟子所说的"物皆然,心为甚"也是出于同样的道理:

> 喜怒哀乐之未发,则赤子之心。当其未发,此心至虚,无所偏倚,故谓之中。以此心应万物之变,无往而非中矣。孟子曰:"权然后知轻重,度然后知长短。物皆然,心为甚。"此心度物,所以甚于权衡之审者,正以至虚无所偏倚故也。有一物存乎其间,则轻重长短皆失其中矣,又安得如权如度乎? 故大人不失其赤子之心,乃所谓允执其中也。②

这也就是说,不仅物有轻重长短的分别和相应的法则秩序,人心也有其"当然之序",并且更为重要。然而,人们容易看到前者,

---

① 程颐:《与吕大临论中书》,《河南程氏文集》卷九,《二程集》,第 608 页。
② 程颐:《与吕大临论中书》,《河南程氏文集》卷九,《二程集》,第 607 页。

却往往忽略了后者，因为人心不以某种外在的尺度来做出评判，它自己就是评判的准则，这便是"本心"。因此，认识"本心"必须经历一个内向自反的过程，而不能向外去寻找。当"本心"之"中"得到确立之后，心之所发，无所非理，也无所不和，一切都符合理义当然的合理秩序，这也便是"心之所同然"的含义所指。这时的心也是不受气质和情绪影响的心。

所谓的"中"也就是"无过不及"。吕大临进一步说："两端，过与不及也。执其两端，乃所以用其时中，犹持权衡而称物轻重，皆得其平。"① 作为评判准则的"本心"之"中"并不是悬隔的某种原则，这样被对象化的"中"实际上是不存在的，因而吕大临又特别强调"时中"。"时中"就是在生活中所行的每一件事中都能够随时随地以此心衡量调整，只有这样时行则行，时止则止，才能真正地做到"皆得其平"，无过无不及。

以此而言，吕大临所理解的"中"，虽然是"喜怒哀乐之未发"，却不是毫无内容的抽象准则。《中庸》说："诚者，不勉而中，不思而得，从容中道，圣人也。"圣人之心，正是如同天道流行一样，没有一丝勉强便能处处符合"中"的要求，其与赤子之心共同的品质都在于"诚"。可见，所谓"中"，与"诚"、"良"、"本"等词语所指的超越意义是一致的，当其展开时就是人之情感或行为的"自然中节"。这里的"自然"，不是说没有意志，而是说没有刻意或私意，即孟子所谓"天下之言性也，则故而已矣。故者以利为本。所恶于智者，为其凿也"（《孟子·离娄下》）。性本

---

① 吕大临：《中庸解》，《河南程氏经说》卷八，《二程集》，第 1153 页。

身必须通过发为情事，才能呈现自身。因此，问题不在于是否性应该发为情，以此将善归于性，将恶归于情，而是在于不以私意小知干扰其间，从而以情顺性而正。程颢在答张载的《定性书》中也说："夫天地之常，以其心普万物而无心；圣人之常，以其情顺万物而无情。故君子之学，莫若廓然而大公，物来而顺应。"他接着又特别强调："人之情各有所蔽，故不能适道，大率患在于自私而用智。自私，则不能以有为为应迹；用智，则不能以明觉为自然。"①吕大临以本心与私意小知相对，显然有承于孟子和程颢。

因此，吕大临不仅重视未发之中，也重视已发之中节，由此更重视修养工夫的过程和礼仪的功能。他一方面将礼之合理性理解为"随喜怒哀乐之所发，则爱必有等差，敬必有节文。所感重者，其应也亦重；所感轻者，其应也亦轻。自斩至缌，丧服异等，而九族之情无所憾；自王公至皂隶，仪章异制，而上下之分莫敢争"，另一方面又将礼的功能理解为"心诚求之，虽不中不远矣，然将达之天下，传之后世，虑其所终，稽其所敝，则其小过、小不及者，不可以不修，此先王所以制礼"②。情是实然，性是应然，实然之情可善可恶，只有符合应然之性的价值规定，情才自然展现为合理恰当。因此，"圣人之学，不使人过，不使人不及，立喜怒哀乐未发之中以为之本，使学者'择善而固执之'，其学固

---

① 程颢、程颐：《河南程氏文集》卷二，《二程集》，第 460 页。
② 吕大临：《礼记解·中庸》，《礼记集说》卷一百二十三，第 16—17 页；《蓝田吕氏遗著辑校》，第 271 页。

有序矣"①。可以说,"中"就是性的内在价值。因而,情以性为本,也就当以"中"为本。圣人立教,学者志学,亦莫非如此。"中"与"执中"的关系,正与"诚"与"诚之"的关系完全一致。

(二)"常道"与"至道"

在张载和二程道学理论的基础上,吕大临道学明显表现出更重视身心个体之道德实践工夫的特点。一方面,他突出了人身之上体现"天命之谓性"的"本心"的道德实践根据内涵;另一方面,他也突出了处于各种社会关系之中表现为道德礼法的"人伦常道"的意义。

在天道、本心、人伦常道三者的关系之中,本心是天道本体在人之生命存在中的落实,同时也是生命主体实践工夫的起点和动力,而表现在各种礼仪制度之中的人伦常道则既是天道本体在社会生活中的必然呈现,也是生命主体在人伦社会中的行为准则。因而可以说,"本心"是人伦"常道"实践的基点,而"常道"则是"本心"的具体内容。

吕大临从"本心"向"常道"的展开,在其对《中庸》的解释中得到了详尽的呈现。虽然《中庸》并没有直接提到"心",但其中隐含着生命主体的精神能动性是无疑的。特别是当吕大临把《中庸》与孟子的心性论紧密地结合起来,"知性"、"尽性"即是"入德"、"进德"的本体指向,而"尽心"和"躬行"则是实现"知性"、"尽性"、"成性"的具体工夫。吕大临《中庸解》的显

① 吕大临:《礼记解·中庸》,《礼记集说》卷一百二十三,第3页;《蓝田吕氏遗著辑校》,第270页。

著特点就在于他将心性本体论和修养工夫论与"中庸"之德联系起来，寻找可以遵循的常道。这一点显然与他重实行和重礼学的特点是一致的。

我们再来看吕大临对"中"与"庸"的解释。在《论中书》中，程颐将《中庸》之"中"解释为"不偏"，吕大临则明确提出"不倚之谓中"。"不偏"与"不倚"虽然都可以形容"中"之状态，但"不偏"同时意味着有两端的存在，而"不倚"则更强调"中"的独立性。此外，"中"还有"无过无不及"的涵义。朱熹对此解释说：

> 或问：名篇之义，程子专以"不偏"为言，吕氏专以"无过无不及"为说，二者固不同矣。子乃合而言之，何也？曰："中"，一名而有二义，程子固言之矣。今以其说推之，"不偏不倚"云者，程子所谓"在中"之义，未发之前无所偏倚之名也；"无过无不及"者，程子所谓"中之道"也，见诸行事，各得其中之名也。盖不偏不倚，犹立而不近四旁，心之体、地之中也；无过不及，犹行而不先不后，理之当、事之中也。故于未发之大本，则取不偏不倚之名，于已发而时中，则取无过不及之义，语固各有当也。①

所谓"在中"即是不偏不倚，用以形容本体；而"中之道"则更多强调在道德实践过程中无过不及，始终保持"中"的状态。前者侧重于对本体的理性理解，后者侧重于在行道过程

---

① 朱熹：《中庸或问》，《朱子全书》第 6 册，第 548 页。

中使本体自然呈现。因此，吕大临一方面强调"求之于喜怒哀乐未发之际"的"赤子之心"，由此心所发，便纯然是义理所当然，另一方面也强调"时中"和"用中"，即在变动的事物之中掌握"中"的状态。

　　所谓"时中"，也即"时措之宜"，不仅要注意"时"的重要性，同时也必须要有"宜"，也即"义"。最充分体现"时中"观念的经典，一部是《周易》，另一部是《中庸》。吕大临对《周易》损卦解释说："天地阴阳，屈伸消长，与时偕行，惟变所适，君子取之以损益者也。"①损益是出自人的一种权变选择，但这种选择却不是任意的，需要随天时而变。又如吕大临对随卦解释说：

　　　　君子不过时而已矣，以道徇身随时也，以身徇道亦随时也，惟变所适，无往而非义，故曰"随时之义"。如不合于义，天下靡然成风，亦往随之，以取凶咎，非所谓"随时之义"也。故必大亨无咎，然后可随。②

这就明确指出，"时"本身是"义"的要求。所谓"唯变所适"并非是无原则地应对实际情况，而是要求"当其可"，只有这样才符合"义"的标准，因而也可称为"随时之义"。所谓"随时之义"，实际上主要面对的是进退出处问题。

---

① 吕大临：《易章句·损》，《合订删补大易集义粹言》卷四十五，第7页；《蓝田吕氏遗著辑校》，第131页。
② 吕大临：《易章句·随》，《合订删补大易集义粹言》卷二十一，第5页；《蓝田吕氏遗著辑校》，第90页。

《中庸》第二章说："君子之中庸也，君子而时中；小人之中庸也，小人而无忌惮也。"这里明确提出"时中"概念。吕大临解释道：

> 此章言中庸之用。时中者，当其可而已，犹冬饮汤、夏饮冰而已之谓。无忌惮，以无所取则也，不中不常，妄行而已。①
>
> 君子蹈乎中庸，小人反乎中庸者也。君子之中庸也，有君子之心，又达乎时中；小人之中庸也，有小人之心，反乎中庸，无所忌惮而自谓之时中也。时中者，当其可之谓也。"时止则止，时行则行"，当其可也；"可以仕则仕，可以止则止，可以速则速，可以久则久"，当其可也；"曾子、子思易地则皆然"，"禹稷颜回同道"，当其可也；"舜不告而娶"，周公杀管蔡，"孔子以微罪行"，当其可也。小人见君子之时中，唯变所适，而不知当其可，而欲肆其奸心，济其私欲，或"言不必信，行不必果"，则曰"惟义所在"而已，然实未尝知义之所在。②

在这里，吕大临引述了《周易》与《孟子》的多处文献论证"时中者，当其可之谓也"。"时中"是对"义"的体现，因而只有做到"时中"，才能达到"唯义所在"、"唯变所适"。所谓"当其可"，也就是有所取则，在不同的境地中随时能够做到符合一定的标准。那么，这个标准是什么呢？这就是"君子之心"，即无过无不

----

① 吕大临：《中庸解》，《河南程氏经说》卷八，《二程集》，第 1152 页。
② 吕大临：《礼记解·中庸》，《礼记集说》卷一百二十五，第 3 页；《蓝田吕氏遗著辑校》，第 275 页。

及的"中"，也就是"本心"。相反，小人正是因为无所忌惮，随意
妄行，济其私欲，所以无所取则，乱德悖义。

　　性不能不发为情，心则是使情顺性的枢纽。因"性之固有"，
随"喜怒哀乐之所发"，无所不善，无所不中节合礼。这里的"中
节"首先不是去符合一个外在的标准，而是体现在随时之义中；
但"中节"又必然需要形成一套可以实行和效法的规范制度，如
各种体现"等差"、"节文"的衣服仪章等等，以应对各种具体的
社会秩序要求，使情得其所当发，性得其所循。对于圣人，"中
节"之意义在于前者，这便是"率性之谓道"的具体内容；对于
常人，"中节"之意义则体现为后者，这即是"修道之谓教"。推
而广之，所谓"中庸"之德乃至整部《中庸》之书的内容都无非
是心之"未发"之"中"与"已发"之"道"的问题。

　　吕大临明确把"庸"理解为"常道"，[①] 这与程颐与朱熹把
"庸"理解为"定理"有明显不同。这样，"中—庸"结构也就成
为"本心"与"常道"的结构。

　　在吕大临看来，"人伦常道"不但是"本心"在现实社会生
活中的具体表现，也是达到超越性"至道"的基本途径。他对《中
庸》第十二章解释道：

　　　　此已上论中，此已下论庸，此章言常道之终始。费，用之
　　广也；隐，微密也。圣人有所不知不能，所谓隐也。费则常道，

---

① 吕大临：《礼记解·中庸》，《礼记集说》卷一百二十七，第 3 页；《蓝田吕氏遗
　　著辑校》，第 280 页。

隐则至道。惟能尽常道,乃所以为至道。[1]

以此而言,《中庸》共三十三章（按朱熹的划分）,讨论作为"性与天道"之"中"的只有十一章,而讨论与人伦相关之"常道"的则有二十二章。不过,"中"即表现为"庸"之中,所谓"良心所发,莫非道也"。

吕大临在这里强调,"至道"本身就体现在"常道"之中,离开了"常道"也别无"至道"可言,"常道"是通向"至道"的必经途径。"至道"是天地之道,而所谓"常道"也就是人们日常生活所遵循的人伦规范。这种人伦规范,看起来只是每个人日常所履行的基本规范,但其中却包含着万物所共同遵循的最深刻道理,因而即便是圣人也不脱离人伦日用,对之也是肯定的。但是,对于求道之人来说,仅知其然不知其所以然,又是不够的,所以又有"至道"之说。

吕大临接着把"圣人亦有所不知"理解为小,把"圣人亦有所不能"理解为大,所谓的"大"与"小",不是就事情本身的性质而言,而是与圣人之"德"与"学"相关。他在《礼记解·中庸》中进一步解释说:

> "圣人亦有所不知",语小者也,知音知味,为农为圃,虽小道也,专心致意,亦能贯乎至理,造于精微,周天下之用而不可阙,此天下所莫能破也。"圣人亦有所不能",语大者也,

---

[1] 吕大临:《中庸解》,《河南程氏经说》卷八,《二程集》,第 1154 页。

　　天地之大，人犹有所憾，则道固大于天地矣，圣人尽道，财成
　　辅相，以赞天地之化育，合乎天地人而无间，此天下所莫能
　　载也。①

对"道"的理解，汉唐儒学家如郑玄往往就"王道教化"来说，吕
大临则转向了"圣人之德"。由此带来的变化，一则是道德的普
遍性理解，二则是道德的内在性理解。"圣王之道"显然不可能
是针对每一个人的要求，而"圣人之道"则是对所有人都成立的
一种普遍性的道德要求。虽然"知音知味、为农为圃"是看似与
道无关的小事，但其中也蕴含着至精至微的至道至理。"圣人之
道"之所以能够拥有这种普遍性和内在性，是因为"圣人之道"
并不是圣人有意造作的"道"，而是天道自然流行的"道"。"天地
之大，人犹有所憾，则道固大于天地矣"，"道"并不仅仅是人事，
也是天道本身，因而涵括一切。人所做的是"尽道财成辅相"，进
而达到"赞天地之化育，合乎天地人而无间"的最终实存性境界。
　　因此，吕大临所谓的"至道"，也便是"性与天道"。"至道"
是不可以用经验来直接感知和描述的，同时又是"体物而不可
遗"的。在人们日常生活的任何时候，道都没有远离。脱离了"常
道"的"至道"，必然会流于"诡激"。这样，君子之道就包含了两
个层面的内涵："费"和"隐"，也即"常"和"至"。前者易知易
能，后者难知难能；前者是道之用，后者是道之体。体需要在用
中呈现，亦需在用中把握。"至道"是精微高明的，但如果缺乏德

———————

① 吕大临：《礼记解·中庸》，《礼记集说》卷一百二十七，第4页；《蓝田吕氏遗
　著辑校》，第281页。

行实践作为达到至道的现实基础，便会流于空虚无用，徒能蛊惑人心。因此，"惟能尽常道，乃所以为至道"。"常道"作为普通人日常生活中日用常行的人伦规范，虽然看似简单而平易，却恒常不变，隐藏着通向"至道"的必由门径。

通过"常道"与"至道"的贯通，吕大临实际上为"人心"赋予了自足的"理义"根据，进而为礼仪教化和为政治国奠定了内在的道德实践基础。人伦之道以"亲亲"为始，知识、教养、为政均可溯及于此，是之为有本。吕大临说：

> 君子修身，庸行而已。事亲者，庸行之本也，不察乎人伦，则不足以尽事亲之道，故人伦者，天下之大经，人心之所同然者也。人心之所同然，则"百世以俟圣人而不惑矣"，知人者也。人心之所同然者，天地之经也。顺天地之经而不违，则"质诸鬼神而无疑矣"，知天者也。①

> 盖古教养之道，必本诸孝弟。入则事亲，出则事长；事亲孝也，事长弟也。孝弟之心，虽生于恻隐恭敬之端；孝弟之行，常在于洒扫应对、执事趋走之际。盖人之有血气者，未有安于事人者也。今使知长者之可敬，甘为仆御之役而不辞，是所以存其良心，折其傲慢之气，然后可与进于德矣。②

> 武王、周公所以称达孝者，能成文王事亲之孝而已。故

---

① 吕大临：《礼记解·中庸》，《礼记集说》卷一百三十，第4页；《蓝田吕氏遗著辑校》，第290页。

② 吕大临：《礼记解·曲礼上》，《礼记集说》卷四，第27页；《蓝田吕氏遗著辑校》，第201页。

"修其祖庙，陈其宗器，设其裳衣，荐其时食"者，善继文王
事亲之志也；序爵、序事、旅酬、燕毛者，善述文王事亲之事
也。践文王之位，行文王之礼，奏文王之乐，敬文王之所尊，
爱文王之所亲，其所以事文王者如生如存，如继志述事，上达
乎祖，此之谓达孝者欤！ ①

孝道是常道之始，这不仅要求对于父母在身体上的奉养即"养
亲"，还要继承并努力实现父母的志愿即"继亲"。既然为政之
道是人伦之道的推广，所以也是由人出发，为政不是为了制定法
律规则去强制约束别人，而是要求治国者以修身为本，使自己
的行为符合道的要求，在亲亲、尊贤的礼仪节文中培养人的道德
意识。

因此，"道"虽然是客观的"天地之道"，但对人而言，却不
是与人无关的外在存在物。"道"既体现在"天地"之中，也体现
在"人伦"之中，甚至后者更加重要，因为人首先是在君臣、父
子、昆弟、朋友之间的关系中的存在。吕大临在解释《中庸》"子
曰'道不远人，人之为道而远人，不可以为道'"一章说：

言治人、治己之常道。"苟非其人，道不虚行"，"人能弘
道，非道弘人"，故道而远人，是为外物。一人之身，而具有天
地之道，远而古今，大而天下，同之是理，无毫厘之差。故君
子之治人，治其不及人者使及人而已。将欲治人，必先治己，

---

① 吕大临：《礼记解·中庸》，《礼记集说》卷一百二十九，第 18 页；《蓝田吕氏遗
著辑校》，第 287 页。

故以忠恕自治。责子之孝，而自知乎未能事父；责臣、责弟、责朋友，皆然。故惟安常、守中、务实，是乃治己之务。[①]

无论是"治己"之道，还是"治人"之道，人伦常道的根源都是出于"天地之道"，其本身实际上就是"天地之道"在人身上的体现。正因如此，人伦常道才具有跨越时空的绝对普遍性，不仅古今皆然，而且人人皆然。既然道体现在所有人身上，那么顺道而行的起始点就不在于他人，而是在自身，所以"治己"先于"治人"。

"道不远人"的根本依据是心性与天道的合一。人生于天地之间，首先存在着天人物我的价值秩序，人伦就是这一价值秩序的体现，故而本心、人伦、天道是直接相贯通的。吕大临在解释《中庸》第二十章时说：

> 道者，人伦之谓也。非明此人伦，不足以反其身而万物之备也，故曰"修身以道"。非有恻怛之诚心，尽至公之全体，不足以修人伦而极其至也，故曰"修道以仁"。[②]

在吕大临的理解中，"修身以道"和"修道以仁"分别代表着"天道"和"本心"对"人伦"规定的上下两极。因而可以说"人伦"具有上下通达的地位，是通过"常道"实现"至道"。"道"是对"人伦"的规定，而"人伦"也是"道"之中的当然内涵。这一点

---

① 吕大临：《中庸解》，《河南程氏经说》卷八，《二程集》，第1155页。
② 吕大临：《礼记解·中庸》，《礼记集说》卷一百三十，第3页；《蓝田吕氏遗著辑校》，第290页。

是学者"反身而诚"、"万物备焉"的本体论前提。"人伦常道"的至极就是以"仁义"合天道,而"仁义"本身也是天道生生不息之内在精神的表现。

三、"穷理"与"体仁"

"性"与"天道"、"人伦"之间的关系,决定了吕大临在其心性论和修养工夫论之中必须面对如何处理道德与知识二者之间张力的问题。一方面,"性"代表着道德的超越性,源于天道,表现于人伦,在天道与人伦之间起着枢纽性的作用。另一方面,无论是天道,还是人伦,都须付诸具体的"物"才能得以体现。"物"既带有价值性,附着着人对客观世界的意义理解,又带有知识性,是成性成德之客观内容。在孟子那里,"理义"更多地和"心"相连,较少涉及"物";《中庸》较多地涉及"物"与"性",但较少涉及"理"与"心"。依据于经典,吕大临首先借助《大学》"格物致知"的说法对《易传》"穷理尽性以至于命"进行诠释,进而又通过充分发挥"仁"的感通意义,为道德实践提供动力。

(一)"穷理尽性"与"格物致知"

《周易·说卦》开篇曰:"昔者圣人之作《易》也,幽赞于神明而生蓍,参天两地而倚数,观变于阴阳而立卦,发挥于刚柔而生爻,和顺于道德而理于义,穷理尽性以至于命。"《说卦》对《周易》的解释本以说"象"为主,此句则先对易理进行概论,其对后世道学理论的建构有重大影响。这里先是解释了构成《周易》基本内容的"蓍"、"数"、"卦"、"爻"的意义,继而又总结了《周易》的整体功能。作为一部占卜书,把"蓍"理解为是"幽赞于神明","数"是"参天两地","卦"是"观变于阴阳","爻"是"发挥于刚柔",可以说都是本之于传统而其来有自,而把《周易》的整体功能理解为是"和顺于道德而理于义,穷理尽性以至于命",则明显加入了孔子儒家的道德化解释。

张载与二程都极为重视"穷理尽性以至于命",但他们的解释路径却颇有不同,其中最显著之处在于张载将之与《中庸》"诚明"联系起来相互诠释,而二程则将之与《大学》"格物"联系起来。张载说:

> 自明诚,由穷理而尽性也;自诚明,由尽性而穷理也。①
> 须知自诚明与自明诚者有异。自诚明者,先尽性以至于穷理也,谓先自其性理会来,以至穷理;自明诚者,先穷理以至于尽性也,谓先从学问理会,以推达于天性也。……自明诚者须是要穷理,穷理即是学也,所观所求皆学也。②

在张载看来,"穷理"与"尽性"是两种相反方向的道德修养工夫。"理"是天理、物理、事理,"性"是人性、物性。"穷理"即是"明"于"理",是由"学"而"知",由工夫以达本体;"尽性"是"诚"于"性",是无思无勉,没有工夫迹象,自然明于物理。对学者而言,张载显然更重视"穷理",而将"尽性"看作是圣人

————————
① 张载:《正蒙·诚明篇》,《张载集》,第 21 页。
② 张载:《张子语录·语录下》,《张载集》,第 330 页。

之境界形态。"理"之所以可"穷",是因为天道人伦的客观性,而"穷理"就是要探明天道与人伦的义理根源。

　　与张载以"穷理""尽性"诠释《中庸》之"明"与"诚"不同,二程以"穷理"诠释《大学》之"致知格物"。《东见录》记二程语录曰:

　　　　"致知在格物",格,至也,穷理而至于物,则物理尽。①

"穷理"当然属于"知",不过"理"有天理、事理、物理,既有层次上的不同,也有方面的不同,因而才要"穷"。所谓"穷",当包括感知、博学、反省、类推等多种形式和环节。当二程将"致知在格物"理解为"穷理而至于物,则物理尽"时,这就将"物"的意义只收摄于超越性的无所不同之"理"。二程曾指导吕大临说:

　　　　"穷理尽性以至于命",三事一时并了,元无次序,不可将穷理作知之事。若实穷得理,即性命亦可了。②

所谓"不可将穷理作知之事",当然不是说"穷理"不是"知",而是说"穷理"的意义不限于"知"。可见二程在"性即理"的前提下,不再区分"穷理"和"尽性"的不同。由此,他们所理解的理也主要是指人事之理。有学生问:"进修之术何先?"程颐曰:

---

① 程颢、程颐:《河南程氏遗书》卷二上,《二程集》,第21页。
② 程颢、程颐:《河南程氏遗书》卷二上,《二程集》,第15页。

　　莫先于正心诚意。诚意在致知,"致知在格物"。格,至也,如"祖考来格"之格。凡一物上有一理,须是穷致其理。穷理亦多端,或读书,讲明义理,或论古今人物,别其是非,或应接事物而处其当,皆穷理也。[1]

因此,张载将道德修养分为若干阶段,"穷理"只是始学之事,此外还有"大心"、"成性"等工夫形式的存在;而二程所谓的"穷理"已尽工夫之全体,工夫不同只是穷理方式的不同。导致这一不同的原因,可以归原于张载和二程对"理"之地位认识上的不同。

　　对于"穷理尽性以至于命",吕大临解释说:

　　穷理尽性,性尽至命。理穷无有不尽性者。所谓未善,但未化。所云入性之始,非尽性而何? 正犹骤居富贵之人,富贵已归,尚未安尔。[2]

直接来看,吕大临这一解读与二程十分相似,认为"理穷"就可"尽性","性尽"便可"至命",穷理、尽性、至命是一件事。之所以如此,其原因在于吕大临将"理"与"性"看作一体。但他与二程也存在微妙的不同:二程将"尽性"纳入"穷理"工夫之中,取消了"尽性"作为独立工夫阶段的存在,而吕大临则将"穷

---

① 程颢、程颐:《河南程氏遗书》卷十八,《二程集》,第 188 页。

② 吕大临:《易章句·说卦》,《周易系辞精义》卷下,第 107 页;《蓝田吕氏遗著辑校》,第 184 页。

理"纳入到"尽性"工夫之中,穷理是服务于尽性的。而这正是由于吕大临总是将天道或天理融入到人伦常道之中来理解所致。因此,吕大临的"穷理"说,显示出综合张载和二程两派之学的特点。

体现在文本诠释上,吕大临既以"穷理"解《中庸》之"自明诚",也以"穷理"解《大学》,把"穷理"理解为"致知格物"的工夫。

首先看他对《中庸》的诠释。在吕大临看来,与"中庸"一样,"诚明"也是《中庸》贯穿始终的主题。他在《中庸解》中解释"自诚明,谓之性。自明诚,谓之教。诚则明矣,明则诚矣"说:

> 谓之性者,生之所固有以得之;谓之教者,由学以复之。理之实然者,至简至易。既已至之,则天下之理,如开目睹万象,不假思虑而后知,此之谓诚则明。致知以穷天下之理,则天下之理皆得,卒亦至于简易实然之地,而行其所无事,此之谓明则诚。[1]

性、理、诚都是天道之体现,唯圣人可自然及之,学者则需要一个"致知以穷天下之理"的复性、穷理和明诚的过程。

《礼记解·中庸》解释得更为详细,如他对《中庸》第二十章"诚者,天之道也"解释说:

---

[1] 吕大临:《中庸解》,《河南程氏经说》卷八,《二程集》,第1158页。

> 诚者,理之实,致一而不可易者也。大而天下,远而万古,
> 求之人情,参之物理,皆所同然,有一无二,虽前圣后圣,若
> 合符节,理本如是,非人私知之所能为,此之谓诚,诚即天道
> 也。天道自然,何勉何思,莫非性命之理而已。[1]

依据《中庸》同章所论"诚之者,择善而固执之者也。博学之,审
问之,慎思之,明辨之,笃行之",吕大临又展开了他对穷理之学
的详细理解。最后他总结说:

> 君子将以造其约,则不可不学;学而不能无疑,则不可不
> 问;未至于精而通之,则不可不思;欲知是非邪正之别,本末
> 先后之序,则不可不辨;欲至乎道,欲成乎德,则不可不行。[2]

"学"虽当"博",但其目的在于"造约","约即诚也",而"诚者,
理之实",因而"造约"实际上也就是"明理"。"疑"是对以往习
成看法产生的怀疑,进而自觉地祛除"成心",其实质也是明理。
"问"是以不知的态度向他人求知。"学"与"问"都是向外而求,
"思"则是"反诸身",使"外物"转变为"己事",这是由"明"向
"诚"的过渡。"理"尚可以表现于外物,"诚"则在己。诚虽至,"理
有宜不宜,时有可不可",因而需要"精义入神"以"致用",这就

----

① 吕大临:《礼记解·中庸》,《礼记集说》卷一百三十二,第16页;《蓝田吕氏遗
　　著辑校》,第295页。

② 吕大临:《礼记解·中庸》,《礼记集说》卷一百三十二,第17页;《蓝田吕氏遗
　　著辑校》,第296页。

是"辨"。吕大临之后再次强调：

> "人一能之己百之，人十能之己千之"者，君子所贵乎学
> 者，为能变化气质而已。……故学至于尚志，以天下之士为
> 未足，则尚论古之人，虽质之柔，而不立者寡矣；学至于致知
> 格物，则天下之理斯得，虽质之愚，而不明者寡矣。[1]

这里强调"诚之者，反其同而变其异也"，所同者是理、性与德，
所异者是气与质，因而"反之"的工夫就是"变化气质"的工夫。
"变化气质"首先需要做的就是"志于学"，"反之"也就是志学
成德的过程，具体表现为：其一，以穷理为目标；其二，以变化气
质为过程；其三，以学、问、思、辨、行为具体途径。在此意义下，
成德不仅是一个修身过程，还是一个在具体环境中随时处变的
道德实践过程。

其次再看他对《大学》的诠释。吕大临把"穷理"作为"志
学"的目标，这一观点在对《大学》的解读中也得到集中阐释。
如果说《中庸》清楚地指出了由"穷理"以"成德"的为学工夫方
向，那么《大学》则更集中于所穷之"理"的具体表现。我们再
一次来看他对"格物致知"的理解：

> "致知在格物"，格之为言至也。致知，穷理也。穷理者，
> 必穷万物之理同至于一而已，所谓格物也。合内外之道，则

---

① 吕大临：《礼记解·中庸》，《礼记集说》卷一百三十二，第 19 页；《蓝田吕氏遗
　 著辑校》，第 297 页。

天人物我为一；通昼夜之道，则生死幽明为一；达哀乐好恶
之情，则人与鸟兽鱼鳖为一；求屈伸消长之变，则天地山川草
木人物为一。孔子曰"吾道一以贯之"，又曰"天下同归而殊
涂，一致而百虑"，又曰"天下之动，贞夫一者也"，故知天下
通一气，万物通一理。此一也，出于天道之自然，人谋不与焉，
故大学之序，必先致知。致知之本，必知万物同出于一理，然
后为至。一物之不至，则不能无疑，疑存乎胸中，欲至于诚，
不啻犹天壤之异，千万里之远，欲卒归于道而无惑，难矣！　①

所谓"格物"，当然不可避免地具有外向性，但吕大临却强调万物
之理的"一"。"理"虽然随物各各表现不同，但彼此却有共通性。
"一"之所以可能，根据在于"天下通一气，万物通一理"，这是
"天道之自然"的表现。吕大临强调的"天道之自然"，对于学
者而言，不是"实然"，而是"本然"，是需要经过"格物致知"的
修养工夫之后才能达到的境界，因而他说"致知之本，必知万物
同出于一理，然后为至"。他强调的"合内外之道"、"通昼夜之
道"、"达哀乐好恶之情"、"求屈伸消长之变"，都是要打通私意
人为的隔阂，回复天道本然的状态。

　　吕大临对"格物致知"的理解，显然不是要通过"格物"来
增进知识，而是要以此扩充心量，达到与万物为一、物来顺应、物
我不隔的精神境界。这与程颢的工夫论更相一致。这样，"格
物"便成为"致知"也即"穷理"的表现，而非途径。"穷理"与

---

① 吕大临：《礼记解·大学》，《礼记集说》卷一百四十九，第 33 页；《蓝田吕氏遗
　　著辑校》，第 373 页。

"尽性"的目的是一致的,不同仅仅体现于对象:"穷理"所针对的是物,"尽性"所针对的是人。通过"格物致知",最终达到了"知万物同出于一理"的结果,即不再以物的眼光看问题,而是以"理"的眼光看。心、身、家、国、天下成为一体之域,不再有内外分别,所谓"合内外之道,则身也、家也、国也、天下也,无远近之间,无彼我之异,特施之有先后而已"[①]。

(二)"诚明"与"仁知"

《中庸》虽然在结构上重视"诚明"两进,但"诚"与"明"之间的关系又是一体的。"诚"是"明"之基础,而"明"则服务于"诚"。因此,在阐述完由"明"至"诚"的可能性之后,《中庸》接着就开始着重阐述"诚"本身的意义,这便转入了"成己"和"成物"的并行结构:"诚者自成也,而道自道也。诚者物之终始,不诚无物。是故君子诚之为贵。诚者,非自成己而已也,所以成物也。成己,仁也;成物,知也。性之德也,合外内之道也,故时措之宜也。"吕大临对此有详尽解释,篇幅虽长,但值得详引:

> 理义者,人心之所同然者也。吾信乎此,则吾德实矣,故曰"诚者,自成也";吾用乎此,则吾道行矣,故曰"道自道也"。夫诚者,实而已矣。实有是理,故实有是物;实有是物,故实有是用;实有是用,故实有是心;实有是心,故实有是事,是皆原始要终而言也。箕不可以簸扬,则箕非箕矣;斗不

① 吕大临:《礼记解·大学》,《礼记集说》卷一百四十九,第 34 页;《蓝田吕氏遗著辑校》,第 373 页。

可以把酒浆，则斗非斗矣。种禾于此，则禾之实可收也；种麦于此，则麦之实可收也。如未尝种而望其收，虽莨稗且不可得，况禾麦乎？是所谓"诚者，物之终始，不诚无物"也。故君子必明乎善，知至意诚矣。既有恻怛之诚意，乃能竭不倦之强力，然后有可见之成功。苟不如是，虽博闻多见，举归于虚而已，是则诚之为贵也。诚虽自成也，道虽自道也，非有我之得私也，与天下同之而已。故思成己，必思所以成物，乃谓仁知之具也。性之所固有，合内外而无间者也。夫天大无外，造化发育，皆在其间，自无内外之别。人有是形而为形所梏，故有内外生焉。内外一生，则物自物，己自己，与天地不相似矣。反乎性之德，则安有物我之异，内外之别哉？故"时措之宜"者，凡以反乎性之德，而得乎喜怒哀乐未发之中，发而皆中节者也。①

所谓"合外内之道"，就是"成己"、"成物"之道，也即仁智双彰之道。"内"指"心"，"外"指"物"，"成己"指成就个人的德性，"成物"指使天下万物在道德世界各自具有其应有的意义。而所谓"性之德"，也就是"天德"与"圣人之德"。吕大临将"诚"的意义理解为"实"，将"诚"的内容理解为"理"，有"理"而有"物"、有"用"、有"心"、有"事"，因而以"诚"统之，不仅"成己"，而且"成物"。"物"之意义实质上在于"用"，人能"明善"、"意诚"，天之用即是人之用。天与人、人与物从体用关系上来

---

① 吕大临：《中庸解》，《河南程氏经说》卷八，《二程集》，第 1160 页。

说是没有内外分别的。但是，从事实上来讲，人由气化成形，有形就有别，所以只能在"反乎性之德"之后才能重新达至物我合一、内外无别。合一无别的状态，对"天"而言是实有的，否则不足以化生万物；对"人"而言只能是境界的，这就需要一个修养的过程。前者就是"天之德"，后者则是"人之德"，沟通二者的中介是"性之德"。由于"性之德"的最终根据来自于"天"，所以具有实有性的一面；同时，"性之德"又是人之修养的最终目标，又带有境界性的意味。

吕大临把"性"和"形"对置起来，"性"本身就包含着"德"的内容，因而"性"的呈现就是"德"的呈现，二者在道德本体上是一致的。而"心"在其中的地位，则正好是这一呈现的动力和主体。"心"不仅具有道德性，也具有认知性。心之认知能力可以偏离其道德属性，也可以从属于其道德属性。吕大临所谓"合内外"之道的实质，是要沟通心所具有的知识和道德的二重属性，使之合而为一。"性命之德，自合乎内外"，既是修养的理论根据，同时也是修养的最终目标。只有经过了"反乎性之德"的修养过程，人心才能得未发之"中"，成"仁知之具"，"合内外而无间"。

因此，仅有"知"尚不能达到道德主体的真正建立，"知及"之后，还需"仁守"，才能由"明"而"诚"，止于至善。相对"知"而言，"仁"的意义更加根本。将本心之理由己身推及于天下，必须借助于"知"，即对本体有所理解、肯定，但同时也不能忽视"体仁"与"守仁"的必要性。吕大临对《中庸》第七章解释说：

择乎中庸，可守而不能久，知及而仁不能守之者也。知及之,仁不能守之,自谓之知,安在其为知也欤?虽得之,必失之。故君子之学,自明而诚。明则能择,诚则能守;能择知也,能守仁也。①

无"仁"之"知",尚非真知。因而,"仁"实际上成为"知"的前提。所以"君子之学"必须"自明而诚",既能"择",又能"守",以达到万物所至。所谓"守",也即在己身之中有真切的体会或体验,这样就可以保持道德感持久不失。"仁"、"知"原本为一体,但如果在道德行为中做细致区分,可以说,"知"偏重道德理性认知,"仁"则偏重道德情感体验,以"知"穷理,以"仁"尽性,这样便将知识纳入道德之中考量其作用和地位。

既然"仁"、"知"原本为一体,那么,仅仅"知及"而不能做到"仁守",显然是不行的;相反,仅仅以"仁"成德于己,而不能以"知"外推于事,同样达不到最终的圣人境界。吕大临解释子贡所言"仁且智,夫子既圣矣"说:

> 仁者,诚于此者也;智者,明于此者也。反身而诚,知未必尽,如仲弓是也;致知而明,未必能体,如子贡是也。惟以致知之明诚其意,以反身之诚充其知,则将至于"不勉而中,不思而得",故曰"仁且智,夫子既圣矣"。②

---

① 吕大临:《礼记解·中庸》,《礼记集说》卷一百二十六,第 2 页;《蓝田吕氏遗著辑校》,第 278 页。

② 吕大临:《孟子解·公孙丑上》,《孟子精义》卷三,《朱子全书》第 7 册,第681 页;《蓝田吕氏遗著辑校》,第 470 页。

这里借用了《中庸》"诚"和"明"的关系诠解《论语》、《孟子》中的"仁且智"。"仁"同于"诚",而"知"同于"明"。仲弓"可使南面"(《论语·雍也》),居于孔门十哲的德行科;子贡"货殖焉,亿则屡中"(《论语·先进》),居于孔门十哲的言语科。但吕大临认为,仲弓能够"反身而诚",尚需以"知"推扩而广闻博见;子贡能够"致知而明",尚需以"体"内省于心。因而,明与诚或知与仁,作为两种不同方向的道德修养工夫,便体现出一种交互推进的作用。仅有内向化之诚,外在事物之意义并不能自然显发;反之,仅有向外之知,既不能反本,也不能守约,价值意义不能收摄,事物必然不能贯通,道德行为也缺乏持久性的内在动力基础。只有诚明两进、仁智双彰,"诚"与"明"才能由工夫跃升为本体,达到所谓"不勉而中,不思而得"的自然流行境界。

可以清楚地看到,正是由于吕大临预设了一个超越性的客观价值世界,生命主体的工夫实践才不仅在理论上更加细致,在实践上也更有针对性。"诚"与"明","仁"与"智",都是既可以理解为本体,也可以理解为工夫。在现代道德哲学中,"诚"与"明","仁"与"智"属于品德,而"思"与"知"属于主体的道德理性,品德仅仅是道德理性的体现。但在吕大临这里,作为本体的诚明、仁智等,是对人生之理想道德境界的形容,也通过与天地之生化现象相联系,被赋予形而上的意义,成为道德修养的最终指向;而作为工夫的诚明、仁智、思知等,则是实践性的,是具体的,因而需要互相补充,并行兼顾。

相对于"知","仁"具有本体性的地位。因而,真正能够"体仁"、"守仁",必然会有用于己,也能推己及人。吕大临将"仁"

理解为是"诚"，将"知"理解为"明"，以《中庸》"诚明"两进的工夫径路来理解"仁"与"知"的作用，"仁"与"知"便成为两种并列的修养工夫。"仁"的作用在于"体"，"知"的作用在于"尽"。"体"则在己，"尽"则在物，这仍然是强调成己成物的"合外内之道"。

由于"仁"与"知"并不是两个彼此隔绝的德性要求，真正的"仁"一定包含"知"，反之亦然，真正的"知"同时也就是"仁"：

> 仁者安仁，无欲而好仁，无畏而恶不仁者也。知者利仁，有欲而好仁者也。畏罪者强仁，有畏而恶不仁者也。三者之功，归于仁而其情则异，此尧舜性之，汤武身之，五霸假之，所以异也。[1]

这里，吕大临对仁者、知者和畏罪者之"仁"作了区分。仁者之仁是性之所然，不受外在事物的驱使；知者是出于仁之用而好仁，侧重于对仁的功用的认识；畏罪者是出于强制力量，缺乏对仁的真正认识。三者动机虽异，但其功效则一，都可以展示仁之功。那么如何分辨真正的"仁"呢？吕大临接着说：

> 功者，人所贪也。假之者有之，故齐桓公九合诸侯，一匡天下，汤武之举，不过乎是，而其情则不同，故其仁未可知也。

---

[1] 吕大临：《礼记解·表记》，《礼记集说》卷一百三十七，第 24 页；《蓝田吕氏遗著辑校》，第 315 页。

过者，人所避也，有不幸而致焉，故周公使管叔监殷，管叔以殷畔，过于爱兄而已。孔子对陈司败问昭公知礼，过于讳君而已。皆出乎情而无伪，故其仁可知。[①]

分别"仁"的不同，不在于功用，而在于动机，因而恰恰可以从行仁者的过失中发现，这便是"观过知仁"。因此，反身而诚，体验本心，才是道德实践的出发点。所谓的"知及仁守"也就是以"仁"涵"知"，通过学的方式回归本心，再从本心出发来处理事物，使之呈现出理之当然的价值秩序。

（三）仁之"兼天下而体之"

吕大临论"仁"有着极高的道德情感和人伦关怀，这一点与张载和程颢是一致的。他在解释《礼记·缁衣》"民以君为心，君以民为体"章时说：

> 天生人物，流形虽异，同一气耳。人者，合一气以为体，本无物我之别，故孺子将入井，人皆有怵惕恻隐之心，非自外铄也。天下无一物非我，故天下无一物不爱。我体或伤，心则憯怛，理之自然，非人私智所能为也。人而不仁，非无是心，丧是心尔。故大人自任以天下之重，匹夫匹妇有不被尧舜之泽，若己推而纳之沟中，岂勉强之所能为也？为人君止于仁，

---

① 吕大临：《礼记解·表记》，《礼记集说》卷一百三十七，第25页；《蓝田吕氏遗著辑校》，第315页。

则君人者之于是也，舍仁曷以哉？①

"仁"与"爱"不完全相同，就在于"仁"是德，虽然包含着"爱"的情感，但其本身是源于天赋自然的道德本性。因而，恻隐仁爱之心是由天到人、一气贯通的自然感受。反之，麻木不仁之心恰恰是心性蔽固、与物隔绝的非本真表现。他又解释孟子的"不忍人之心"说：

> 人皆有不忍人之心，忍之则憯怛而不安，盖实伤吾心。非譬之也，然后知天下皆吾体，生物之心皆吾心，彼伤则我伤，谋虑所及，非勉强所能。彼忍人者，蔽固极深，与物隔绝，故其心灵梏于一身，而不达于外尔。②

这样，存养良心不仅是道德实践的起点，也是恢复心性与天地万物贯通的需要。

因此可以说，仁是道之基点，而道是仁之展现。《中庸》第二十章说："修身以道，修道以仁。仁者人也，亲亲为大；义者宜也，尊贤为大。亲亲之杀，尊贤之等，礼所生也。"这段话论述了"修身"与"修道"以及"仁"、"义"、"礼"之间的关系。所谓"道"，就是"仁道"，而"仁道"必须辅以义和礼。吕大临对此解

① 吕大临：《礼记解·缁衣》，《礼记集说》卷一百四十二，第 16 页；《蓝田吕氏遗著辑校》，第 349 页。

② 吕大临：《孟子解·公孙丑上》，《孟子精义》卷三，《朱子全书》第 7 册，第 688 页；《蓝田吕氏遗著辑校》，第 471 页。

释说：

> 道者，人伦之谓也。非明此人伦，不足以反其身而万物
> 之备也，故曰"修身以道"。非有恻怛之诚心，尽至公之全体，
> 不足以修人伦而极其至也，故曰"修道以仁"。夫人立乎天地
> 之中，其道与天地并立而为三者也。其所以异者，天以阴阳，
> 地以柔刚，人以仁义而已。所谓道者，合天地人而言之；所谓
> 仁者，合天地之中所谓人者而言之，非梏乎有我之私也。故
> 非有恻怛之诚心，尽至公之全体，不可谓之仁也。①

吕大临把"道"理解为人伦常道，并且进一步指出，"道"需要以
"仁"为体。在《中庸》论述的基础上，他提升了"仁"的意义。
所谓"仁"，他将之理解为"有恻怛之诚心，尽至公之全体"，其意
涵包括两个方面：一是有道德情感，能体之于身；二是有道德理
性，能推及于人。与之相应，他对"道"的理解也是将"天道"内
涵于"人道"之中。在宋明道学话语中，"天道"的内涵可以有
两层理解：一层是等同于"天理"，因而主要作为理义之来源来
理解，二程最早系统地建构了这一理解路径；另一层则更强调自
然的生生造化，这是大部分道学家的共许之义，也是儒家天道论
的一个本有传统。在吕大临看来，"天道"就体现在"人道"之中，
因而"人伦"就是"道"的表现。"仁"与"道"的实质内容是一
致的，都是反身而诚、大公无私的体现，其不同在于"道"是"合

① 吕大临：《礼记解·中庸》，《礼记集说》卷一百三十，第 3 页；《蓝田吕氏遗著
辑校》，第 290 页。

天地人"而言，"仁"则只是就人而论。

吕大临所说"非明此人伦，不足以反其身而万物之备也"，源于孟子"万物皆备于我矣。反身而诚，乐莫大焉。强恕而行，求仁莫近焉"（《孟子·尽心上》）。在孟子那里，"我"是生命主体，"物"是生存世界或生命主体所面对的对象，"乐"是境界，"诚"与"仁"则既是工夫，也是境界。"诚"与"仁"的内涵基本上是一致的，就是要求生命主体回复到真实无妄、感通万物的本心原初状态，其不同只在于"诚"强调真，而"仁"强调感。吕大临将"人伦"与"万物皆备于我"的精神境界联系起来，其目的在于一方面提升人伦在生命主体中的自觉性和境界性，另一方面也是将对天道本体的体认落实于人伦常道之中，不使之偏离儒家道德修养的方向。

这就表明人伦之中包含着除社会秩序以外更加广泛的含义，人伦之道不仅成就社会秩序，同时也成就万物生成的自然秩序。因而在一人身上，也就包含了"万物之备"。作为社会秩序的人伦，为何可以成就自然秩序呢？这是因为，人伦的根据在于人的本心。吕大临把"仁"理解为"有恻怛之诚心，尽至公之全体"，这就把"仁"由"仁者爱也"的情感表现，进一步提升到宇宙本体的高度。仁不仅是爱人，也是爱物，乃至与宇宙万物感通一体而不可分割。这一点在程颢的《识仁篇》有颇有影响的表达。

吕大临对"道"与"仁"之间关系的这一理解，也体现在他对《礼记·曲礼》中"道德仁义，非礼不成"的解释中：

　　　兼天下而体之之谓仁，理之所当然之谓义，由仁义而之焉之谓道,有仁义于己之谓德,节文乎仁义之谓礼。仁义道德,皆其性之所固有,本于是而行之,虽不中不远矣。然无节无文,则过与不及害之,以至于道之不明且不行,此所以"非礼不成"也。[1]

直接看来,吕大临调整了"道德仁义"的顺序为"仁义道德",主体性的意味更加突出。所谓"仁义道德",是"性"的实质内容,是道德实践的最终根据。四者之中,"仁"的意义具有首要性。"仁"本身就是道德本体,其范围涵盖天下,其内容又贯通一切,因而吕大临强调"兼天下而体之之谓仁"。这一点是道学的共同特征,尤其在程颢那里表现得最为突出。但道学并非仅仅是境界性的,它强调境界与实有的合一,因而本体之学又会体现在万物生成以及日常践履之中,这就需要有具体的分别合宜之道,这便是"义",所谓"义"也就是"理之所当然"。与"仁义"相比,"道德"就显得是附属性的。"道"体现于由仁义行,"德"体现于得之于己身,而"礼"则是道德的具体规范。因而,"仁义"就是"道德"与"礼"的实质。"道"与"德"居于"仁义"与"礼"之间,是体与用的中介。

　　吕大临既把"仁"理解为"兼天下而体之",又强调其"有恻怛之诚心,尽至公之全体",其意义是相互贯通的。所谓"兼天下"便是"至公",而能"体"是因为有"恻怛之诚心"。如果说"至公之全体"强调的是万物一体的境界,那么,"恻怛之诚心"

① 吕大临:《礼记解·曲礼上》,《礼记集说》卷二,第 10 页;《蓝田吕氏遗著辑校》,第 191 页。

则强调感通万物的过程，因而更具根本性。人伦常道的出发点就是"诚心"或"仁心"在不同的社会关系中的体现，这便需要随时而变。"仁心"至公，但却需要"亲亲"为首；将仁心推之于所有事物，又需以"尊贤"为大。吕大临既强调人心的同一性，同时也在强调人伦的关系性和具体性。人伦关系的各种合理处理，反映的正是性之德的具体展现。

（四）"识仁"、"定性"与"克己"

吕大临对"仁"的这种理解，与程颢的影响有关。冯从吾提到吕大临入二程门下之后，"纯公语之以'识仁'，先生默识深契，豁如也，作《克己铭》以见意"[1]。冯从吾所作推论的基础，是收在吕大临所记《东见录》中的程颢所作《识仁篇》和吕大临一篇铭文《克己铭》。我们可以以此来比较程颢和吕大临思想的同异，以确定其如何受洛学影响。

《东见录》所记程颢论"仁"之语极多，其中的《识仁篇》曰：

> 学者须先识仁。仁者，浑然与物同体。义、礼、知、信皆仁也。识得此理，以诚敬存之而已，不须防检，不须穷索。若心懈则有防，心苟不懈，何防之有？理有未得，故须穷索。存久自明，安待穷索？此道与物无对，大不足以名之，天地之用皆我之用。孟子言"万物皆备于我"，须反身而诚，乃为大乐。若反身未诚，则犹是二物有对，以己合彼，终未有之，又安得

---

① 冯从吾：《关学编》卷一，第 11 页。

乐?《订顽》意思,乃备言此体。以此意存之,更有何事?"必有事焉而勿正,心勿忘,勿助长",未尝致纤毫之力,此其存之之道。若存得,便合有得。盖良知良能元不丧失,以昔日习心未除,却须存习此心,久则可夺旧习。此理至约,惟患不能守。既能体之而乐,亦不患不能守也。①

程颢论"仁",的确比吕大临要详尽。他们的一致之处也甚多,如都引证孟子"万物皆备于我"来论述"体仁"或"识仁"之精神境界。由此推知,吕大临应该受到了程颢的影响。

不过,程颐曾评价吕大临"守横渠学甚固,每横渠无说处皆相从,才有说了,便不肯回"②。关洛之学不同的为学径路和理论理解,必然会投射到程颢对吕大临的引导之中。程颢的这一番"识仁"之说,显然有很强的针对性。所谓"不须防检,不须穷索",既是针对吕大临的问题,也恐怕包含着对张载为学工夫论的不满。

程颢论"仁"的特点在于,从"仁"即"理"一并论之,即本体即工夫,尤其注重"万物一体"的精神境界。因而,他也特别推崇张载的《西铭》,后者有言:

> 乾称父,坤称母;予兹藐焉,乃混然中处。故天地之塞,吾其体;天地之帅,吾其性。民吾同胞,物吾与也。③

---

① 程颢、程颐:《河南程氏遗书》卷二上,《二程集》,第16—17页。
② 程颢、程颐:《河南程氏遗书》卷十九,《二程集》,第265页。
③ 张载:《正蒙·太和篇》,《张载集》,第62页。

这与程颢所说的"万物一体"境界是相同的。但张、程之间并非完全一致，由此引起程颢对张载的批评。在程颢看来，由于张载将"气"作为"感通"的切入点，因而导致以"心"求"理"、天人为二，进而又导致以"防检"、"穷索"为道德修养工夫，容易使人偏离正确的修养方向。①

程颢"识仁"之说，可能也是针对吕大临"患思虑多，不能驱除"②的问题而提出的相应克治办法。面对同样的问题，张、程的方法的确是不尽相同的。对于吕大临的治学特点，张载生前就曾批评过他"求思也褊"，也曾对他做出引导：

> 吕与叔资美，但向学差缓，惜乎求思也褊，求思虽犹似褊隘，然褊不害于明。褊何以不害于明？褊是气也，明者所学也。明何以谓之学？明者言所见也。③

从全文看，这里对吕大临的品评，毋宁说只是张载论述自己修养工夫论的一个引子。他一方面充分肯定了吕大临的向学之心，另一方面也针对其性格特点提出了相应的修养工夫路径。吕大临性格上的"求思也褊"到底对其道德修养产生了多大的负面

---

① 二程说："横渠教人，本只是谓世学胶固，故说一个清虚一大，只图得人稍损得没去就道理来，然而人又更别处走。今日且只道敬。"见程颢、程颐：《河南程氏遗书》卷二上，《二程集》，第 34 页。

② 程颢、程颐：《河南程氏遗书》卷一，《二程集》，第 8 页。

③ 张载：《张子语录·语录下》，《张载集》，第 329 页。

影响，由于资料缺少，难以有具体的了解。但是，张载提出的克治办法，显然并不是仅仅针对吕大临个人，而是有着普遍性的意义。张载由此提出"气者在性学之间"的命题：

> 气者在性学之间，性犹有气之恶者为病，气又有习以害之，此所以要鞭辟至于齐，强学以胜其气习。[①]

张载把性分为"天地之性"与"气质之性"，既然都是"性"，便都是生而具有的，但前者直接通向先天本善之性的来源也即天道本体，因而具有超越性；后者则是现实性的，不但生来有可能造成性格上的"褊隘"，而且还会在社会生活中形成某种不自觉的习惯即"气习"，二者都会阻碍道德实践，使人性不能自然表现其善。因此，张载主张"强学以胜其气习"的修养工夫，这便有了"防检"和"穷索"的味道。

关于"性"之理解的问题，程颢早年亦曾与张载展开过深入的讨论，这便是著名的《定性书》。其中说道：

> 所谓定者，动亦定，静亦定；无将迎，无内外。苟以外物为外，牵己而从之，是以己性为有内外也。且以己性为随物于外，则当其在外时，何者为在内？是有意于绝外诱，而不知性之无内外也。既以内外为二本，则又乌可遽语定哉？[②]

---

① 张载：《张子语录·语录下》，《张载集》，第 329 页。
② 程颢、程颐：《河南程氏文集》卷二，《二程集》，第 460 页。

这次论学表明,关洛两派基本上已经形成了彼此有同但也有异的思想体系和工夫路径,其中的差异更是直接推动了以后理学思想的发展和对工夫论的进一步深入理解。简言之,程颢强调"性"之无内外,因而相应的修养工夫亦当是随顺自然,不加刻意之功。这种对于"性"的超越性理解,张载也会赞同,但他的修养工夫则强调渐进次序,也即需要由"明"至"诚",或由"穷理"继而至"尽性",这便与程颢不同。

二程对吕大临的指点当然不同于张载,《东见录》记曰:

> 与叔所问,今日宜不在有疑。今尚差池者,盖为昔亦有杂学。故今日疑所进有相似处,则遂疑养气为有助。便休信此说。盖为前日思虑纷扰,今要虚静,故以为有助。前日思虑纷扰,又非义理,又非事故,如是则只是狂妄人耳。惩此以为病,故要得虚静。其极,欲得如槁木死灰,又却不是。盖人活物也,又安得为槁木死灰? 既活,则须有动作,须有思虑。必欲为槁木死灰,除是死也。忠信所以进德者何也? 闲邪则诚自存,诚存斯为忠信也。如何是闲邪? 非礼而勿视听言动,邪斯闲矣。以此言之,又几时要身如枯木,心如死灰? 又如绝四后,毕竟如何,又几时须如枯木死灰? 敬以直内,则须君则是君,臣则是臣,凡事如此,大小大直截也。①

张载有"诚者,虚中求出实"、"虚心然后能尽心"、"虚心则无外

---

① 程颢、程颐:《河南程氏遗书》卷二上,《二程集》,第26页。

以为累"①、"学者先须变化气质,变化气质与虚心相表里"②、"修
持之道,既须虚心,又须得礼,内外发明,此合内外之道也"③ 等
语,因而,二程之批评可能是针对张载的。以上所言,虽未标明
为谁语,但与程颢《识仁篇》所说"识得此理,以诚敬存之而已"
是完全一致的。这里反复强调的,也正是要破除张载所区分的
"合内外"之说。

由此反观,尽管吕大临接受了程颢的"万物一体"观念,但
如前所述,其论"仁"仍然包含着内外的区分,因而他也保持着
来自于张载的关学特色。这一综合张载、程颢之学的特点,其实
也表现在冯从吾和后来诸学案所屡屡道及的《克己铭》中:

> 凡厥有生,均气同体。胡为不仁?我则有己。
>
> 立己为物,私为町畦,胜心横生,扰扰不齐。
>
> 大人存诚,心见帝则,初无吝骄,作我蟊贼。
>
> 志以为帅,气为卒徒,奉辞于天,孰敢侮予?
>
> 且战且徕,胜私窒欲,昔焉寇雠,今则臣仆。
>
> 方其未克,窘我室庐,妇姑勃蹊,安取厥馀?
>
> 亦既克之,皇皇四达,洞然八荒,皆在我闼。
>
> 孰曰天下,不归吾仁?痒痾疾痛,举切吾身。
>
> 一日至之,莫非吾事。颜何人哉,晞之则是。④

---

① 张载:《张子语录·语录中》,《张载集》,第 324—325 页。

② 张载:《经学理窟·义理》,《张载集》,第 274 页。

③ 张载:《经学理窟·气质》,《张载集》,第 270 页。

④ 吕大临:《克己铭》,《全宋文》卷二三八七,第 110 册,第 179—180 页。

吕大临所理解的"克己",不是全然没有主体和一切都随顺自然,否则便会流于虚无;而是指打破自己身上"气质之性"对"天地之性"的阻碍作用,从而使人的身心完全成为本然之性的发用流行。从其《克己铭》所言"凡厥有生,均气同体","志以为帅,气为卒徒","皇皇四达,洞然八荒","孰曰天下,不归吾仁"等语中,可以看到,他所强调的都是从同"气"同"体"的规模上理解"仁"的内涵。这便在感通一体的精神境界中,使"气"的存在性发生价值转化。这里无疑仍有张载重视气化之道的影响所在。

"克己"是张载和二程都注重的修养工夫,但张载重视"强学以胜其气习",二程则重视"敬即便是礼,无己可克"[1]。由《克己铭》可以看到,吕大临首先肯定了"气"的正面作用,即人与物正是通过气的感通作用才实现了"同体"的效应。因此,"气质"并不成为道德修养中需要做"防检"工夫的理由。真正需要做的是打破人为的己与物的隔阂,恢复感通物我的仁心,这便需要存"诚"见"性",自然会以志御气。从程颢的"识仁"到吕大临的"克己",显示出吕大临糅合关洛的特征。

---

[1] 程颢、程颐:《河南程氏遗书》卷十五,《二程集》,第157页。

第五章
吕大临的礼学及其实践宗旨

从中国文化史的角度看,礼的意义大致经历了三个发展阶段:首先,礼发源于上古民族的宗教祭祀和生活习俗;继而在周初,礼也被转变为一套系统的政治和宗法制度,同时被赋予了深厚的道德和伦理精神;到了孔子,礼进一步落实于生命个体之中,转变为生命个体的道德实践方式。[①] 这一发展过程,既是由礼文化本身遭遇到的时代问题所导致,同时也是文化渐进演变的结果,因而后一阶段对礼之意义的理解总是以一种提升和转化的方式保存着前一阶段的理解。因此,后世儒学对礼之意义的理解,尽管以内在的道德实践为基点,但宗教祭祀中的虔敬心态和宗法伦理中的亲情推扩都成为其道德实践的重要内容,甚至成为礼之形式和功能的最重要体现。道学理论对礼的这几方面意义都作出了深入的阐发。

礼学是吕大临道学的重要组成部分。在其思想体系中,如果说天道性命论是客观的理论依据,心性修养论提供主体的道

---

① 关于礼在先秦社会的意义,可参见杨向奎:《宗周社会与礼乐文明》,人民出版社,1997年,第229页以下;陈来:《古代宗教与伦理——儒家思想的根源》,北京大学出版社,2017年,第260页以下。

德实践基础和动力，那么礼学则是具体的人伦常道之表现。在此视域中，"礼"不是外在的行为规范，而是道德主体在"心之所同然"的"理义"原则基础上，进行"养气成性"进而由"常道"达至"至道"的具体行为方式，因而是道学的最终落实。

一、礼的"理义"根据

中国文化中的"礼"是一种同时具有宗教性、习俗性、观念性和制度性的文化形式，不但规定了传统生活中政治、法律、宗教等各方面内容，也形塑了中国人思想观念中的"意义世界"。[①]在中国文化的奠定期中，所有的行为规范和制度几乎都可以纳入到"礼"的名义之下，因而礼的内容和形式必然包罗万象，涉及人们生活的方方面面；但礼的制度化和稳定化也必然使其随着时代和环境的变化而越来越显得琐碎庞杂，形式与意义脱离，以至让人难以遵循。这也构成礼在以后的文化发展过程中不断遭遇到各种危机或批评的根本原因。因此，把礼系统化，并提升为一个意义体系，成为孔子在"礼坏乐崩"时代希图恢复礼乐文明时必须面对的首要任务。从孔子开始，儒学从根本上提升了礼的内在精神意义。孔子的眼光不是外在的、社会的、功能性的，而是内在的、个体的、生命的，因而礼之"文"必须符合礼之

---

① 邹昌林很恰当地指出："'礼'在中国，乃是一个独特的概念，为其他任何民族所无。其他民族之'礼'，一般不出礼俗、礼仪、礼貌的范围。而中国之'礼'，则与政治、法律、宗教、思想、哲学、习俗、文学、艺术，乃至于经济、军事，无不结为一个整体，为中国物质文化和精神文化之总名。"见邹昌林：《中国礼文化》，社会科学文献出版社，2000年，第14页。

"义"，礼之"义"不是外在于人的强制规范，而是发源于人心对天命自然秩序的体认、理解、敬畏和遵循。就礼之观念即礼学的层面而言，礼包涵着对天道和人生的双重理解，成为个体道德行为实践的现实依据。

（一）礼之"文"与礼之"义"

吕大临的礼学无疑首先是对孔子儒学这一内在化诠释径路的继承，他在《冠义》篇首的序中说：

> 冠、昏、射、乡、燕、聘，天下之达礼也。《仪礼》所载谓之礼者，礼之经也；《礼记》所载谓之义者，训其经之义也。先王制礼，其本出于君臣父子、尊卑长幼之间，其详见于仪章度数、周旋曲折之际，皆义理之所当然。故礼之所尊，尊其义也。失其义，陈其数，祝史之事也；知其义，则虽先王未之有，可以义起也；不知其义，则陷于非礼之礼，非义之义，大人弗为也。凡冠、昏、射、乡、燕、聘义，皆举其经之节文，以述其制作之意者也。[①]

所谓的"达礼"，是指在人伦常道中带有根本性的重大礼仪。载之于典籍谓之"经"，证明其有不可变性。《仪礼》便属于孔子儒学在礼之"经（文）"的层面所做的系统化整理和保存的工作。但是，由于礼必须体现为具体的具有可操作性和可被领会

---

① 吕大临：《礼记解·冠义》，《礼记集说》卷一百五十四，第 1 页；《蓝田吕氏遗著辑校》，第 382 页。

意义的仪式和制度，而其形式上的不变性难免会导致礼之"经（文）"脱离时代变化而产生难以适用的问题。因此，自汉代开始，在辑编孔子儒家后学大量论礼文献的基础上，形成了《礼记》。唐修《五经正义》，偏重礼义的《礼记》一度取代偏重礼仪的《仪礼》而入选。到了北宋，《仪礼》的影响进一步衰微，致使其在社会教化中本应起的积极作用近乎丧失。儒家礼学除了走脱离生活实际的对"仪章度数"的考证学之路以外，必然只能在重新领会和阐发礼之义理的前提下为适应社会生活的需要而制作新礼，如家礼、乡约之类。因此，吕大临一方面强调"先王制礼"所本之原则即"义理之所当然"，即礼不可变，更不可废，在于其中包含着君臣父子、尊卑长幼之人伦常道的不可变；另一方面他又强调"知其义，则虽先王未之有，可以义起也"，即掌握了礼数之中的义理依据，便可以革新礼的形式，从而适应时代的变化。这构成了吕大临之所以重视《礼记》的原因。

礼之义除了要求在时代变化中对礼之文予以革新，即义为常而文可变；也要求在礼的运用过程中随具体处境之不同而予以调节，即义有是非而文无一定。因而，

> 其文是也，其义非也，君子不行也；其义是也，其文非也，君子行也。故"麻冕，礼也；今也纯，俭，吾从众"；男女不授受，礼也，嫂溺则援之以手，此所以明是非也。①

---

① 吕大临：《礼记解·曲礼上》，《礼记集说》卷一，第 37 页；《蓝田吕氏遗著辑校》，第 190 页。

显然，礼当以义理之是非为原则，礼之义才是礼之根本，而礼之文是服务于义的。

正因为礼之文中包含着义理是非，因而礼可以在具体的处境中实现"化民成俗"的社会功能：

> 其文则摈相习之，其义则君子知之；修其文，达其义，然后可以化民成俗也。[1]

由此而言，虽然礼之文一旦固定化和形式化，便有走向与其义相悖离的可能，但在整体上，礼之文与义又是相互结合的，礼之文使礼之义获得了具体性、可操作性，具有了工夫教养的意义，而非仅是抽象的理论。

礼之"文"与"义"的这种辩证关系，也同于礼之"文"与其"质"的关系。礼之"义"代表着礼的意义和内涵，而礼之"质"则代表着礼的自然性存在本源。吕大临说：

> 太上者，大道之行、天下为公之时也。其治也，文不胜质，务存其实，直情径行，无所事于礼，故礼有不答而人不非也。后圣有作，"通其变，使民不倦"，由是交际之道兴焉。[2]

---

[1] 吕大临：《礼记解·乡饮酒义》，《礼记集说》卷一百五十六，第 34 页；《蓝田吕氏遗著辑校》，第 396 页。

[2] 吕大临：《礼记解·曲礼上》，《礼记集说》卷二，第 23 页；《蓝田吕氏遗著辑校》，第 193 页。

礼之文质关系,起于孔子,他在论述个人的修身成德时说:"质胜文则野,文胜质则史,文质彬彬,然后君子。"(《论语·雍也》)《礼记·礼器》说得更加清楚:"先王之立礼也,有本有文。忠信,礼之本也;义理,礼之文也。无本不立,无文不行。"直接来看,"质"或"本"是个人本然具有的原始品质,"文"则是对质的文化修饰,因而"质"是修身成德的基础,"文"是修身成德的形式化要求。推而广之,所谓的"质"可以看作是儒家所讲全部"德"与"礼"的实质性内容,与之相对应的"文"则是"德"与"礼"的一切外在表现形式。

在整个儒学思想结构中,文质关系表现为"仁"与"礼"的内在关系:"仁"是儒学的精神性要求,"礼"是儒学的形式化体现。与此相应,在儒家的学术传承过程中,文质关系又表现为"道(理)"与"经(文)"的关系:"道(理)"是儒学的终极关切点,"经(文)"则是儒学的现实传播形式。孔子对于文质关系的阐释,又提醒人们保持"文质并重"的"中庸"之道的必要性。[①]

礼起于"文"与"质"之间的辩证关系,根源于对自然秩序之中存在的各种具体性差别的自觉和认识,因而又有所谓礼之"别"。吕大临解释《中庸》"亲亲之杀,尊贤之等,礼所生也"说:

---

① 在整个儒学发展历史中,这种文质之间既相互关联又趋于背离的关系,不但要求历代儒学家在时代性的内容中寻取一个恰当的平衡点,同时也要不断防止和矫正种种偏离的趋势和可能。先秦以后,在两千年来的儒学发展史上,儒学最主要的两种学术形态——汉代形成的"经学"(汉学)和宋代创立的"道学"(宋学),可以说正是这种动态平衡之中的产物。

亲亲之中，父子首足也，夫妻判合也，昆弟四体也，其情不能无杀也；尊贤之中，有师也，有友也，有事我者也，其待之不能无等也。因是等杀之别，节文所由生，礼之谓也。[①]

所谓礼之"别"，也就是在天地、鬼神、尊卑、亲疏、长幼等等自然存在或社会伦理中分辨出原有之秩序。"别"的结果一方面是意识的自觉，另一方面是文化制度的建立。

礼是随着文化或文明的发展而产生的。但是，当文化产生以后，礼之文就具有向脱离其质的方向发展的趋势，因而容易流于繁杂造作。即便如此，也不能因文而废礼。吕大临说：

礼之所先，贵乎别也。不当别而别则文胜质，文胜质则史；当别而不别则质胜文，质胜文则野。故尊卑无等，亲疏长幼无差，视听言动不中于节，虽心在于敬而直情径行，野人戎狄之道，君子不为也。[②]

因此，礼之"文"或礼之"节"就成为表现礼之"质"或礼之"别"的方式，心之"敬"被涵容其中，礼成为个体生命处于社会关系之中不可废弃的准则。

可以说，吕大临始终将礼之功能定位在普遍与具体之间。

---

① 吕大临：《礼记解·中庸》，《礼记集说》卷一百三十，第 4 页；《蓝田吕氏遗著辑校》，第 290 页。

② 吕大临：《礼记解·曲礼下》，《礼记集说》卷十四，第 21 页；《蓝田吕氏遗著辑校》，第 250 页。

这是道学理论所共有之体用思维模式的反映，也是吕大临道学特别重视实践性的体现。礼一方面表现为在具体的、不同场合中有特殊规定的礼文、礼数、礼制、礼法、礼仪等，这需要学习、模仿、实践和操练；另一方面，其背后所包含的礼义则是普遍的和超越的，这需要心之自觉，打通人与天地、物与物之间的隔阂，有感必通，随顺本然之心。圣人制礼是因"同"而制"别"：因为"同"，所以适用于所有人，而具有普遍性；因为"别"，所以又随着不同的情境有着各自的体现，而具有具体性。而学者学礼、习礼，则是因"别"而感"同"，也即在特殊的氛围和处境中能够体会到人心之超越性的本然，获得对意义世界的领悟、感知和肯定。正因为如此，礼才能具有存心、养气的功能，使生命个体与全体贯通，在天地之中体现出自身的地位，不仅成己，而且成物，最终达到"与天地参"。

（二）礼与"心之所同然"

作为行为准则，礼体现于身而源于心。这一理解，也产生于孔子。如其一再说"巧言令色，鲜矣仁"（《论语·学而》），"巧言、令色、足恭，左丘明耻之，丘亦耻之"（《论语·公冶长》），认为仁或不仁的品德会表现在身体的行为举止特别是言辞和脸色之上。之所以强调言辞和脸色，是因为这两种身体表现最为细微，也与人的心思意念最为直接相关。因而，身心修养之法便可以从"出辞气"、"正颜色"、"动容貌"入手，继而达到"正心诚意"的目的。曾子曰："君子所贵乎道者三：动容貌，斯远暴慢矣；正颜色，斯近信矣；出辞气，斯远鄙倍矣。"（《论语·泰伯》）容貌如何"动"，颜色如何"正",辞气如何"出",自然涉及到具体的礼仪制度。

礼无疑首先体现为一种对人之行为的外在规范和约束,但孔孟儒学始终将其意义看作是内在于心的。孟子在孔子仁学的基础上,进一步发展出系统的心性论,其对身心关系的理解也更加深入。如他说:"君子所性,仁义礼智根于心。其生色也,睟然见于面,盎于背,施于四体,四体不言而喻。"(《孟子·尽心上》)孟子提出"知言养气"说,显然也与此相关。

与孟子重在心上论述不同,《礼记》更侧重于身之论述。如《表记》曰:"君子不失足于人,不失色于人,不失口于人。是故君子貌足畏也,色足惮也,言足信也。"《冠义》曰:"冠而后服备,服备而后容体正,颜色齐,辞令顺。"《礼记》对表现于容貌、颜色、言辞这一系列渐次内在、渐次细微的身体行为之中的德性要求,有反复论说。

由此可见儒家修养理论之中身心相通和身心交养的特点,这使儒家对礼之意义的理解不限于社会秩序功能,而是实现身心和谐、以身践心的基本方式。这样,所谓"正"、"齐"、"顺"便都具有内外两方面意义,既是行为的规范方法,也反映着内心的道德品性。前者外在,后者内在。内是本,外是末。身体的修养最终是心之修养的表现。

吕大临对身心之间的相互作用在道德修养过程中的重要意义也非常重视,这甚至构成其修养工夫论的一个基本特点,尤其表现在他对"知"与"礼"之关系的认识上:

　　　　知崇礼卑,崇效天,卑法地,故知礼者,人之天地也,未

有天地不具,而能有物者也。此人之所以为人,必在乎礼义
也。知生乎思,思则得之,故尽致思之功,然后可以达乎高明;
礼主乎行,行则致之,故尽躬行之实,然后可以极乎密察。此
"礼义之始",所以必"在乎正容体,齐颜色,顺辞令"也。容
体者,动乎四体之容者也;颜色者,生色见乎面目者也;辞令
者,发乎语言而有章者也。三者修身之要,必学而后成,必成
人而后备。①

"知崇礼卑",是对《易传》思想的继承。《易传》在阴阳、乾坤、
天地、男女等基础上,以二分方式理解宇宙的生成、结构和人的
道德精神。心的本质是思,其功能主要是知,身的本质是气,其
主要功能是行,二者构成一种交相互养的关系。

"礼"的道德功能主要在于:在"行"也即道德实践或礼仪操
练的过程中,打破习俗的影响,为内向之养心和养气创造条件,
使心与气的道德创造力自然地呈现出来。这是一个由具体之修
身实践而达到普遍之"人心之所同然"的过程。吕大临说:

天下之理义,无所不通,圣之谓也。无所不通,无所不敬,
礼之所由制也。礼之行也,不在乎他,在长幼之分而已,性之
德也。礼得于身之谓德,由学然后得于身,得于身则与先得
人心之所同然者同之。②

① 吕大临:《礼记解·冠义》,《礼记集说》卷一百五十四,第 4 页;《蓝田吕氏遗
著辑校》,第 383 页。
② 吕大临:《礼记解·乡饮酒义》,《礼记集说》卷一百五十六,第 17 页;(转下页)

"理义"无所不"通"，是制礼的前提。由于行礼者立基于内在之
"性"，因而在长期的学习中，也能达到明"理义"于心的效果。
吕大临的"知崇礼卑"、"知礼成性"说，是对张载学说的继承。

　　对于"心"、"气"、"礼"三者之间的关系，吕大临解释《礼
记·孔子闲居》中提出的"三无"、"五起"之说曰：

　　　　气之既充，威仪既备，而笃于仁，然后'三无'、'五起'
　　之义，可得而尽矣。[1]

"气"是道德实践的动力，"礼"（威仪）是道德实践的形式，而
"仁"（心）是道德实践的价值根源，三者具备，那么，道德实践
本身也就完备了。由于"心"对于理解礼之义有着直接的影响，
因而心对礼乐的意义就尤其关键：

　　　　礼乐之原，在于一心。"致五至、行三无，以横于天下"，
　　乃一心之用也。人心其神矣乎？[2]

礼所具有的修身、养气功能，是在"心"的支配下进行的。这里
的"心"显然是指"本心"，而不是受血气欲望影响的实然之心。

　　（接上页）《蓝田吕氏遗著辑校》，第 395 页。

[1] 吕大临：《礼记解·孔子闲居》，《礼记集说》卷一百二十，第 23 页；《蓝田吕氏
　　遗著辑校》，第 267 页。

[2] 吕大临：《礼记解·孔子闲居》，《礼记集说》卷一百二十，第 2 页；《蓝田吕氏
　　遗著辑校》，第 265 页。

当天生人物之后,人之心便成为实然之心,其本心则是潜存的。由实然之心回到本然之心,需要的正是一个以"礼"存心、养气、修身的过程。

这样,"礼"就不可能仅仅是实然性的或经验性的制度,而必须有其先验性的价值和意义。实然性的或经验性的制度是可以发生变化和被调节的,但先验性的价值和意义则恒常不变。这个先验性的价值和意义就是"理义":

> 人之血气、嗜欲、视听、食息,与禽兽异者几希,特禽兽之言与人异耳,然猩猩、鹦鹉亦或能之。是则所以贵于万物者,盖有理义存焉。圣人因理义之同然而制为之礼,然后父子有亲,君臣有义,男女有别,人道所以立,而与天地参也。纵欲怠敖,"灭天理而穷人欲",将与马牛犬彘之无辨,是果于自弃而不欲齿于人类者乎? ①

由于道学的理论体系建立在包含宇宙本体论和宇宙生成论的天道论基础上,在此视野下,万物均为天生,因而道学理论一般在"理"的层面更注重人与动物之同。但吕大临在这里显然延续了孟子的人禽之辨,更注重人与禽兽在"理义"上的差别。进而,建立在"父子有亲,君臣有义,男女有别"基础上的礼,便构成人之行为或特征的基本依据。

他又说:

---

① 吕大临:《礼记解·曲礼上》,《礼记集说》卷二,第20页;《蓝田吕氏遗著辑校》,第192页。

德以道其心，使知有理义存焉；礼以正其外，使知有所
尊敬而已。知有理义，知所尊敬，则知所以为善为不善，然后
其心知止于是，而不欲畔而之他也。不善之名，虽愚不肖者
耻之，如使民心知所以为善不善，则畔而之他者，众人之所
耻。众人之所耻，虽愚不肖者，亦将不欲为矣。[①]

礼的依据在于心所具有的"理义"，因而礼通过心之"尊敬"发挥
修身正心的作用，这样就能达到对"道"之"不畔"。显然，吕大
临所说的"理义"不能被理解为经验性的道德原则。经验性的道
德原则是针对现实的道德问题而建立的理性规范标准。在吕大
临看来，父子之情、君臣之义、男女之别的形式可以有很多，但其
本身则是"道"的体现，具有善的价值，因而是不可改变的，是人
所以为人的先验性意义。

　　总之，在吕大临看来，礼体现为身心个体的实践性。心之所
知为理义，而其所发为情，心在身心之学中具有价值的选择性和
义理的涵容性。因而，"本心"是礼制的基础，同时也使礼制在
现实生活中对于人之情感具有调节作用。本心和理义，体现的
是人伦秩序超越的一面。然而在实践中，本心的发用会受到气
质的影响，不能不有小过小不及。因此，圣人制礼又有实际的功
能。圣人亦是天地所生，有心有气，因而有理义，亦有情感。圣
人之所以为圣人，不仅是因其先得人心所同之理义，也是因为他
能与天地万物自然相感，毫无私意小智。这样，圣人所制之礼，

---

① 吕大临：《礼记解·缁衣》，《礼记集说》卷一百四十一，第 8 页；《蓝田吕氏遗
著辑校》，第 341 页。

便能够调节人的情感，使之能够恰当。

（三）礼之"达天下之情"

礼除了源自"本心"或"圣人之心"外，也源于"天"，这是更加根本的源头。这二者皆可以说是"自然"。但在现实的人伦社会中，作为一种价值"当然"，礼之秩序又不是完全"自然"的，而是由"圣人"或"先王"所制。

在儒家传统中，"当然"与"自然"在根本上不是分离的，"当然"的前提是"自然"。吕大临说：

> 先王制礼之意，象法天地，以达天下之情而已。《书》曰"天叙有典"，体也，人伦之谓也；"天秩有礼"，用也，冠、昏、丧、祭、射、乡、朝、聘之类也。二者皆本于天，此礼之所由生也。礼之有吉凶，犹天之有阴阳，可异而不可相干也。礼有恩，有理，有节，有权，犹天之有四时可变，而不可执一也。仁义礼知，人道具矣，人道具则天道具，其实一也。[①]

以天地之象和天之阴阳、四时来论证礼的合理性和重要性，在儒学中渊源甚早，先秦和两汉儒家典籍中多有发挥，不止《尚书》所言"天叙"、"天秩"而已。重要的是，吕大临在这里通过先王制礼之"意"将心所存之理义与天地、人伦、礼仪的种种具体表现结合了起来，从而赋予了礼以形上之"道"的意义。天道是自

---

① 吕大临：《礼记解·丧服四制》，《礼记集说》卷一百六十，第 22 页；《蓝田吕氏遗著辑校》，第 419 页。

然的，先王法天制礼也是随顺自然，与天地同流，无意必固我。以此，礼虽然主要是人道之表现，但实质上则可以"达天下之情"。所谓"情"，本有二义，一为"情实"之"情"，一为"情感"之"情"。所谓"天下之情"，当首先指"情实"之"情"，"达天下之情"即是让天下之物如其所是。不过，就礼本身而言，无疑仍然主要表现于人道之中。因而此"情"当既包括人生各种关系中的如其所是，也包括人生各种事物的如其所感，"情实"与"情感"并不矛盾。

吕大临认为礼本于天，礼出于圣人对天地的效法；天有阴阳，礼有吉凶；天有四时，礼有恩、理、节、权，恩即仁，理即义，节即礼，权即知。表面看来，这很类似于汉儒的天人感应，但其实质是不同的。天人感应的本质是宇宙论模式下的人物存在关系，而吕大临强调的则是天道生成变化过程之中对人之内在道德行为的意义赋予。天是万物之源，也是众理之源，这是儒家的共识。天之阴阳变化不息，神妙莫测，有超出于人心所能把握、改变的层面；同样，礼之吉凶，如生死灾变，也有不可控制的地方。虽然儒家信奉德福一致，但命与福毕竟有其外在性的一面。天之四时是常中有变，仁义礼知亦是如此，当各有所当。

礼既遵循着人心所同然之理义，又处于各种具体的人伦关系之中，这实际上涉及到了"理一分殊"的问题。从超越的层面看，理义是一，但落实在具体的人伦关系中则有分殊。①"理一"

----

① "理一分殊"的说法本来出自程颐对张载《西铭》宗旨的概括，见程颐：《答杨时论西铭书》，《河南程氏文集》卷九，《二程集》，第609页。此一思想后经朱熹而发扬光大。

与"分殊"的关系也就是体与用的关系。程颐之所以强调"理一而分殊",实际上涉及如何处理理之超越性和人伦道德的现实性之间的问题。理是超越的,当然不受现实的限制,这就容易引导人脱离现实,进入纯理智的意识构造的世界中。无论是墨子,还是佛教,都有这个倾向,这是儒家所不认可的。但是,如果以现实性完全否定超越性,那么,超越性的意义世界也不能建立起来,共通性的情感也会被遮蔽。借助了体用、仁义关系来理解超越性的理义和现实性的人伦之间的关系,是将之放在生命个体内部来处理的方式。在重现"天下通一气,万物通一理"的同时,吕大临也强调分殊之礼对普遍之理的表现:

> 天下之理,未有不交而成者也。故天地交而万物通,上下交而其志同,此所以君臣和,礼义行也。君臣、父子、长幼、夫妇之伦,吾性之所固有也。君子之所以学,先王之所以教,一出于是而已。故舜明于庶物,察于人伦,三代之学,皆所以明人伦也。人伦之大分谓之经,其屈伸、进退、周旋、曲折之变谓之纪。大德敦化,经也;小德川流,纪也。礼仪三百,经也;威仪三千,纪也。①

在理之"一"与人之"分"之间,吕大临突出了"交"的重要性。所谓"交",实际上也就是"感"。天地万物虽然纷然杂陈,但从根本上又是消息流行、昼往夜来、并行不悖的,这是因为天地万物从本

---

① 吕大临:《礼记解·燕义》,《礼记集说》卷一百五十九,第13页;《蓝田吕氏遗著辑校》,第411页。

然上是"一体"的。礼之秩序也就是"礼仪三百,威仪三千",同样基于天地一气、人我一体的事实,因而是各当其理。天下之理要依靠万物之交通感化表现出来,同样,人所固有之性也要靠人伦差等、礼文仪节表现出来。相比程颐,吕大临更重视天的本源意义、气的感通作用、身心交养的修养方式以及礼的教养功能。

二、礼的"养气成性"功能

吕大临在《横渠先生行状》中曾把张载的修养工夫概括为"知礼成性,变化气质"①,而他自己对这一工夫亦相当重视。知礼工夫既是相对而言的,知主思,礼主行;又是贯通一体的,知是行礼的前提,礼是心知的实践。因而,二者实际上是在身心"一体"观念主导下的身心"交养"关系。吕大临的工夫论特点基本上可以概括为:身心并举,以心统身,以身践心。这样,在重视"尽心"、"知性"、"穷理"之"知"的工夫的同时,他也把"养气成性"、"以德胜气"之"礼"的修养意义融入了工夫论之中。

（一）"知礼成性"的提出

所谓"成性",出自《周易·系辞》,凡两见:"一阴一阳之谓道,继之者善也,成之者性也。""夫易,圣人所以崇德而广业也。知崇礼卑,崇效天,卑法地。天地设位,而易行乎其中矣。成性存存,道义之门。"前一句从天道向人性说下来,"性"本身就是"道"之所"成"。换言之,性是天道的落实。后一句的"成性"

---

① 吕大临:《横渠先生行状》,《张载集》附录,第383页。

仍然与天道直接相关,但与前一句不同的是,这里的"成性"明确与"知"和"礼"相关,带有工夫论的涵义在其中,是一个经过"知"与"礼"相互交织实行的过程。所谓"道义之门",就是说"成性"是人道之所出的前提,这与《中庸》首章"率性之谓道"的意思是相通的。

张载由此提出以"成性"为主题的道德修养理论。他对前一句话解释说:"一阴一阳是道也,能继继体此而不已者,善也。善,犹言能继此者也。其成就之者,则必俟见性,是之谓圣。"[1]又说:"人之刚柔、缓急、有才与不才,气之偏也。天本参和不偏,养其气,反之本而不偏,则尽性而天矣。性未成则善恶混,故亹亹而继善者斯为善矣。恶尽去则善因以成,故舍曰善,而曰'成之者性也'。"[2]张载显然是从工夫论的角度对"成之者性"做了解释。"继"是人之"继","成"也是人之"成"。由于天生之"性"包含了"天地之性"和"气质之性"两方面内容,因而性"未成"时表现为善恶混,已成之后又返之于纯善无恶。

张载又说:"知礼成性而道义出,如天地设位而易行。"[3]他把"知礼成性"和"天地设位"对举,前者是主观地就人而论,后者是客观地就天而说。"成性"是在"成德之学"的范围内提出的,其主体是人,但其同时又以"天人之学"为背景,因而说"大达于天,则成性成身矣"[4],"无我而后大,大成性而后圣,圣位天

① 张载:《横渠易说·系辞上》,《张载集》,第187页。
② 张载:《正蒙·诚明篇》,《张载集》,第23页。
③ 张载:《正蒙·至当篇》,《张载集》,第37页。
④ 张载:《正蒙·至当篇》,《张载集》,第34页。

德不可致知谓神"①, 其意均是强调在道德修养工夫中展现"性"与"天道"相贯通之意义。张载以此保证道德实践的价值性和道德境界的自然性。

程颢的解释与张载有所不同。吕大临《东见录》录程颢语, 有对前引《系辞》两语的解释:"'成之者性也', 成却待它万物自成其性须得。""'成性存存, 道义之门', 亦是万物各有成性存存, 亦是生生不已之意。天只是以生为道。"② 从程颢的解释来看, 所谓"成性"就是万物各自顺性而成, 牟宗三解为"本体宇宙论的顺成义"③。相比张载, 程颢对"成性"的理解不侧重主体的工夫, 而在客观的境界。

吕大临的成性理论是对张载思想的继承, 注重其中的工夫意义。对于"成之者性也", 他解释道:

> "成之者性", 指吾分而言, 曾有不相似者乎? 凡动物无不有是性, 由蔽固之开塞, 故有人兽之别; 有蔽固之厚薄, 固有贤愚之别。塞者, 牢不可开; 厚者, 开而蔽之也难; 薄者, 开之也易; 开者, 达于天道, 与圣人一。④

---

① 张载:《正蒙·神化篇》,《张载集》, 第 17 页。

② 程颢、程颐:《河南程氏遗书》卷二,《二程集》, 第 29、30 页。此两条未注谁语, 牟宗三判为程颢语。

③ 牟宗三:《心体与性体》中册, 第 119 页。

④ 吕大临:《易章句·系辞上》,《周易系辞精义》卷上, 第 21 页;《蓝田吕氏遗著辑校》, 第 178 页。

这里对"性"的理解与张载一致。他把"性"理解为"分",意在突出"性"之天赋性和固有性。但"性"也受与生俱来的气质的影响,因而有开塞厚薄,蔽开者为圣人,蔽塞者为动物,蔽厚者为愚人,蔽薄者为贤人。动物无工夫可言,愚人做工夫很难,贤人做工夫较易,圣人无须工夫。可见,吕大临也完全是从工夫层面理解"成之者性"的。

吕大临进而把"成性"与"养气"联系了起来。对于气质在成性过程中发挥的影响,他说:

> 君子之学,必致养其气。养之功有缓有速,则气之守有远近。及其成性,则不系所禀之盛衰。如颜子之所养,苟未成性,其于仁也,至于三月久之,犹不能无违。非欲违之,气有不能守也,则"日月至焉"者,从何如矣? 若夫"从心所欲不逾矩",则其义将与天始终,无有岁月之限,故可久则贤人之德,如圣人则不可以久言。①

"性"与"气"均为人所禀,但"性"同"气"异,"性"具有超越性,需要通过"气"来呈现自身。这样,未"成性"时必须"致养其气"、"变化气质",以达到"气之守",即持守其气,克服气对理义的干扰,使之顺理而行。吕大临反复强调"君子所贵乎学者,为能变化气质而已"②,即认为气质能够随顺天命性理,以成

---

① 吕大临:《论语解·雍也第六》,《论语精义》卷三下,《朱子全书》第7册,第209页;《蓝田吕氏遗著辑校》,第438页。

② 吕大临:《礼记解·中庸》,《礼记集说》卷一百三十二,第19页;《蓝（转下页）

就德性。"养之功有缓有速",是说养气之工夫有快有慢,这当然与气质之蔽的厚薄有关系。"有远近",即是守气的时间有长短。但无论长短,守气的局限性也是明显的,即因其总是有所克治,而不能完全自然,所以仍处于未"成性"的阶段,圣人则不再言"久",故能完全随性自然。

因此,"养气"工夫实质上只能是"尽心"、"致知"、"穷理"之学的补充,这就明显兼容了二程之学的特点。"人心至灵,一萌于思,善与不善,莫不知之。"① 正是在"人心至灵"这一方面,人与其他物区别开来,具备了"思诚而求复"即通过"学"以胜其"气习"的基本条件。为学工夫的首要一步就是要"明善",所谓的"善"是指由致知格物所获得的天下之理,这是其他物所不能做的。"学至于致知格物,则天下之理斯得,虽质之愚,而不明者寡矣。"② 如此以后,人人所异的"昏明强弱之禀不齐"之才,便被导向了人人所同的"均善而无恶"之性。因而,"变化气质"的过程实际上也就是一个由心显性的过程。

在此基础上,吕大临强调通过知行并用来成性。如他对《中庸》"温故而知新,敦厚以崇礼"解释说:

> 虽知所未知,不温故以存之,则德不可积;虽有崇礼之志,不敦厚以持之,则其行不久。此皆合德与道而言,然后可

（接上页）田吕氏遗著辑校》,第297页。

① 吕大临:《中庸解》,《河南程氏经说》卷八,《二程集》,第1152页。

② 吕大临:《礼记解·中庸》,《礼记集说》卷一百三十二,第20页;《蓝田吕氏遗著辑校》,第297页。

以有成矣。①

知以积德，礼以久行；知需用心，行需用气。所谓"知礼成性"，是同时对道德实践之身心双重动力的重视，其目的是达到成性、成德。正如"性"是合天人之道的枢纽性环节，"成性"既不可能脱离天的自然理则，同时也不可能脱离人的道德修养工夫。由此可见，北宋道学家对"成性"的不同理解，反映的是强调重点的不同，而不是根本上的歧异。

（二）"血气"与"心知"

"知礼成性"之所以必须，主要是由于在天生人成的过程中，气质会产生消极的影响。因而，"知礼成性"往往与"变化气质"相伴而行。在天道论上，吕大临对"大气"、"鬼神之气"等的理解，重在强调其中所包涵的"虚—感——一"的价值论意义；在工夫论上，当天地之气凝结为物，体现在人的生命中就是"血气"、"气质"等，这便成为生命个体需要通过修身工夫克制或改变的对象。

"血气"这一概念，在《左传》、《国语》、《论语》、《礼记》中都有出现，可以说是先秦人们对生命体存在方式的共同认识。②

---

① 吕大临：《中庸解》，《河南程氏经说》卷八，《二程集》，第 1162 页。

② 如《左传》昭公十年："凡有血气，皆有争心，故利不可强，思义为愈。"《国语·周语》："夫戎、狄，冒没轻儳，贪而不让。其血气不治，若禽兽焉。"《论语·季氏》中也记载孔子对血气的看法："君子有三戒：少之时，血气未定，戒之在色；及其壮也，血气方刚，戒之在斗；及其老也，血气既衰，戒（转下页）

在先秦典籍中，"血气"的含义也基本上是一致的。天地万物都是气所生成，当其凝结成形，成为生命个体的时候，血气一方面在体内通过经脉流动，另一方面又通过气息、饮食等方式与体外之气保持着贯通的关系。但作为生命个体的人，不仅有血气，还有心志。如果心志被血气主导，就与其他动物一样，受个体利欲支配。这样，血气强时，好争好斗；血气弱时，患得患失。由此，血气的局限使其成为有待于转化或克制的对象。

吕大临对"血气"的看法遵循了先秦以来儒家的理解，在这一方面，他并没有太大的发展。首先，他也将"血气"看作是生命个体的存在基础，在人体之中有其自然变化的规律，少时未定，壮时方刚，老时衰弱，所谓"少则动，壮则好胜，老则收敛，皆气使然，唯君子以德胜气"①。其次，他同样认为"血气"的作用具有负面性，能够习以成性，对人性善恶发生影响，因而需要生命个体尽可能早地以道德修养克制，所谓"四十五十，血气盈而将衰，好恶习而成性，善恶已定，几不可易"②。

吕大临强调血气的作用是为了突显道德修养的必要性。联系他对于天地之气的正面看法，对血气的负面看法似乎与之抵

（接上页）之在得。"在医家中，"血气"更是重要概念："人之血气精神者，所以奉生而周于性命者也。经脉者，所以行血气而营阴阳，濡筋骨，利关节者也。"（《黄帝内经·灵枢·本藏第四十七》）

① 吕大临：《论语解·季氏》，《论语精义》卷八下，《朱子全书》第 7 册，第 555 页；《蓝田吕氏遗著辑校》，第 462 页。

② 吕大临：《论语解·子罕》，《论语精义》卷五上，《朱子全书》第 7 册，第 338 页；《蓝田吕氏遗著辑校》，第 449 页。

牾，实则不然。天地之气产生万物，物有形，而气无形。因此，气具有"有感必通"的能力，但一旦气凝结成形，即便是在生命体中，其气亦受形体影响，因而会失去"感通"的能力。这时，天地之气本有的感通能力，便不表现在形体血气中，而是表现在"心"上。形体血气和耳目见闻，虽然也是流动相感的，但却是被动的，容易被外物牵引，形成偏蔽。这便需要修养德性，以德胜其"气"与"习"。在儒家传统中，"德"与"气"的关系，也就是"心"与"气"的关系。反映在生命个体的存在方式上，"养气成性"论实质上所处理的是身心关系。

"血气"的自然倾向是好争好斗，因而在社会生活中，血气之人必然不会安于居下、安于事人。但人类社会有其人伦秩序，尊尊长长贤贤，有条不紊，需要使不同的人得到相应的人格尊重，各安其分，各尽所长。这样就不能不对人的自然欲望有所节制规训，于是便有礼的产生。那么，外在的礼仪制度如何转化为人之所好呢？这便涉及到"心"的作用，吕大临说：

> 盖人之有血气者，未有安于事人者也。今使知长者之可敬，甘为仆御之役而不辞，是所以存其良心，折其傲慢之气，然后可与进于德矣。[1]
>
> 君子"致礼以治躬"，"致乐以治心"，养其血气志虑，无所不在于和，使放心邪气不得接焉，此乐所以无故而不得

---

① 吕大临：《礼记解·曲礼上》，《礼记集说》卷四，第 27 页；《蓝田吕氏遗著辑校》，第 201 页。

舍也。[1]

相对于"知"的上达"性与天道"，礼乐的作用在于使争强好胜之心谦卑安分而有所收敛尊敬。礼的意义是通过"存心"、"养气"，从而引导生命个体的身心发展。

吕大临对"心"与"气"的看法，是对儒家孔孟传统的继承，同时又突出了礼的修养工夫意义。孟子在著名的"牛山之木"章，不但提出了"良心"的概念，也提出存养"夜气"的修养方法。孟子所说的"良心"首先是能够进行知善知恶之道德判断的理性能力，但这一能力亦需要有一个实体性的存在使之得以寄寓，这便是身体存在。身体存在的物质基础是气，因而良心不是与气彻底脱离的关系，二者是共存的。他因此提出以存养"夜气"的方式保存良心。"夜气"是人在夜里不做刻意思维的身体之气，也即天地自然之气。孟子对心与气的看法，说明人与"禽兽"具有天然的不同之处，这不仅反映在"心"上，也反映在"气"上。如果说"心"侧重于道德判断能力，相对而言是静态的，当下呈现的；那么，反倒"气"是道德发动力量，是动态的、生成的。因而，对于道德修养工夫来说，"养气"比"养心"更具有先在性。

吕大临对"气"在生命个体上的这种先在性，也有很突出的重视。因而其具体修养工夫，与孟子比较起来，便显得更加勇猛精进：

---

[1] 吕大临：《礼记解·曲礼下》，《礼记集说》卷十一，第28页；《蓝田吕氏遗著辑校》，第233页。

　　"人一能之己百之，人十能之己千之"者，君子所贵乎学
者，为能变化气质而已。德胜气质，则柔者可进于强，愚者
可进于明；不能胜气质，则虽有志于善，而柔不能立，愚不能
明。盖均善而无恶者，性也，人所同也；昏明强弱之禀不齐者，
才也，人所异也。诚之者，反其同而变其异也。思诚而求复，
所以反其同也；人一己百，人十己千，所以变其异也。孟子曰
"居移气，养移体"，况学问之益乎？　①

孟子不认为性之不善是由"才"所导致的，所谓"乃若其情，则可
以为善矣，乃所谓善也。若夫为不善，非才之罪也"（《孟子·告
子上》）。吕大临则认为"性"均善无恶，无有不同，"才"则恰好
相反，可以说无不有异。这样，孟子"养气"的目的是回到气之
自然状态，而吕大临则强调通过知与礼的结合以"变化气质"，在
此基础上向均善无恶的"性"复归，其价值指向性更加突出。

　　可以说，由于对"性"与"气"之关系的理解更加深入，道学
之工夫便显得更加细密。吕大临一方面承认了人与人之间在气
质上的差异性，但又认为人可以通过心之作用，培养德性，使有
差异的气质获得提升转化，返其性之所同。这种工夫特点，与张
载之学的相似性显而易见，构成关学的一大特色。

（三）礼与"养气成性"

　　在"知礼成性"、"变化气质"的过程中，礼所发挥的作用主

---

① 吕大临：《礼记解·中庸》，《礼记集说》卷一百三十二，第19页；《蓝田吕氏遗
　　著辑校》，第297页。

要是在日常生活中，以一种具体可行的行为方式，使身体之气及其对心性之负面影响逐渐得到转化。对此，张载有一番由评论吕大临之为学性格而引发的对性气关系的详细论述，吕大临显然受其影响。张载此段论述言辞较繁，但亦值得详引：

> 　　大凡宽褊者是所禀之气也，气者自万物散殊时各有所得之气，习者自胎胞中以至于婴孩时皆是习也。及其长而有所立，自所学者方谓之学，性则分明在外，故曰气其一物尔。气者在性学之间，性犹有气之恶者为病，气又有习以害之，此所以要鞭辟至于齐，强学以胜其气习。其间则更有缓急精粗，则是人之性虽同，气则有异。天下无两物一般，是以不同。孔子曰："性相近也，习相远也"，性则宽褊昏明名不得，是性莫不同也，至于习之异斯远矣。虽则气禀之褊者，未至于成性时则暂或有暴发，然而所学则却是正，当其如此，则渐宽容，苟志于学则可以胜其气与习，此所以褊不害于明也。[①]

张载把"学"、"气"、"性"看作是"变化气质"、"养气成性"过程中三个最重要的因素。气与性本都是人生来就有的，但其功能和特质有所不同：气各有差异，性则无不相同。虽然如此，却并不是说气与性从此就是既定不可改变的，否则礼乐、道德、工夫就都不再成为可能。无论生命个体自觉与否，气都是流动的，而性都要经过一个"成"的过程。由于本然之性都是相同的，所

以气对性之影响就成为唯一变化的因素，这即所谓"气者在性学之间"。如果听任气之自然发展，其结果就是"习以成性"。所谓"习"，直接理解就是指个体行为的不断重复而形成的惯常反应。如果以"气"为"习"，由于缺乏自觉性，就会使行为实际上受血气欲望和外在环境之主导。习对性的影响，必然使性进一步走向偏蔽。反之，当人自觉到"性"的道德性和"学"的意义，就具有了完全扭转气与性相互缠绕并向偏蔽方向发展的可能。一旦达到"心"对"性"的自觉后，生命个体与生俱来的气性之好坏便显得并不重要了。张载接着强调"学礼"的重要意义：

> 某所以使学者先学礼者，只为学礼则便除去了世俗一副当世习熟缠绕。譬之延蔓之物，解缠绕即上去，上去即是理明矣，又何求！苟能除去了一副当世习，便自然脱洒也。又学礼则可以守得定。①

可见，与"礼"相对的是"习"，而不是人之"气"与"心"。礼的意义不在于外在地克制或规范身心，而在打破习俗缠绕，为内向之养心和养气创造条件，使心与气的道德创造力自然地呈现出来。

吕大临对"德"与"气"之关系的看法，与张载完全相同：

> 大而化之，则气与天地一，故其为德，自强不息，至于悠

---

① 张载：《张载语录·语录下》，《张载集》，第330页。

久、博厚、高明，莫之能已也。其次，则未至于化，必系所禀所养之盛衰，故其为德，或久或不久，执使之然，非致养之功不能移也。如颜子所禀之厚，所养之勤，苟未至于化，虽与日月至焉者有间然，至于三月之久，其气亦不能无衰，虽欲勉而不违仁，不可得也。非仁之有所不足守，盖气有不能任也。犹有力者，其力足以负百钧，而日行百里；力既竭矣，虽欲加以一钧之重，一里之远，而力不胜矣。故君子之学，必致养其气而成性，则不系所禀之盛衰，所谓"从心所欲不逾矩"，"不勉而中，不思而得"者，安得违仁者哉？可久，贤人之德，颜子其几矣。[①]

从本原上讲，天人一气，天地创生万物需要凭借气的作用，天德至善，因而气也是善的。在这个层面上，气不可以变，也无所谓养，其是自然流行、自然展现的。尽管这对"天"而言是"自然"的，但对"人"来说，由于人生有"形"，由形起"知"，便不同于"天"，因而必须经过一个"养气"的修养工夫阶段。对人而言，只有"圣人"的精神境界和道德修养才能与天相似，其身体之气与天地之气相通为一。天德之生化的表现是"仁"，圣人与天德合一也就是"仁"的实现，并且可以"从心所欲"而"不违仁"。圣人之心可以自然展现而无恶，圣人之气亦是如此。气之生成万物的表现是"化"，所谓"大而化之"也就是指生命个体在德性充养到一定境界之后，自然而然，与天地同流，无有人为私意，亦

---

① 吕大临：《论语解·雍也》，《论语精义》卷三下，《朱子全书》第 7 册，第 209 页；《蓝田吕氏遗著辑校》，第 439 页。

难以用言辞限制。此时可谓之"成性",所成之"性"既是人之性,也是天之性。反之,未至于"化"则需养气。未成性时,生命个体虽然有向善之心,但受所赋气质厚薄之影响,向善之力则有所不足,因而不能至于无间断,亦不能称之为"化"。由于"气"与"德"的这种关联,"气与天地一"必须经过"大而化之"之后才能达到,否则必须经过一个"致养成性"的过程。

由于重视"气"与"礼"在道德实践中的重要意义,吕大临道学在强调自然性的同时,也常常表现出重视道德主动性的特点。如他说:

> 君子之自养也,养其强力勇敢之气,一用之于礼义战胜,则德行立矣;其养人也,养其强力勇敢之气,一用之于礼义战胜,而教化行矣。[1]

在吕大临看来,"强力勇敢之气"可以为"礼义战胜"提供动力之源,使其精神意义彻底地展现出来。因而,以之"自养"可以"立德行",以之"养人"可以"行教化"。可以说,养气之功不仅可以修身,也可以治国。吕大临这里强调"强力勇敢之气",就是在强调"气"之道德实践的能动性。

(四)礼之"养人成德"

无论是个体存在的感受性,还是道德实践的自觉性,其前

---

[1] 吕大临:《礼记解·聘义》,《礼记集说》卷一百六十,第12页;《蓝田吕氏遗著辑校》,第417页。

提都需要自我主体的确立和意义感的获得，礼之实践为此准备了条件。由于礼既包含着身与心的双重工夫，又贯穿于身心修养的整个过程之中，因而礼便在"知"的基础上具有了"养人成德"的功能。身心之养并非仅仅依靠礼乐，而礼乐的功能也不仅仅是养身心，但礼乐对身心之养的意义最为突出。吕大临说：

> 夫先王制礼，岂苟为繁文末节，使人难行哉？亦曰以善养人而已。盖君子之于天下，必无所不中节，然后成德，必力行而后有功。其四肢欲安佚也，苟恭敬之心不胜，则怠惰傲慢之气生；怠惰傲慢之气生，则动容周旋不能中乎节，体虽佚而心亦为之不安。于其所不安，则手足不知其所措，故放辟邪侈，逾分犯上，将无所不至，天下之乱自此始矣。圣人忧之，故常谨于繁文末节，以养人于无所事之时，使其习之而不惮烦，则不逊之行亦无自而作，至于久而安之，则非法不行，无所往而非义矣。君子敬以直内，义以方外，敬义立而德不孤，则不疑其所行矣。[①]

"以善养人"，是对礼之功能的概括。所养之目的，吕大临突出了一个"安"字，包括心之所安与天下之所安。因此，这一功能的发挥，又可以展开为个体和社会两个层面：个体层面是能在礼之文繁难行中胜气成德，社会层面是以礼立德而无天下之乱。

　　首先看如何面对礼之文繁难行的问题。造成礼之文繁的原

---

① 吕大临：《礼记解·射义》，《礼记集说》卷一百五十七，第 29 页；《蓝田吕氏遗著辑校》，第 400 页。

因，原本具有历史性和社会性。如在盛大的典礼中，其礼节规定
经过历史的演变，由简至繁，遂要求财力、物力、人力都满足相
当的条件才可履行，随着后世时代条件的变化和观念的变迁，其
履行之难便显得愈加突出。一般而言，儒家对这一问题的解决，
一则是"化约"，也即对繁文缛节约之以"义"，使其返归初始之
"意"；二则是"损益"，使礼之形式在意义不变的前提下适时变
化。吕大临对礼的态度是保守的，即肯定圣人制礼之文虽繁但
亦有其特殊用意在。他说：

> 礼之节文少则质，多则文，同则质，异则文，致其文者，
> 乃所以尽其敬也。[1]
>
> 礼主乎别，节文虽繁而不可乱也。因亲疏、长幼、贵贱
> 之等差，以为屈伸、隆杀之节文，明辨密察，然后尽乎制礼之
> 意矣。[2]

这样，吕大临的关注重心便由礼的形式回到主体生命自身，他认
为礼之繁文缛节恰恰具有磨砺个体意志品格的意义：

> 先王之制礼，以善养人于无事之际，多为升降之文，酬酢
> 之节，宾主有司有不可胜行之忧，先王未之有改者，盖以养其

---

[1] 吕大临：《礼记解·聘义》，《礼记集说》卷一百五十九，第28页；《蓝田吕氏遗
　著辑校》，第413页。

[2] 吕大临：《礼记解·乡饮酒义》，《礼记集说》卷一百五十六，第34页；《蓝田吕
　氏遗著辑校》，第397页。

德意,使之安于是而不惮也。①

因此,吕大临的礼学往往表现出极强的修身工夫论色彩。虽然从效果上说,道德实践是由心而身、由内至外地展现出来;但从修养工夫来说,则是由身及心的一个逆向而为的过程,而主体精神的自觉并不是一个自然的过程,故而外在环境的影响和行为心理的潜移默化便是非常必要的。从实践过程看,繁文缛节劳力、折气且需精神集中,这正是由身及心的逆向过程,因而成为提升生命精神境界的必要方式。吕大临又说:

> 凡此容止之节,疑若繁缛而难行。然大人成德,动容周旋中礼,则于斯也,不待学而自中。若夫学者将学于礼,必先从事于节文之间,安于是而不惮烦,则其德为庶几矣,兹礼文之所以不可简也。②

可见,吕大临对礼之形式的关注是非历史性的,他更强调礼之道德性和实践性,而不是礼之知识性和制度性,这也正是道学经学或道学礼学的基本特征。

其次再看习礼成性与治乱安危之间的关系。由于吕大临把身心修养与政治教化看作是一体两面的关系,因而他不但强调

---

① 吕大临:《礼记解·聘义》,《礼记集说》卷一百六十,第2页;《蓝田吕氏遗著辑校》,第415页。

② 吕大临:《礼记解·曲礼上》,《礼记集说》卷六,第11页;《蓝田吕氏遗著辑校》,第210页。

礼之践行对于身心的修养作用,也强调其对于整个社会的政治
教化功能。在他看来,社会秩序的破坏源于道德秩序的破坏,而
道德秩序的破坏则是由于身心放佚、傲气滋长、手足无措、行为
不节所致。因此,社会秩序的维持不是依靠制度,而是依靠道德
教养,这就需要礼节的渐习渐养,使生命个体的习性在日常行为
的潜移默化中得到约束和提升:

> 先王制礼作乐,以养人起居动作,多为文章以寓于声色
> 臭味之间,无非所以示人者也。薰沐渐渍,日迁于善而不自
> 知也。[1]

这样,道德境界的提升,同时也是血气之性的转变。当人与人在
意义的网络中各自确立了自身的位置和生存意义,现实的社会
秩序也便完全合乎自然。在这里,自然秩序、道德秩序和社会秩
序是相同的,但其中又有本末之别。以本治末,体现的是圣人之
德与知,亦是圣人制礼之本意。

　　礼之秩序不仅仅面向内在的身心修养工夫,它同时也保持
着向外在自然和社会的开放。如同在个体内在身心秩序中总是
有"不安"的成分存在,在群体秩序中也有同样的问题。吕大
临说:

> 人生于天地之间,其强足以凌弱,其众足以暴寡,然其群

---

[1] 吕大临:《礼记解·射义》,《礼记集说》卷一百五十七,第 37 页;《蓝田吕氏遗
　　著辑校》,第 402 页。

而不乱,或守死而不变者,畏礼而不敢犯也。人君居百姓之上,惟所令而莫之违者,恃礼以为治也。一人有礼,众思敬之,有不安乎? 一人无礼,众思伐之,有不危乎? 此所以系人之安危,而不可不学者。①

在社会领域中,儒家化的礼首先发挥的仍然主要是教化的作用,但礼也具有群体舆论强制性的压力,由此构成政治治理的基础。

在《礼记解》中,吕大临对《冠义》《昏义》《乡饮酒义》《射义》、《燕义》、《聘义》进行了全篇解说,这不但是对礼义的具体揭示,也是对礼之全方位人伦教化功能的阐发:

> "礼始于冠"者,童子所以成人也;"本于昏"者,有夫妇然后有父子,有父子然后有君臣也;"重于丧祭"者,人道之所终也;"尊于朝聘"者,所以明君臣之义也;"和于乡射"者,所以合人情之懽也。八者备然后礼备,故曰"礼之体也"。②

礼之意义和功能是一致的,但在具体内容上则各有不同,从成人到夫妇,从父子到君臣,从始到终,从义到情,礼涉及到了人之生活的方方面面,养人之功可谓大矣。

总之,吕大临对礼的重视首先表现在其"义"、"别"、"节"、

① 吕大临:《礼记解·曲礼上》,《礼记集说》卷二,第27页;《蓝田吕氏遗著辑校》,第193页。

② 吕大临:《礼记解·昏义》,《礼记集说》卷一百五十五,第8页;《蓝田吕氏遗著辑校》,第389页。

"养"等各方面,重视礼之尊义、别分、节情、教化等道德修养意义和社会功能。在此前提下,他也重视礼之文、仪、制、数等,但这始终服务于礼的内在意义和修身实践功能。在《礼记》和孔孟儒学的基础上,吕大临对礼的理解既立足于修身工夫和修养意义,同时也向社会教化推扩,使礼之理解在道学理论的视域中获得了更加清晰的界定。

三、礼之"敬"的意义

礼之所以能够发挥养气、成性、成德的功能,与其"敬"的意义密切相关。"敬"原本是初民在祭祀时对待超越性的天、帝、鬼、神之存在的一种畏惧、谨慎、严肃的心理状态,以后也扩展到对待天命、德性、人事上,具有了一种普遍性的道德意义。这样,礼反倒成为了作为道德品性之"敬"的一种表现形式。在道学理论中,"敬"也是针对个体本身的一种"正心"工夫,常与"诚"、"仁"、"义"、"礼"、"知"等诸德相提并论。

(一)"礼者,敬而已矣"

吕大临认为,"敬"就是"正心",是礼的基础。他对《礼记·曲礼上》首章"毋不敬,俨若思,安定辞,安民哉"解释说:

> "自天子至于庶人,壹是以修身为本","欲修其身,先正其心"者,敬之谓也。修身者,正言貌以礼者也。故"毋不敬"者,正其心也;"俨若思"者,正其貌也;"安定辞"者,正其言也。三者正矣,则无所往而非正,此"修己以安百姓"也。

故天下至大,取之修身而无不足,故曰"安民哉"。此礼之本,故于记之首章言之。①

　　"自天子至于庶人,壹是以修身为本","欲修其身,先正其心",语出《大学》。借用《大学》中的命题,吕大临把礼的意义和功能理解为"修身",又把敬的意义和功能理解为"正心"。身与心是表里关系,因而礼与敬也是表里关系。广义地说,身包括心,因而修身包括正心,礼包括敬;狭义地说,身与心相对,身是心的外在表现,因而修身仅是以礼正言貌,更为根本的是以敬正心。以礼之敬为起点,由心到身以至由己及人,礼之用被贯穿起来,此所谓"礼之本"。

　　在身心之学的基础上,吕大临把礼的内容全部归于内在的心上:"苟无礼以节于内,则外物之轻重,足以移其常心矣。"② 又如他对《曲礼上》"君子恭敬、撙节、退让以明礼"的解释:

　　　　礼者,敬而已矣。君子恭敬,所以明礼之实也。礼,节文乎仁义者也。君子撙节,所以明礼之文也。"辞逊之心,礼之端也。"君子退逊,所以明礼之用也。③

---

① 吕大临:《礼记解·曲礼上》,《礼记集说》卷一,第 9 页;《蓝田吕氏遗著辑校》,第 187 页。

② 吕大临:《礼记解·曲礼上》,《礼记集说》卷二,第 27 页;《蓝田吕氏遗著辑校》,第 193 页。

③ 吕大临:《礼记解·曲礼上》,《礼记集说》卷二,第 18 页;《蓝田吕氏遗著辑校》,第 192 页。

在吕大临看来，礼之所以包含了恭敬、搏节、退让三义，是由于礼的根本意义源于人的内心之敬，礼的具体形式制度表现了人与人的仁义关系，而礼的作用萌发于人的辞让谦逊，故而三者分别成为礼之"实"、"文"、"用"。实质上，礼的恭敬、仁义、辞让是相通的。所谓"敬"，是对外在事物的不放肆、不随意，"仁"是情感上的相通，"义"是行为上的适当，"辞让"是心态上谦卑不争。如前所述，礼的本质在于分别，是为了区别人与人之间的尊卑长幼关系，而敬也正是对于不同的人、事、物，能够在情感上分别承认、肯定其具体的存在、价值、意义，并以谦卑之心适当地对待之。

敬不但是礼之"实"，而且是礼之"常"。吕大临解释《曲礼上》"坐如尸，立如齐；礼从宜，使从俗"说：

> 礼者，敬而已矣。敬者，礼之常也。"礼时为大"，时者，礼之变也。"坐如尸，立如齐"，尽其敬也。"礼从宜，使从俗"，适其时也。体常尽变，则礼达之天下，周还而无穷也。[①]

所谓"常"者指礼之精神，而"变"者则是礼之仪文度数。仪文度数的特点在于随着具体的处境而发生变化，作为礼之精神的"敬"则是不变的。在变中体现不变，礼的存在和功能便可以适用于一切事物。

---

① 吕大临：《礼记解·曲礼上》，《礼记集说》卷一，第 33 页；《蓝田吕氏遗著辑校》，第 189 页。

（二）"敬"的工夫意义

在道学理论中，敬是二程特别重视的实践工夫。朱熹认为"敬"字是"工夫之妙"，"圣学之所以成始成终者皆由此"，"自秦汉以来，诸儒皆不识这'敬'字，直至程子方说得亲切，学者知所用力"①。二程均把"敬"看作是与"知"相对的"涵养"方法："敬只是涵养一事。"②"学者须敬守此心，不可急迫，当栽培深厚，涵泳于其间，然后可以自得。"③这是其共同看法，但兄弟之间亦有差别。程颢往往将诚敬并举："诚者天之道，敬者人事之本。敬者用也。敬则诚。"④对人之德性修养而言，诚更侧重客观境界，敬则侧重主体工夫，但二者本质上是相通的。⑤程颐则提出"涵养须用敬，进学则在致知"⑥的著名命题，后来被朱熹大加发挥。程颐更强调敬之"直内"的功能，所谓"切要之道，无如'敬以直内'"⑦。"敬以直内"的说法源于《周易·系辞传》，与"义以方外"相对而言。所谓"直内"，也就是强调"心内有主"或"主一"。

---

① 黎靖德编：《朱子语类》卷十二，第207页。

② 程颢、程颐：《河南程氏遗书》卷十八，《二程集》，第206页。

③ 程颢、程颐：《河南程氏遗书》卷二上，《二程集》，第14页。

④ 程颢、程颐：《河南程氏遗书》卷十一，《二程集》，第127页。

⑤ 温伟耀认为，在程颢那里，诚与敬的区别在于："若'诚'是一种将道德生命内外贯通、天人无间的把持状态，'敬'就是一种不受形势、功利关系支配的（'无失'、'不遗'）对自己的道德自觉要求的工夫。"见温伟耀：《成圣之道——北宋二程修养工夫论之研究》，河南大学出版社，2004年，第54页。

⑥ 程颢、程颐：《河南程氏遗书》卷十八，《二程集》，第188页。

⑦ 程颢、程颐：《河南程氏遗书》卷十五，《二程集》，第152页。

"心内有主"就是将心意凝聚为一体,不被思维意见占据。①

　　吕大临曾向程颐请教克服"思虑纷扰"之法,程颐即答之以"主敬":

　　　　昔吕与叔尝问为思虑纷扰,某答以但为心无主,若主于敬,则自然不纷扰。譬如以一壶水投于水中,壶中既实,虽江湖之水,不能入矣。②

这对吕大临造成何种影响,虽不可臆断,但他在《礼记解》中确实对敬的意义相当重视。不过,在吕大临的现存文献中,并无将敬理解为"主一"的提法。吕大临论敬的特点是,他不但在身心之学的基础上将礼的核心精神理解为敬,而且特别重视"鬼神之敬"的根源性意义,以此将敬与诚紧密结合在一起,这与程颢更为相近。

　　与重视鬼神之周流天地、有感必通的作用相一致,吕大临在礼之敬的理解上,相当重视敬于鬼神的精神意义,突出了"敬之至"的工夫论意义。

　　　　君子之事天地鬼神,与事其君长,其敬一也,故"敬则用

---

① 程颐说:"敬只是主一也。主一,则既不之东,又不之西,如是则只是中。既不之此,又不之彼,如是则只是内。存此,则自然天理明。学者须是将敬以直内,涵养此意,直内是本。"见程颢、程颐:《河南程氏遗书》卷十五,《二程集》,第 149 页。

② 程颢、程颐:《河南程氏遗书》卷十八,《二程集》,第 191 页。

祭器"。以事鬼神之敬敬之，敬之至也。[1]

　　敬鬼神者，人谋非不定，而犹求于鬼神，知有所尊而不敢必也。[2]

　　古之圣王，先成民，然后致力于神，民和而神降之福。……所以然者，本于致敬而已。[3]

自孔子以后，礼的人文意义大体上已经取代了其宗教意义。换言之，礼的宗教意义已经被转化和涵纳到人文意义之中。吕大临对鬼神之敬的理解，不是出于向鬼神谋福的目的，也不是因为对未知世界的畏惧，而是将其作为礼之至敬的表现，从中可以表现礼之养性成德的根本精神。

　　因此，吕大临经常把敬鬼神之事与敬人之事并举，并且认为前者更为根本，更能表现礼之敬在心之隐微层面的作用。

　　　明则敬于人，"礼仪三百，威仪三千"，敬人之事也；幽则敬于鬼神，内尽志，外尽物，凡祭祀之礼，卜筮之用，皆敬鬼神之事也。[4]

---

[1] 吕大临：《礼记解·表记》，《礼记集说》卷一百四十，第 38 页；《蓝田吕氏遗著辑校》，第 339 页。

[2] 吕大临：《礼记解·曲礼上》，《礼记集说》卷九，第 12 页；《蓝田吕氏遗著辑校》，第 224 页。

[3] 吕大临：《礼记解·表记》，《礼记集说》卷一百四十，第 32 页；《蓝田吕氏遗著辑校》，第 338 页。

[4] 吕大临：《礼记解·表记》，《礼记集说》卷一百四十，第 26 页；《蓝田吕氏遗著辑校》，第 336 页。

> 七日戒，三日斋，竭诚尽慎以事鬼神，民犹以不见不闻为
> 可欺也。事君尽礼，择日月以见君，民犹有不敬其上者。故
> 君子之使民敬，必先斯二者。[1]

可见，鬼神之敬的意义，在于其中所体现的"尽"，即"尽志"、"尽物"、"竭诚尽慎"等。所谓"尽"，也就是竭、空、穷、极，在心思意念上毫无保留。因而，"事鬼神"和"事君"虽然同为体现敬，但"事鬼神"更先于"事君"。这是在工夫论意义上对儒家"敬鬼神而远之"传统的推进。

与程颢相似，吕大临特别重视"敬"与"诚"的一致性。"'礼者敬而已'，无敬则不诚。"[2] 敬与诚之间也有一种因果关系。由于鬼神无形无象，但又无处不在，因而对鬼神之敬不同于对其他人物事情的敬，需要竭其心意，戒慎恐惧，保持诚心：

> 知鬼神为可敬，则鬼神无不在，"洋洋乎，如在其左右"，
> 虽隐微之间，恐惧戒慎而不敢欺，则所以养其诚心至矣。[3]
> "君子戒慎乎其所不睹，恐惧乎其所不闻"，所以敬乎神
> 明者，未尝斯须忘也。神无方不在，则未尝有所间也，故饮食

---

① 吕大临：《礼记解·表记》，《礼记集说》卷一百三十七，第13页；《蓝田吕氏遗著辑校》，第313页。

② 吕大临：《礼记解·曲礼上》，《礼记集说》卷二，第16页；《蓝田吕氏遗著辑校》，第192页。

③ 吕大临：《礼记解·中庸》，《礼记集说》卷一百二十九，第21页；《蓝田吕氏遗著辑校》，第289页。

必祭。所以祭者,莫适祭也,祭其神也。莫适祭,则吾之敬心
无时而不存也。①

> 祭者竭吾诚意以求乎神,犹恐未尽也,故齐三日,必见其
> 所祭者,立而诎,进而愉,退立如受命,已彻而退,敬齐之色
> 不绝于面,如是则然后可以飨亲。苟至于乐则敬弛,弛则忘
> 之矣。②

祭祀、斋戒本来都是普通的礼仪行为,但在祭祀过程中,当要表
达对鬼神之敬时,这些仪式就都被赋予了神圣的意义。由此,可
以非常清楚地看到,礼之行为改变的不是客观世界,而是主体内
在的意义世界。这种改变的方式是首先通过心思意念的高度集
中完成的。在与神明"交"的时候,心的状态是无间断、无功利、
精明无私、物我合一的。这就是由敬之工夫所实现的诚之境界。
因此,祭祀之礼便成为最重要的礼仪,同时也成为礼之大用的最
基本表现。

由祭祀之礼中所体现的"鬼神之敬",不但可以养人诚心,而
且可以由此立身,以至于治国:

> 祭祀之实,以诚敬交乎神明。诚敬之至,莫先乎盥。当

---

① 吕大临:《礼记解·曲礼上》,《礼记集说》卷六,第 3 页;《蓝田吕氏遗著辑
　校》,第 209 页。
② 吕大临:《礼记解·表记》,《礼记集说》卷一百三十七,第 8 页;《蓝田吕氏遗
　著辑校》,第 312 页。

是时也,恍惚以与神明交,使人观之,斯心可以化天下矣。①

"相在尔室,不愧于屋漏"者,非特"无恶于吾志",又将达乎神明而无慊者也。达乎神明而无慊,则其德有孚矣。此所以不动而民敬,不言而民信也。②

治天下与治身是一体的,处于共同的意义网络中,由诚敬一以贯之。生命个体在这里获得意义,不是被迫地纳入,而是主动地投入。这当然带有强烈的道德理想主义特征,其政治效果要受到多重因素的影响,但这种道德理想主义却反映出儒学在对存在世界的认知上和在宗教信仰的态度上鲜明的人文情怀。

因此,与仁和诚相比,敬的工夫论意义也更加突出。首先,仁和诚都是由本心自然达之于身,敬则需要经过一个精神凝聚集中的过程,因而学须以敬为先。"学有豫则义精,义精则用不匮。唯其始也,不敬则身不立,不立则道不充。"③ "精义"是知的工夫,《周易·系辞下》说"精义入神,以致用也",而知需要有"约",这便需要由"敬"之工夫来"立道"。其次,敬之精神凝聚作用也表现在使精神回到自身本然状态,不受外界形势、地位的扰乱。"富贵者,知其所当敬,则不骄不淫;

---

① 吕大临:《易章句·观》,《合订删补大易集义粹言》卷二十四,第 2 页;《蓝田吕氏遗著辑校》,第 95 页。

② 吕大临:《礼记解·中庸》,《礼记集说》卷一百三十六,第 24 页;《蓝田吕氏遗著辑校》,第 309 页。

③ 吕大临:《礼记解·儒行》,《礼记集说》卷一百四十七,第 11 页;《蓝田吕氏遗著辑校》,第 362 页。

贫贱者,知其所自敬,则志不慑。"① 再次,敬之工夫还能使心
思意念保持集中,引导"神"、"色"与"气"。"事亲主爱,察
其色,不纯以敬,故异于君也。上于面者,其气骄,知其不能
以下人矣;下于带者,其神夺,知其忧在乎心矣;视流则容
侧,必有不正之心存于胸中矣,此君子之所以谨也。"② 最后,
敬之工夫也体现在行为的效果和作用上。所谓"慎、笃、恭三
者,皆行之敬也","慎其行则寡过,况于祸乎","笃其行则诚
著,何事于撂乎","恭其行则人敬,则何事于耻乎"③。正因为
"敬"之工夫贯穿于道德实践的整个过程,即便圣人与天地同
流,随顺自然,也须有敬的工夫。"《大雅》曰'穆穆文王,於缉熙
敬止',言文王之盛德,亦不越敬其容止而已矣。"④ 这亦可说明,
本体与工夫在根源处是合一的。

（三）"敬"的人伦意义

礼之"敬"是对礼仪、礼制、礼俗、礼文、礼教的意义概括和
提升。通过礼仪形式对生命个体的身体行为进行规范,使其精
神在意义世界中亦随之发生转化和提升,因而"敬"首先具有个

---

① 吕大临:《礼记解·曲礼上》,《礼记集说》卷二,第 27 页;《蓝田吕氏遗著辑
　校》,第 193 页。

② 吕大临:《礼记解·曲礼下》,《礼记集说》卷十四,第 22 页;《蓝田吕氏遗著辑
　校》,第 251 页。

③ 吕大临:《礼记解·表记》,《礼记集说》卷一百三十七,第 12 页;《蓝田吕氏遗
　著辑校》,第 313 页。

④ 吕大临:《礼记解·缁衣》,《礼记集说》卷一百四十一,第 21 页;《蓝田吕氏遗
　著辑校》,第 344 页。

体性的"内圣"意义。但从功能的角度讲,正如礼重在别,其形式包括祭天祀祖、冠昏丧祭、乡射朝聘等等,从而在礼之别天地、别宗族、别分位中衡定着人在宇宙、社会中的位置,维持着社会的秩序,礼之敬也包括了祀天之敬、鬼神之敬、男女之敬、君臣之敬等,这样敬便又能发挥维持社会秩序的"外王"意义。

"礼有五经,莫重于祭"(《礼记·祭统》),礼本起源于原始宗教和巫术,祭祀对象包括天神、地祇、人鬼等一切精神存在。对天地的祭祀反映了人与自然的关系,对人鬼的祭祀则包含着浓厚的伦理意义。在后世儒家的理解中,天地是人之所出的根源,对天地的祭祀出于"报本反始"(《礼记·效特牲》)的道德需要,这样就把天地之祭同样赋予了人伦意义。吕大临在解释郊礼以祖配天时说:

> 祀天,礼之至敬者也。物无以称其德,故礼简诚至,则事天之礼盛矣。然人道有所未尽,故从其祖配之。所谓配者,当于祀天礼成之后,迎祖尸而已。以人鬼之礼祭之,必配祭者,所以尽人道之至爱。[①]

可见,礼之"敬"统贯天人。在至敬之礼中,祭物已不能再表达人之敬的程度,因而需要以祖配之,天与祖并祭,敬之中不但有尊,而且有爱。

敬与爱二者又构成互相调节的关系。礼本出于在差等秩序

① 吕大临:《礼记解·郊特牲》,《礼记集说》卷六十六,第4页;《蓝田吕氏遗著辑校》,第256页。

中区别尊卑的需要,这便与亲或爱构成冲突,吕大临说:

> 爱之至则必忠,忠至于犯则不敬。敬之至则有义,以一
> 义断,或入于不顺则不爱。敬主于别,别则文,文烦则不静。
> 爱主于恩,恩则宽,宽而逾则无辨。[1]

这就需要将爱的自然情感意味和敬的尊卑辨别意义同时予以提升融合,使其不相互冲突,而能相互补充。虽然“敬”与“爱”在表现和功能上有所不同,但二者又有相一致的一面,即其都是内心的一种状态,可以同时体现在对对象的态度中。爱是情感趋向,使主体与对象接近并感同身受,共融一体;敬是自主意识,使主体与对象分别,而各居其位。作为自然状态的“爱”和“敬”是冲突的,但当二者在先王所制之礼中被提升为一种德性修养后,二者恰好构成一种平衡,所谓“尊亲之道,一主于德,并行而不废,则天下莫不尊亲矣”[2]。

与鬼神祭祀体现“至敬”不同,祖先祭祀中的宗庙之礼则体现了“敬”与“爱”相结合的“尊亲之道”:

> 宗庙之礼,所以序昭穆,别人伦也,亲亲之义也。父为昭,
> 子为穆,父亲也,亲者迩,则不可不别也;祖为昭,孙亦为昭,

---

[1] 吕大临:《礼记解·表记》,《礼记集说》卷一百三十九,第 25 页;《蓝田吕氏遗著辑校》,第 327 页。

[2] 吕大临:《礼记解·表记》,《礼记集说》卷一百三十九,第 26 页;《蓝田吕氏遗著辑校》,第 327 页。

祖为穆，孙亦为穆，祖尊也，尊者远，则不嫌于无别也。[①]

宗庙之礼首先是"亲"的体现，但其中有近有疏，因而有昭有穆，这又是"尊"的分别。亲中有尊，尊中有亲，这反映的是儒学中情感的本源性和推扩性。这也表明，以礼之敬为基础所构建的存在世界意义网络不是平面的，而是立体有层次的。这个层次建立的动力，是以仁爱为根本表现方式的情感性，而其对存在秩序的建构则又依赖于理义性。

这种亲与尊、爱与敬并行的结构，不仅反映在对待不同对象的态度上，也反映在同一对象中。"'已孤不更名'，有所不忍也。'已孤暴贵，不为父作谥'，有所不敢也。不忍，爱也；不敢，敬也。爱敬尽于事亲而已。"[②]之所以如此，从根本上说，是由于亲与尊、爱与敬都发源于一己之心。

爱是发自本心的自然情感，是一种顺之向外的自我体现；而敬则是有对象针对性的精神自觉，是一种逆向收缩的意识状态。因此，敬是修身立己的主要手段，而爱则可以向他人推扩，为进一步的人伦道德实践提供动力。因此，"以敬恕行仁，则人无所慊。"[③]"唯敬与恕，则忿惩欲窒，身立德充，可以当天下之变而不

① 吕大临：《礼记解·中庸》，《礼记集说》卷一百二十九，第 19 页；《蓝田吕氏遗著辑校》，第 288 页。

② 吕大临：《礼记解·曲礼下》，《礼记集说》卷十，第 30 页；《蓝田吕氏遗著辑校》，第 229 页。

③ 吕大临：《论语解·颜渊》，《论语精义》卷六下，《朱子全书》第 7 册，第 417 页；《蓝田吕氏遗著辑校》，第 454 页。

避,任天下之重而不辞。"① 敬不能无爱,无爱则缺乏道德动力之
源。如对鬼神的祭祀,最重要的是祭亲,在敬之中表达爱。敬实
际上是功能性的,即让心思意念集中而无二无伪。这种尊亲之
道,反映在人事之中,就是父道之亲亲与君道之尊尊的关系:

> 人之大伦有二,内则父子,外则君臣,其义一也。虽然,
> 父子天合也,天合者不可解于心,身有隙而恩无绝也;君臣义
> 合也,其合也与父子同,其不合也则去之,与父子异也。②

尊尊的形式是以亲亲为标准、为根据而建立和派生的。父子关
系出于自然,内生于心;君臣关系则出于社会,是由理义外推而
得。二者的地位是不同的。

由此,尊尊不是尊"位",而是尊"道"。因而在君臣之间,地
位虽不同,但相敬之道则是一样的。"君之使臣,臣之事君,尊卑
之势虽殊,其所以相敬之道一也,故曰'君使臣以礼,臣事君以
忠'。"③ 而君臣相敬之道,又须出于理义:

> 天道无私,莫非理义,君所以代天而治者,推天之理义以

① 吕大临:《礼记解·儒行》,《礼记集说》卷一百四十七,第 11 页;《蓝田吕氏遗
　著辑校》,第 362 页。

② 吕大临:《礼记解·曲礼下》,《礼记集说》卷十三,第 22 页;《蓝田吕氏遗著辑
　校》,第 244 页。

③ 吕大临:《礼记解·曲礼下》,《礼记集说》卷十,第 12 页;《蓝田吕氏遗著辑
　校》,第 227 页。

治斯人而已。故曰"天叙有典，天秩有礼，天命有德，天讨有
罪"，莫非天也。臣之受命于君者，命合乎理义为顺天命，不
合则为逆天命。君之命出乎理义，则为臣者将不令而从；君
之命不出于理义，则为臣者虽令不从矣。此所以有逆命、顺
命之异，然后知其不可使为乱也。[1]

由此可见，礼之中虽然包括仁爱的原则，但主要是由理义原则所
决定的。

把礼之亲与尊推扩为"理义"之"道"，本是儒家之传统，也
是道学对儒家孔孟传统的复兴和发展。所谓"道"既是理义，也
是实践，因而包含着对身心之学的重新理解和对人伦常道之形
上根据的重建。道学对人伦秩序的建构，是从身心之学开始向
社会推扩。礼之规范是整个社会规范的基础，而礼之意义又建
立在身心之学的实践基础上。吕大临解释《中庸》第二十章"凡
天下国家有九经"曰：

> "自天子至于庶人，壹是皆以修身为本。"我之于道也，
> 知崇则无不知，知有诸己矣；礼卑则无不敬，能有诸己矣，故
> "貌足畏也，色足惮也，言足信也"。颠沛造次一于礼而不违，
> 则"富贵所不能淫，贫贱所不能移，威武所不能屈"，所谓"强
> 立而不反"者也。故曰"修身则道立"，又曰"齐明盛服，非礼

---

[1] 吕大临：《礼记解·表记》，《礼记集说》卷一百四十，第 10 页；《蓝田吕氏遗著辑校》，第 333 页。

不动,所以修身也"。①

在这段话中,吕大临广泛引证《大学》、《易传》、《表记》、《论语》、《孟子》、《学记》的说法,解释了《中庸》"修身则道立"的内涵。

　"修身为本"的说法出自《大学》。《大学》开篇讨论"本末"问题,提出"修身"为齐家、治国、平天下之"本"。"知崇礼卑"出自《周易·系辞传》,张载由此引出"知礼成性"工夫,二程则特别强调其中所贯穿的"敬"之工夫。"知"是指对道之体认,道崇,故知亦主崇;"礼"是指对道之践履,自卑以尊人,故礼主卑。因而,知礼均成为"成性"之方法和工夫。"有诸己"的说法出自《大学》"有诸己而后求诸人,无诸己而后非诸人",而孟子也尤其强调"有诸己",所谓"反求诸己","有诸己之谓信"等等。"貌足畏也,色足惮也,言足信也"出自《表记》,分别指容貌之庄重、颜色之威严和言辞之信实,三者由表及里,表明礼对身心的影响,《论语》和《冠义》亦有类似说法,吕大临称之为"三者修身之要,必学而后成,必成人而后备"②。"富贵所不能淫,贫贱所不能移,威武所不能屈"出自《孟子》,是从立身之消极面"不得志独行其道"讲,其积极面是"居天下之广居,立天下之正位,行天下之大道,得志与民由之"(《孟子·滕文公下》)。"强立而不反"出自《学记》"九年知类通达,强立而不反,谓之大成。夫然后足

①　吕大临:《礼记解·中庸》,《礼记集说》卷一百三十一,第3页;《蓝田吕氏遗著辑校》,第292页。

②　吕大临:《礼记解·冠义》,《礼记集说》卷一百五十四,第4页;《蓝田吕氏遗著辑校》,第383页。

以化民易俗,近者说服,而远者怀之",这是最后所达之境界。

吕大临的道学也就是身心之学,其核心内容凝结在"修身"二字上。修身即是立道,所谓"君子之善行,以修身践言为之本;其行礼也,以行修言道为之本。以是为质,则所见于外者皆文也"①。这一思想在《中庸》中系统地概括为"为政在人,取人以身,修身以道,修道以仁","政—人—身—道—仁"构成了一个渐次内在的实践顺序,这与其首章提出的"天—性—道—教"的实践顺序在逻辑上是一致的。所谓"政"也就是"治",但吕大临对"政"的理解不是外在的强制或规范,而是内在的"变化",因而实际上重在"教"而不在"治"。这样,治人之方法,就不是外取于他人,而是内取于自己,这便是"有诸己"。这也意味着政治成为了道德实践的一部分。如此理解的根据自然是建立在"身"(包括"心")之共通性的基础上。因而,"取人以身"实际上就是指"修身",以修身作为为政的前提,以修身的方式达至他人的意义世界,使他人自然地纳入到自我的道德实践过程中。

那么,如何修身呢?这便是人伦道德实践,吕大临将之称为"道"。显然,"人伦"之"道"之所以能够成为"修身"以至"为政"的前提,它不可能首先是外在的人与人之间的社会关系,因为经验性的认知不足以成为实践之必然性的依据和保证。只有将人伦常道看作是内在于自我的"人之所以为人"的超越性根据,由"修道"再"谓教"才能够成为可能。也正因为如此,"道"必须以"仁"为基础。吕大临把仁理解为"恻怛之诚心"、"至公

---

① 吕大临:《礼记解·曲礼上》,《礼记集说》卷二,第5页;《蓝田吕氏遗著辑校》,第190页。

之全体"①,同样是建立在"身（心）"之共通性的基础上。在这一视域中,仁与诚具有了本体论的意义,而敬则体现为一种重要的修养工夫。可见,吕大临的礼学虽然不可能完全脱离仪章度数这些具体的规范层面,但礼的意义则在道学的视域下获得了鲜明的个体化的理解。

---

① 吕大临:《礼记解·中庸》,《礼记集说》卷一百三十,第 3 页;《蓝田吕氏遗著辑校》,第 290 页。

结　语

　　吕大临道学显然只是整个宋明理学理论发展及其话语演变的中间环节之一。由于对《孟子》和《中庸》的重视，"心"、"性"、"理义"、"中"、"道"等构成吕大临道学的核心话语。在对《中庸》的解释过程中，他所提出的"中者，道之所由出"，不但代表了其对心、性、天道及人道之内涵及其之间关系的理解，也表现出注重当下道德实践的理论特点，这是我们将本书题目命作"道由中出"的缘由。对"中（道）"的理解，当然不能仅以吕大临的理论为限，但吕大临的"中（道）"论无疑不仅代表他个人的思考，也体现出道学的理解径路特点，对当代的哲学思考也当具有深层的启发意义。

　　当某一生命个体存在于这个宇宙之中，他如何理解这个宇宙全体及其自身的生命存在，代表着他的生存自觉和精神高度。在人类文明发展的过程中，宗教、神话、哲学乃至今日的科学，提供了种种理解之代代传承、累积和深化的基本知识模式和形态，而所谓的各种"观"、"论"、"学"正是不同知识形态凝结的产物。现代社会生活的急剧变化无疑促使知识飞速更新和分裂，传统文化和哲学被层层解析，不是转化，就是消失。在此背景下，"道学"的意义何在呢？

　　作为对宇宙整体观照的道学，固然也提供了一种知识，但这种知识显然不具备科学性,而是服务于精神主体本身的价值认同、意义体验和道德实践过程,因而可以说是既是一种价值哲学、意义哲学、道德哲学和实践哲学,也是一种形而上学。由此,道学宇宙观本质上成为境界性的,是当生命个体的意义世界得到转化之后,对其所生存的整个宇宙全体的重新理解,属于价值和意义形态的理解,而不是事实形态的认知。

实际上,即便对这个世界予以科学的或事实形态的认知,仍然不可能不带有生命个体的主体痕迹或精神烙印,这既鲜明地反映在生命个体的生存有限性上,也反映在他的情感性、意义性、精神性等方面的禀赋上。就此而言,道学宇宙观不但不是实证科学的,也不是思辨哲学的,而是带有一定的信仰性。它是道学先驱在孔孟儒学的基础上发展出来的一种带有极强个体生命和精神主体痕迹的宇宙、人生理解,以此安顿个体生命的主体生存、价值选择和社会实践。

道学对世界的理解,不汲汲于物质结构本身,而是由实存世界层面上升为意义世界之后,产生的一种新的价值体认和秩序认同。这一秩序涵盖了自然、社会、道德、政治诸领域,为生命个体提供一种生活的信念,塑造一种有意义的生活方式。在儒学传统中,天与人、道与德、阴与阳、仁与义、身与心、理与气等等,原本就在相辅相成的运动生成状态中,共同维持着天人之间的合理秩序。因而,在今日看来分裂的自然与道德两大领域,在道学中是一体的。

作为传统知识形态的道学,实际上同时也是审美形态和宗教形态,而且在传统社会中发挥着今日科学的功能。由此我们便容易理解，道学为何始终不仅强调成己，亦强调成物；不仅强调个体的道德实践，而且强调在道德实践基础上的政治实践和宗教性实践，甚至将政治实践和宗教性实践纳入到道德实践的意义视域中理解。由于宇宙是全体的，人与物之间、个体行动与群体行动之间、圣人与凡俗之间，原本不存在间隔，因而"通"、"合"、"一"成为道学知识和实践的终极指向。

从现代思想意义上讲，道学知识服务于道德实践，其功能当然是教养性的。现代社会的复杂结构和快速变迁，必然使传统文化将道德、政治、审美乃至宗教混一的知识形态，不可避免地在当代知识领域中走向分离，走向科学意义的"事实"研究和多元的"价值"选择。但另一方面，生命个体的存在既是多向展开的，同时也始终是统一的，当我们遭遇到现实的分裂，理解其内在的缘由固然重要，维持生命体的意义统一性同样不会随着时代的变化而消失。人的自我理解，不是依靠科学，而是要依靠哲学、艺术、宗教，才能回归原处一体的"天道境界"之中，使生命本身在其中得到栖居。

也是因为如此，我们可以理解道学理论为什么最终只能是道德的或实践的。生命个体不是一个事实存在，而是一个可能存在，其可能性的根源在于其存在是未完成的，是有待展开的。在这一展开过程中，理性使生命个体获得理解，文化为其输入意义，而道德实践代表着他生命的展开程度和精神高度。道德实践显然不能等同于生命个体的全部实践，但由于道德实践贯通于天人、物我、人己之间，便具有了根源性和基础性。

当我们把当代社会概括为"知识社会"、"商品社会"、"工业社会"等等的同时，现代生命个体的生存形式已无可避免地踏入了一个平面的、现象的、物质的世界，意义不再源于道德和精神，而是源于符号和感受的二元分裂。现代知识对道学理解的贫弱，正代表着现代社会中生命个体之精神世界的贫弱。因而，理解道学之要旨，就远非仅仅是一个理论问题，归根到底，它既是一种精神实践，也是一种生命领会。

附录：吕大临道学研究述评

在北宋道学史上，吕大临因先后师从张载、二程，参与了关、洛两大学派的兴起过程，以兼传关、洛二学而负盛名。他早年是张载的高足，因精于礼学，并且与诸兄一起在关中推行古礼，所以在后世一直被视为张载所开创的关学学风的推动者之一。张载去世后，吕大临撰写了《横渠先生行状》，为研究张载生平和思想提供了重要的参考资料。其后，他又问学于二程，与谢良佐、游酢、杨时同为二程门下的"四先生"之一，在程门高弟中最受朱熹推崇。他所录的二程语录《东见录》，素以记载精准而被历代研习二程理学的学者所重视；他所著《中庸解》，一度被认为是程颢的著作并在后世收入《河南程氏经说》得以流传；他所摘编的与程颐集中讨论"中"与"道"、"性"、"心"关系的书信《论中书》，被收入《河南程氏文集》之中，是引发后世"中和"问题的一个关键因素，成为从二程理学向朱熹理学演变的重要中间环节。

不过，吕大临是以往道学研究未能充分注意的人物，其原因在于他既未着意于道学理论体系的建构，亦未有足够的文集或语录存世，从而在研究意义和文献基础两方面都遭到忽视。实际上，吕大临的思想特色在于他通过对儒家经典的诠释，力图阐明儒学道德修养和礼仪教化的心性依据，从而更加突显道学的实践意义,也显示出道学的话语转换。透过对张载关学"尊礼贵德"学风的继承,对程颢"识仁"之说的领会,与程颐对"未发之中"的讨论,以及对《孟子》、《中庸》"心性之学"的义理阐释,吕大临在其时代之中担当起道学传承的重任,其理论探索对后世理学思想的拓展有着重要意义。

一、当代吕大临思想研究中的问题意识与解释模式

当代吕大临道学研究,首先是在张载研究或二程研究中介绍其后学时被间接地提及的。[①] 从研究方法上说,不同于古代理学修行者和实践者的理解进路,当代哲学的理学研究主要是从宇宙本体论切入,重视从"理气论"入手分析其思想特点。由于吕大临被置入张载或二程的后学来看,因而学派归属问题成为研究的一个重点,而要解决这一问题又首先需要辨明关洛二学的实质性分歧所在,当张载哲学和二程哲学之间的分歧被理解为"气本论"和"理本论"的差异之后,对"理"、"气"及其关系的看法自然也成为吕大临思想研究的重点。

姜国柱的《张载的哲学思想》,是八十年代后首部张载哲学的研究专著,也是首次把吕大临纳入张载后学予以研究的著作。

---

① 把吕大临列为张载后学进行研究的著作有:姜国柱《张载的哲学思想》(辽宁人民出版社,1982 年),陈俊民《张载哲学思想及关学学派》(人民出版社,1986 年),石训《中国宋代哲学》(河南人民出版社,1992 年),龚杰《张载评传》(南京大学出版社,1996 年),方光华等《关学及其著述》(西安出版社,2003 年)。把吕大临列为二程后学进行研究的著作有:陈钟凡《两宋思想述评》(东方出版社,1996 年),许远和《洛学源流》(齐鲁书社,1987 年)。

姜先生的基本看法是"吕大临的思想与张载有极其相同之处，有的则是对张载思想的引伸"①，但他未作出深入的分析，也尚未触及问题实质，受旧有研究模式影响的痕迹甚重。② 徐远和的《洛学源流》一书则将吕大临划归洛学，认为吕大临入洛之后"背离了张载以气为宇宙本体的观点，主张理是宇宙的本体"，"在自然观或本体论上已完全转向了洛学"③。但这里的问题不仅在于"气"如何成为宇宙本体有待重新考察，而且在于"气"在吕大临思想中并不是一个首要的概念，以此论证吕大临"完全转向了洛学"，难免会以偏概全。④

如果说"气本"或"理本"的定性在张载和二程那里可以找到大量材料以其证明其说的话，在吕大临这里，这一问题则相当模糊。原因在于，吕大临的道学理论已经不着意于宇宙论的建构，而更注重如何由"本心"呈现"道体"、由"常道"通达"至道"，这既显示出道学理论的个体建构差异，也显示出道学家的

---

① 姜国柱：《张载的哲学思想》，第 190 页。

② 姜国柱的《张载关学》（陕西人民出版社，2001 年）一书，可视为其《张载的哲学思想》时隔二十年之后的修订版。该著对吕大临哲学思想的基本观点虽然并无改变，但由于吸收了二书之间出现的其他研究成果，因而论述更加详细，同时也显示出二十年来对旧有研究模式的突破。如其从"气本"、"天人合一"、"一体二用"、"居尊守中"、"变化气质"、"正心修身"六个方面论述了吕大临的思想，明显要更为接近道学话语的原貌。

③ 徐远和：《洛学源流》，第 240、241 页。

④ 徐著还认为："'中即性'与'中即道'之争，实质上意味着主观唯心主义观点与客观唯心主义观点的对立。"见陈钟凡：《洛学源流》，第 245 页。这就更加偏离了《论中书》的主旨。

问题重心正在随着道学本身的历史发展和理论演变发生转移。
这同时表明,试图用现代以来形成的由"宇宙论"到"认识论"
再到"人性论"的知识论哲学框架去把握道学理论和道学问题的
精神实质是困难的。

　　由此反观,初版于1933年的陈钟凡《两宋思想述评》一书反
倒更具启发意义。该书遵循朱熹《伊洛渊源录》以来的传统,将吕
大临列为"程氏学派"四先生之一,分"性论"和"良心说"两方面
来论述其思想。陈著所用文献材料仅来自于《宋元学案》和《性理
大全》,因而评介相当简略,算不上深入的研究,但其从"心性论"
而非"理气论"入手分析吕大临的道学思想,所提的一些观点仍然
有一定启发意义。陈氏顺承对张载、二程思想的专论而下,认为
"大临虽别性为本然、气质两者,然其根本思想,则以'良心'为人
类本然之性焉"[1]。陈著还指出吕大临在《论中书》提出"未发之前,
心体昭昭具在"的观点,"为罗从彦、李侗两家'看未发以前气象'
之说之所本,宋儒'静中涵养'之学风,由兹起矣"[2],这便等于在理
学的传承过程中为吕大临做了一个初步的思想定位。但罗从彦、
李侗的"看未发以前气象"实际上本于程颢,而非吕大临,吕大临
之说同样源于程颢,因而这里的推论并不准确。[3]

---

[1] 陈钟凡:《两宋思想述评》,第148页。

[2] 陈钟凡:《两宋思想述评》,第149页。

[3] 陈著最后综合评价程门"四先生"说:"程门四先生,朱熹于谢良佐、杨时、游酢、
均谓其入禅。吕大临之学,亦间有非识。今按谢良佐以觉言仁,以常惺惺言敬,
游酢释性,释诚,及吕大临求中之说,均不离禅家见解,固信然矣。"见陈钟凡:
《两宋思想述评》,第149页。这一评价显示出陈著受朱熹的义理论(转下页)

在对关学的整体研究中，陈俊民的贡献可能最大。早在《张载哲学思想及关学学派》一书中，陈先生就站在张载关学的视角，提出了所谓"关学的'洛学化'"问题，认为吕大临入洛以后，一方面"赢得了洛学'涵泳义理'、空说心性的特点"，开始"洛学化"；另一方面仍然以"躬行礼教"为主旨，体现出张载"学贵有用"、"务为实践"的"学风旨趣"。[①] 这实际上是把"躬行礼教"和"涵泳义理"分别看作是关洛二学的分歧所在。但是，张载和二程之所以"共倡道学"，都是试图为社会伦理和道德实践提供最终的形上基础，因而可以说"躬行礼教"和"涵泳义理"同时是关、洛二学都承认的，这也是自孔子以来儒学所具有的"下学"与"上达"并举的最显著特征，因而问题的实质不在于是否在二者之中取其一或以某者为重点，而在于如何在"躬行礼教"的过程中"涵泳义理"。这一问题无疑值得更深入地探究。

陈俊民还认为，在《论中书》中，吕大临与程颐的不同在于他严守儒学经典古义，"一个依'经'解'经'，一个依'理'通'经'，这就是关洛同中之异"，因而，"关学的'洛学化'，实质就是在洛学影响下，关学思想自身的进一步义理化"[②]。这已经涉及到了北宋道学中"经学"与"理学"的关系问题，也是很值得继续深入研究和讨论的问题。

之后，正是为了"从分析三吕，尤其是吕大临的思想史料出

（接上页）断和思想定位影响甚大，尚不能真正把握北宋道学向南宋道学演进的问题实质。

① 陈俊民：《张载哲学思想及关学学派》，第 13 页。

② 陈俊民：《张载哲学思想及关学学派》，第 14 页。

发"，去"真正探明关洛两派的真实关系，及关学发展的终极趋向"①，陈俊民又搜集了吕大临遗存于今世的近乎所有理学文献，编入《蓝田吕氏遗著辑校》中，并进而率先对吕大临《易章句》的思想做了开创性研究，这可以看作是新时期吕大临道学真正深入研究的开端。②

思想的定位、理论体系的重构固然重要，文本的细致分析和研究视域的不断突破可能更为基本。进入二十一世纪以来的近二十年来，随着对张载、二程、朱熹道学（理学）思想研究的深入，以及研究视域的拓展，吕大临思想的研究也更加丰富。具体表现在：

第一，对吕大临思想的定位更加准确。如丁为祥试图借助吕大临入洛后记述的两篇具有重要历史影响的文献《识仁篇》和《论中书》来分析关学和洛学的学旨差异，但他并不认为关洛之异体现在理论的成熟程度上，而认为是在不同的"关怀面向"和"为学方法"上。此后，文碧方、李敬峰、刘学智、曹树明等学者也从不同视角对此一问题作了进一步探讨。③

---

① 陈俊民：《蓝田吕氏遗著辑校》，第 2 页。

② 陈俊民：《蓝田吕氏遗著辑校》，中华书局，1993 年。后经修订增补，重新编入《儒藏》精华编第 220 册，北京大学出版社，2007 年。

③ 参见丁为祥：《虚气相即——张载哲学体系及其定位》，人民出版社，2000 年，第 214—223 页；文碧方：《理心之间——关于吕大临思想的定位问题》，《人文杂志》，2005 年第 4 期；李敬峰：《吕大临的心性论及其与关学、洛学的融合》，《南昌大学学报》（人文社会科学版），2015 年第 2 期；刘学智：《"关学洛学化"辨析》，《中国哲学史》，2016 年第 3 期；曹树明：《吕大临的〈大学〉诠释——兼论其与张载、二程思想的关联》，《哲学动态》，2018 年第 7 期。

第二，吕大临《中庸解》中的义理诠释结构和道学影响得到了充分的关注。郭晓东考察了吕大临《中庸解》对朱熹的影响以及朱熹对吕大临某些解释的不满。[①] 李红霞考证了吕大临的生平和《中庸解》的作者及版本问题，考察了吕大临对一些重要的理学概念如"中"、"庸"、"道"、"德"、"性"、"命"等的理解。[②] 杨治平对吕大临《中庸解》的版本以及《礼记解》的思想作了更为详细的分析，并试图在此基础上对吕大临道学处于关洛之间给出一个更恰当的定位。[③] 王楷也在吕大临《中庸》诠释的背景下探讨了其对"中和"的理解特点。[④]

第三，吕大临的礼学得到更深入全面的探讨。王文娟从礼的起源、功能、本质、根据等方面对吕大临礼学做了讨论。[⑤] 刘丰则在北宋礼学整体发展的背景下考察了吕大临礼学的特点和意义。[⑥]

第四，吕大临理学在整个理学话语演变的意义，得到了更加

[①] 郭晓东：《论朱子在对〈中庸〉诠释过程中受吕与叔的影响及其对吕氏之批判》，《中国学术》第十三辑，商务印书馆，2003 年。亦收录于氏著：《识仁与定性》附录，复旦大学出版社，2006 年。

[②] 李红霞：《吕大临〈中庸解〉简论》，陈来主编：《早期道学话语的形成与演变》，安徽教育出版社，2007 年，第 61—106 页。

[③] 杨治平：《吕大临天人思想研究》，台湾大学硕士论文，2009 年。

[④] 王楷：《时中与求中：吕大临中和学说新探——一种〈中庸〉诠释学视域下的考察》，《朱子学刊》第 22 辑，黄山书社，2013 年。

[⑤] 王文娟：《吕大临的"礼"论》，《兰州学刊》，2010 年第 6 期。

[⑥] 刘丰：《礼学与理学的互动——吕大临的〈礼记解〉与宋代理学的发展》，王中江、李存山主编：《中国儒学》第 8 辑，中国社会科学出版社，2013。

具体的讨论。蔡世昌在《北宋道学的"中和"说》一文中,对吕大临与程颐的"论中"问题再次进行了全面检讨。[1]方旭东在《早期道学"穷理"说的衍变》一文中,对吕大临"穷理"之说进行了分析。[2]

第五,吕大临的整体研究也获得新的进展。文碧方将吕大临思想分为关、洛两个阶段,分别讨论了关学阶段受张载影响而形成的"性与天道"的本体论和"知礼成性"的工夫论,以及洛学阶段所受程颢"识仁"的影响和与程颐的"论中"分歧。注重哲学性的深度检讨是其著作的特点所在。[3]陈海红主要从"理气"、"心性"、"践履"三个方面讨论了吕大临的思想特点。[4]其他还有大量硕士论文,对吕大临理学做专题探讨。

二、由吕大临思想研究所见道学阐释的多维面向

总的来说,作为现代学科建制的一部分,宋明理学研究逐渐呈现出研究领域的不断扩展和研究方法的不断更新等发展态势。就吕大临思想研究而言,具体表现为研究取径更加多元,借助的文献更加翔实,问题意识更加清晰,成果也更加丰富,但也包含一些仍需进一步开展研究的面向。

---

① 蔡世昌:《北宋道学的"中和"说》,见陈来主编:《早期道学话语的形成与演变》,第107—120页。

② 方旭东:《早期道学"穷理"说的衍变》,陈来主编:《早期道学话语的形成与演变》,第262—270页。

③ 文碧方:《关洛之间:以吕大临思想为中心》,中华书局,2011年。

④ 陈海红:《吕大临理学思想研究》,浙江工商大学出版社,2013年。

　　第一，由于现代学者的学术研究大多首先坚持研究的客观性和对象性，因而研究者的视野已经超越了追寻和塑造道学"正统"或道学"宗主"的传统理学谱系，但取而代之的却仍然常常是另一种单维的理论逻辑发展观，从而忽视了道学在其历史演变和理论论争之中所包含的复杂性和多种可能。尽管逻辑与历史有统一的方面，但我们也必须承认二者之间有不相吻合的可能。历史发展不一定完全按照逻辑的要求进行，而逻辑的发展也未必能够完全展现在历史发展过程之中。从历史的具体性和丰富性之中，恰恰可以看到理论的开放性、包容性和深刻性。

　　在宋代道学的发展过程中，吕大临并不具备与张载特别是二程并驾齐驱的思想史地位，因此将其放在对张载关学和二程洛学的学派或后学之中进行比照考察是合理的。现代学者不再尊信程朱理学正统的"道统论"，因而大多数学者都把吕大临系于张载关学学派之中讨论。但一个普遍为学界所接受的看法是张载的"宇宙论"突出而"本体论"不成熟，直到二程才真正建立了理学"本体论"，而吕大临的学行过程恰恰是先从学于张载，后从学于二程，因而便自然产生所谓的"洛学转向"问题。但是，由于受研究视野和所用文献的限制，吕大临思想研究中最容易犯的错误就是无意中把逻辑推理当做一个无须考察的历史事实，以此来论证所谓"洛学转向"的过程。随着道学研究走向更加深入，更多的文献已被研究者所注意，更多一向为人们所忽视的道学发展中间环节也逐渐呈现出来，因而有必要重新审理这一推理的可靠性，从而推进对吕大临思想研究的深度。

　　实际上，如同大多数理学家之间的关系一样，吕大临的问题意识与张载、二程既有同亦有异,考察吕大临在关洛之学中的位置,必须注意两个方面的问题:其一,关学和洛学是在彼此互动中形成的,这使得二者既不是全然的对立,也不是全然的合一,而是两种有同有异的道学形态。在共同的"道学"前提下,其中既有关注重心的不同,也有工夫入手径路的不同。站在某种形态之上来评论另一种形态,必然会偏离历史事实。其二,吕大临道学思想的意义并不能仅仅放在关洛两派的视野中考察,吕大临固然受张载和二程的影响,但其成熟的思想必然有其自身的特色,而这一特色是在其自身的理论探索和实践过程中得以确立的。因此,恰当的理解方式应当从他个人的问题意识和理论特质切入。

第二,思想研究首先必须借助于思想家的著述才能进一步展开,道学家流传后世的著述文献主要是语录、文集和经学著作,现代学术研究倾向于直接进入思想家对个人思想的直接表达,因而大多注重对于语录和文集中部分书信或文章的研究,往往对受解经形式限制的经学著述重视程度不够。但是,道学家首先是儒学家,他们形成和表述自己思想的方式仍然主要借助于对儒家经典的研读、讨论和注解,因而道学家的经学著述也理应成为研究其思想的重要资料。

宋明理学家虽然反对汉唐的章句训诂之学,但其理论体系的阐释和经学密切相关则毋须质疑。与汉唐儒学和经学的关系相比,道学和经学的关系既有与之相一致之处,但也有明显的差异。就一致之处而言,道学并没有脱离一般经学认为儒家经典记述了圣人之言行这一个自汉代而来的根本性思想认同的前提；然而，道学家不但明确批评佛老异端，汉唐诸儒也在其批判范围之内，在此前提下，他们对经学的理解必然会非常不同于汉儒。这样，在现代学术研究视域中，习惯于认为宋代哲学仅仅是理学的发展，再加上经学的遭受批评和经学研究的相对衰落，就极容易造成将经学仅仅划归在汉唐儒学的学术范围之内考察的错误，而宋代众多的经典注疏文献则仅仅成为历史学和文献学的考察对象，宋代道学丰富的经学思想则在哲学研究的强光之下遭到不应有忽视。

不同于其他道学家，吕大临没有语录传世，其文集也没有保存下来，现存于世的主要著述恰恰主要是被收集整编到后人所编的关于《周易》、《礼记》、《论语》、《孟子》之类经书的集解之中而得以保留下来的经解。这无疑是北宋道学家对经典注释和意义阐发的重要参考文献。在《论中书》中，可以清楚地看到吕大临具有自身的问题意识及其注重践履的特点，而这种践履又建立在一套由对儒学经典的理解而来的思想体系之上。这便需要研究者拓宽视野，进一步研究其经学著述之中所包含的道学思想。

如果说发自个人身心的实践体证是道学得以确立其真理性的内在依据，那么经学的义理渊源及其理解论辩则是道学得以确立的公共话语。正是在后者的基础上，儒学的精神才拥有了跨越历史而不断传播的客观中介，同时代儒学体系之间互相交流和彼此影响才能得以展开。因此，当吕大临要说明自己的观点时，才反复引证出自先秦儒家经典的相关论点，而后再证之以切身的实践体验，以此建立自己的思想体系，论证个人观点的正确性。借由对经学和道学互动关系的考察，恰好可以反思现代学术体制之中"哲学"和"史学"的学科划分之弊,有助于重新考察儒学的真精神。

第三,由于受研究视角和研究方法的影响,现代哲学对北宋道学研究一个显著拓展的领域是对"宇宙论"或"理气论"的关注,而儒者对于人伦秩序的关怀则因为有为"封建礼教"做论证的嫌疑而长期在受批判之列。由于大量借助西方哲学的理性分析方法,现代哲学研究把世界区分为宇宙、社会、人生三部分,把哲学理论区分为宇宙论、认识论、价值论等分支,把"理"理解为普遍的自然规则和具有道德内涵的价值原则等等。这就使得通过理性分析方法去理解道学之本体观念的具体内涵和意指成为现代哲学研究的主要致思路径,并且构成其解析某一理学家思想的首要理论前提。但是,在道学家看来,道学从根本上说是道德修养之学,因而"道体"之中自然包含着"人伦教化"。道体固然具有根源性,但未经道德修养工夫而透过理论分析去直达道体的真实内容却是不可能的。

在宋代道学发展史上,与二程显得略有不同,张载的一大贡献是其宇宙论关怀甚为强烈,而且相应的理论建树为后世所承认。正是这一点构成学界对于张、程之间"气本论"和"理本论"的不同认定,遂有了关于吕大临"洛学转向"是由"气本论"向"理本论"转变的结论。但张载之学除了重视宇宙论之外,还特别重视"躬行礼教"。孔子之学以"仁"和"礼"并重,前者导向内在的心性之学,走向超越的维度;后者通向外在的社会教化,走向现实的关怀和具体的道德实践。吕氏兄弟既受张载关学学风的影响,又不同于张载重视宇宙论,他们以重视考证古道、擅长礼学和注重儒学的经世致用而著称于当世和后世，这无疑发展了张载的"下学工夫"，彰显了道学的道德实践功能。

因此，吕大临一方面继承了张载和二程的"道体"思想，另一方面其关注点转移到了"本心"与"常道"的关系之上，因而更注重道体的社会落实问题，而非仅仅是对道体的宇宙论描述或规定，更非是对"道体"的物理性认知。在儒家五经中，三礼之学最具有社会性和实践性，吕氏兄弟之所以精于礼学，特别注重从《周礼》《仪礼》和《礼记》中考证古礼的施行方法和道德教化意义，这本身就有强烈的现实针对性，不但对个人修身提出了新的要求，对社会礼俗的改变也提出了新的构想。吕氏兄弟所论礼学，最根本的意义在于他们把儒学对于个人修身和社会教化的双重意义紧密地结合在一起，不但试图把儒家理想的宇宙秩序和社会秩序行之于一身，而且努力推行于一乡一国。这是北宋道学运动一个重要的组成部分，构成了张载"倡道于关中"最鲜明的特点之一，显示出道学初期的博大局面，因而同样值得研究者重视。

第四，如果说注重礼学实践体现了道学运动在社会秩序重建中的强烈现实关怀，那么在孔孟心性之学上重新确立儒学修身工夫和社会理想的内在精神基点，则体现了道学运动最具有核心价值的超越性向度。北宋道学之所以由注重"五经"逐渐转向"四书"传记，不仅在于"四书"都可以作为单个思想家的著作而脉络清晰、义理一贯，更重要的是从孔子到子思、孟子一以贯之的心性之学为道学理论提供了坚实的内在人性论基础。

儒学的根本精神不在理论认知性，而是道德实践性的。

　　"下学"与"上达"并重是自孔子创立儒学以来的一贯之道。从道学的视角看,学者对于客观天道或天理的体悟,并不能仅凭外在的感知就可以获得,而是首先需要通过向内在心性上反省,才能真正实现天人之间的精神贯通。因此,传统理学研究大多注重心性论和修养工夫论,借以寻找切入理学身心体认的门径。同样,如何通过现代学术研究去揭示儒家心性论本身所蕴含的"下学"与"上达"并重的精神,不仅成为能否恰切地理解北宋道学的关键所在,而且对当今社会如何阐释和发扬理学的现代价值也具有实质性的意义。

　　与张载重视"气化之道"和二程重视"体认天理"相比,吕大临更多地从"本心"、"良心"、"赤子之心"出发,论证"人伦"、"大经"以及"常道"即"至道"的合理性和必要性。从天道观到人道观,心性论起着过渡和基点的作用。吕大临在诠释经典的过程中,注重经典的相互贯通,特别是其注重以《中庸》和《孟子》贯通易学和礼学,明确地反映出其思想中心性之学的基础性地位。可以说,道学的天道观正是通过心性论落实到了道德实践和工夫践履问题之上,由此回归"原儒"的本色;而道学的人伦(常道)观也正是在心性论上才能找到道德实践的直接根据和内在动力。从理论意义上说,心性论不但是道学本体论的内在当然之义,同时也是道学工夫论的基点;而从历史意义上说,道学心性论既是超出汉唐儒学的真正高明处,也是可以与佛老较胜负的核心点。

　　总之,任何思想家关注的问题及其学术视野必然都是具体而微的。吕大临道学思想的特色在于其以解经的形式阐释道学，以对于礼学的关注和实践来落实道学的天道性命理论。因而，研究吕大临的道学理论，有必要兼顾其"下学"与"上达"两个方面，考察其理论关怀、特点和意义，进而深化我们对理学特质和理学演变的理解。

参考文献

一、古籍

（清）阮元校勘：《十三经注疏》，中华书局，1980。

李学勤主编：《十三经注疏》（标点本），北京大学出版社，1999。

（唐）韩愈撰，马其昶校注：《韩昌黎文集校注》，马茂元整理，上海古籍出版社，1986。

（宋）周敦颐：《周敦颐集》，陈克明点校，中华书局，1990。

（宋）张载：《张载集》，章锡琛点校，中华书局，1978。

（宋）张载：《张子全书》，林乐昌编校，西北大学出版社，2015。

（宋）程颢、程颐：《二程集》，王孝鱼点校，中华书局，1981。

（宋）吕大临等撰，陈俊民辑校：《蓝田吕氏遗著辑校》，中华书局，1993。

（宋）吕大临等：《蓝田吕氏集》，曹树明点校整理，西北大学出版社，2015。

（宋）苏轼：《苏轼诗集》，王文诰辑注，中华书局，1982。

（宋）秦观撰，周義敢等编注：《秦观集编年校注》，人民文学出版社，2001。

　　（宋）周行己：《周行己集》，周梦江笺校，上海社会科学院出版社，2002。

　　（宋）黎靖德编：《朱子语类》，王星贤点校，中华书局，1986。

　　（宋）朱熹：《四书章句集注》，中华书局，1983。

　　（宋）朱熹：《朱熹集》，郭齐、尹波点校，四川教育出版社，1996。

　　（宋）朱熹：《朱子全书》，朱杰人、严佐之、刘永翔主编，上海古籍出版社、安徽教育出版社，2002。

　　（宋）朱熹：《朱子全书外编》，朱杰人、严佐之、刘永翔主编，华东师范大学出版社，2010。

　　（宋）吕祖谦：《吕祖谦全集》，黄灵庚、吴战垒主编，浙江古籍出版社，2008。

　　（宋）陈淳：《北溪字义》，熊国祯、高流水点校，中华书局，1983。

　　（宋）卫湜：《礼记集说》，影印文渊阁四库全书，台湾商务印书馆，1986。

　　（清）纳兰性德：《合订删补大易集义粹言》，影印文渊阁四库全书，台湾商务印书馆，1986。

　　曾枣庄、刘琳主编：《全宋文》，上海辞书出版社，2006。

　　徐元诰：《国语集解》，王树民、沈长云点校，中华书局，2002。

　　（汉）司马迁：《史记》，中华书局，1982。

　　（元）脱脱等：《宋史》，中华书局，1977。

（宋）李焘：《续资治通鉴长编》，上海师大古籍所、华东师大古籍所点校，中华书局，2004。

刘琳等校点：《宋会要辑稿》，上海古籍出版社，2014。

（宋）赵汝愚：《宋朝诸臣奏议》，北京大学中国中古史研究中心点校整理，上海古籍出版社，1999。

（宋）邵伯温：《邵氏闻见录》，李剑雄、刘德权点校，中华书局，1983。

（宋）王明清：《挥麈录》，中华书局，1961。

（宋）晁公武撰，孙猛校注：《郡斋读书志校证》，上海古籍出版社，1990。

（宋）陈振孙：《直斋书录解题》，徐小蛮、顾美华点校，上海古籍出版社，1987。

（宋）尤袤：《遂初堂书目》，中华书局，1985。

（元）马端临：《文献通考·经籍考》，华东师大古籍所点校，华东师范大学出版社，1985。

（明）冯从吾：《关学编》，陈俊民、徐兴海点校，中华书局，1987。

（清）黄宗羲、全祖望：《宋元学案》，陈金生、梁运华点校，中华书局，1986。

（清）纪昀等：《钦定四库全书总目》（整理本），中华书局，1997。

（清）沈青崖等：《陕西通志》，影印文渊阁四库全书，台湾商务印书馆，1986。

二、研究著作

（美）安乐哲，郝大维：《切中伦常——中庸的新诠与新译》，彭国翔译，中国社会科学出版社，2011。

（美）包弼德：《斯文：唐宋思想的转型》，刘宁译，江苏人民出版社，2001。

蔡方鹿：《中国经学与宋明理学研究》，人民出版社，2011。

陈俊民：《张载哲学思想及关学学派》，人民出版社，1986。

陈俊民：《三教融合与中西会通——中国哲学及其方法论探微》，陕西师范大学出版社，2002。

陈海红：《吕大临理学思想研究——兼论浙东学派的学术进程》，浙江工商大学出版社，2013。

陈海红：《吕大临评传》，西北大学出版社，2015。

陈来：《古代宗教与伦理——儒家思想的根源》，北京大学出版社，2017。

陈来：《宋明理学》，华东师范大学出版社，2004。

陈来：《朱子哲学研究》，华东师范大学出版社，2000。

陈来：《中国近世思想史研究》，生活·读书·新知三联书店，2010。

陈来主编：《早期道学话语的形成与演变》，安徽教育出版社，2007。

陈荣捷：《王阳明与禅》，台湾学生书局，1984。

陈寅恪：《金明馆丛稿二编》，生活·读书·新知三联书店，2001。

陈植锷：《北宋文化史述论》，中国社会科学出版社，1992。

陈钟凡：《两宋思想述评》，东方出版社，1996。

丁为祥：《虚气相即——张载哲学体系及其定位》，人民出版社，2000。

（美）杜维明：《〈中庸〉洞见》，段德智译，人民出版社，2008。

（美）杜维明：《仁与修身——儒家思想论集》，胡军、丁民雄译，生活·读书·新知三联书店，2013。

方东美：《中国哲学精神及其发展》，中华书局，2012。

冯友兰：《三松堂全集》，河南人民出版社，2000。

傅斯年：《中国现代学术经典·傅斯年卷》，河北教育出版社，1996。

（美）葛艾儒：《张载的思想》，罗立刚译，上海古籍出版社，2010。

（英）葛瑞汉：《中国的两位哲学家——二程兄弟的新儒学》，程德祥等译，大象出版社，2000。

龚建平：《意义的生成与实现——〈礼记〉哲学思想》，商务印书馆，2005。

龚杰：《张载评传》，南京大学出版社，1996。

郭晓东：《识仁与定性——工夫论视域下的程明道哲学研究》，复旦大学出版社，2006。

胡孚琛、吕锡琛：《道学通论：道家·道教·仙学》，社会科学文献出版社，1999。

胡元玲：《张载易学与道学》，台湾学生书局，2004。

侯外庐等:《中国思想通史》第四册,人民出版社,1959。

侯外庐等:《宋明理学史》,人民出版社,1984。

姜广辉:《理学与中国文化》,上海人民出版社,1994。

姜广辉主编:《中国经学思想史》第三卷,中国社会科学出版社,2010。

姜国柱:《张载的哲学思想》,辽宁人民出版社,1982。

姜国柱:《张载关学》,陕西人民出版社,2001。

景海峰:《中国哲学的现代诠释》,人民出版社,2004。

乐爱国:《朱熹〈中庸〉学阐释》,北京师范大学出版社,2016。

李存山:《气论与仁学》,中州古籍出版社,2009。

劳思光:《中国哲学史》,广西师范大学出版社,2005。

李景林:《教养的本原——哲学突破期的儒家心性论》,辽宁人民出版社,1998。

李如冰:《宋代蓝田四吕及其著述研究》,人民出版社,2012。

李祥俊:《道通于一——北宋哲学思潮研究》,北京师范大学出版社,2006。

林乐昌:《张载理学与文献探研》,人民出版社,2016。

林乐昌主编:《张载理学论集:思想·著作·影响》,中国社会科学出版社,2019。

刘丰:《北宋礼学研究》,中国社会科学出版社,2016。

刘述先:《朱子哲学思想的发展与完成》,吉林出版集团有限责任公司,2015。

刘翔:《中国传统价值观诠释学》,上海三联书店,1996。

卢连章:《二程学谱》,中州古籍出版社,1988。

牟宗三:《心体与性体》,上海古籍出版社,1999。

牟宗三:《中国哲学十九讲》,上海古籍出版社,1997。

牟宗三:《中国哲学的特质》,上海古籍出版社,2007。

蒙培元:《理学范畴系统》,人民出版社,1989。

蒙培元:《心灵超越与境界》,人民出版社,1998。

蒙培元:《情感与理性》,中国社会科学出版社,2002。

潘雨廷:《读易提要》,上海古籍出版社,2006。

庞万里:《二程哲学体系》,北京航空航天大学出版社,1992。

漆侠:《宋学的发展和演变》,河北人民出版社,2002。

钱穆:《两汉经学今古文评议》,商务印书馆,2001。

钱穆:《朱子新学案》,九州出版社,2011。

钱穆:《中国学术思想史论丛》,生活·读书·新知三联书店,2009。

秦晖:《陕西通史·宋元卷》,陕西师范大学出版社,1997。

任铭善:《礼记目录后案》,齐鲁书社,1982。

石训:《中国宋代哲学》,河南人民出版社,1992。

唐君毅:《中国哲学原论·导论篇》,中国社会科学出版社,2006。

唐君毅:《中国哲学原论·原性篇》,中国社会科学出版社,2006。

唐君毅:《中国哲学原论·原道篇》,中国社会科学出版社,

2006。

　　唐君毅：《中国哲学原论·原教篇》，中国社会科学出版社，2006。

　　屠承先：《本体功夫论》，杭州大学出版社，1997。

　　王锷：《〈礼记〉成书考》，中华书局，2007。

　　王国维：《王国维全集》第六卷，浙江教育出版社，2010。

　　王美凤、张波、刘宗镐：《关学学术编年》，西北大学出版社，2015。

　　温伟耀：《成圣之道——北宋二程修养工夫论之研究》，河南大学出版社，2004。

　　文碧方：《关洛之间——以吕大临思想为中心》，中华书局，2011。

　　吴国武：《经术与性理——北宋儒学转型考论》，学苑出版社，2009。

　　向世陵：《理气性心之间——宋明理学的分系与四系》，湖南大学出版社，2006。

　　萧兵：《中庸的文化省察——一个字的思想史》，湖北人民出版社，1997。

　　萧公权：《中国政治思想史》，新星出版社，2005。

　　（日）小野泽精一等编：《气的思想》，李庆译，上海人民出版社，1990。

　　徐复观：《中国人性论史·先秦篇》，上海三联书店，2001。

　　徐复观：《徐复观论经学史二种》，上海书店出版社，2006。

　　徐洪兴：《思想的转型——理学发生过程研究》，上海人民出版社，1996。

　　徐远和：《洛学源流》，齐鲁书社，1987。

　　余敦康：《内圣外王的贯通——北宋易学的现代阐释》，学林出版社，1997。

　　（美）余英时：《朱熹的历史世界——宋代士大夫政治文化的研究》，生活·读书·新知三联书店，2004。

　　杨国荣：《善的历程——儒家价值体系的历史衍化及其现代转换》，上海人民出版社，1994。

　　杨立华：《气本与神化——张载哲学述论》，北京大学出版社，2008。

　　杨开道：《中国乡约制度》，商务印书馆，2015。

　　杨儒宾：《儒家身体观》，中央研究院中国文哲研究所筹备处，1999。

　　杨儒宾：《从〈五经〉到〈新五经〉》，台大出版中心，2013。

　　杨儒宾主编：《中国古代思想中的气论及身体观》，巨流图书股份有限公司，2009。

　　杨儒宾、祝平次主编：《儒学的气论与工夫论》，华东师范大学出版社，2008。

　　杨向奎：《宗周社会与礼乐文明》，人民出版社，1997。

　　杨少涵：《中庸原论——儒家情感形上学之创发与潜变》，社会科学文献出版社，2015。

　　张波：《张载年谱》，西北大学出版社，2015。

　　张岱年：《中国哲学大纲》，中国社会科学出版社，1982。

　　张岱年：《中国古典哲学概念范畴要论》，中国社会科学出版社，1989。

　　张岱年主编：《中国哲学大辞典》，上海辞书出版社，2010。

　　张金兰：《关洛学派思想关系研究》，花木兰文化出版社，2013 年。

　　张立文：《宋明理学研究》，人民出版社，2002。

　　邹昌林：《中国礼文化》，社会科学文献出版社，2000。

　　朱伯崑：《易学哲学史》，昆仑出版社，2005。

三、研究论文

　　曹树明：《吕大临的〈大学〉诠释——兼论其与张载、二程思想的关联》，《哲学动态》，2018 年第 7 期。

　　程旭：《吕大临古关学及〈考古图〉》，《文博》，2007 年第 6 期。

　　丁为祥：《宋明理学对自然秩序与道德价值的思考——以张载为中心》，《文史哲》，2009 年第 2 期。

　　郭晓东：《论朱子在对〈中庸〉诠释过程中受吕与叔的影响及其对吕氏之批评》，《中国学术》第 13 辑，商务印书馆，2003 年。

　　蒋国保：《汉儒称"六经"为"六艺"考》，《中国哲学史》，2006 年 4 期。

　　李敬峰：《吕大临的心性论及其与关学、洛学的融合》，《南昌大学学报》（人文社会科学版），2015 年第 2 期。

　　李如冰：《吕大临生卒年及有关问题考辨》，《宝鸡文理学院学报》，2009 年第 6 期。

　　刘丰：《礼学与理学的互动——吕大临的〈礼记解〉与宋代理学的发展》，王中江、李存山主编《中国儒学》第 8 辑，中国社会科学出版社，2013。

　　刘学智：《朱熹"中和新说"与关学关系探微》，《哲学研究》，2015 年第 12 期。

　　刘学智：《"关学洛学化"辨析》，《中国哲学史》，2016 年第 3 期。

　　陕西省考古研究院：《陕西蓝田县五里头北宋吕氏家族墓地》，《考古》，2010 年第 8 期。

　　王楷：《时中与求中：吕大临中和学说新探——一种〈中庸〉诠释学视域下的考察》，《朱子学刊》第 22 辑，黄山书社，2013。

　　王文娟：《吕大临的"礼"论》，《兰州学刊》，2010 年第 6 期。

　　文碧方：《理心之间——关于吕大临思想的定位问题》，《人文杂志》，2005 年第 4 期。

　　文碧方：《论儒家伦理道德的普遍性与特殊性——以北宋理学家吕大临的思想的个案分析为例》，《孔子研究》，2005 年第 1 期。

　　谢荣华：《中国古代哲学中"本体"概念考辨》，《中国哲学史》，2005 年第 1 期。

　　杨志刚：《中国礼学史发凡》，《复旦学报》，1995 年第 6 期。

　　杨治平：《吕大临天人思想研究》，台湾大学硕士论文，2009。

　　张江：《"阐""诠"辨》，《哲学研究》，2017 年第 12 期。

后　记

对吕大临思想的研究，本是我跟随林乐昌老师读博士时的选题。我本科在陕西师大读"思想政治教育"专业，所学课程涉及哲学、政治、经济等各科，博杂有余而专精不足，虽然后来的兴趣逐渐集中在哲学方面，但因个人精神涣散，一直难改流连于图书馆爱翻书却不求甚解的积习。基础知识和基本训练的缺乏，使我在博士论文的选题和撰写上都倍感艰难。当时之所以选定这个题目，一是由林老师的张载研究自然向下延伸，以便于向老师请教；二是吕大临的现存著作都是经解，数量也不多，我希望在短时间内通过这一论文的练习能够对儒学有一个贯通性的了解。论文撰成并答辩通过后，在林老师引介下，又经过修改和扩充，曾作为国家哲学社会科学基金重大项目"张载学术文献集成与理学研究"（10&ZD061）的阶段性成果之一，收入台湾花木兰文化出版社"中国学术思想研究辑刊"第十八编出版。滥竽充数，很是汗颜。

博士毕业后的这十年来，我一直承担大量的本科生公共政治课"马克思主义基本原理概论"的教学任务，岁月轮回，又回到了当年的老本行。教学和研究的不同方向，再加上生活事务的增多，使自己常常感到在几方面都是捉襟见肘。如果没有林乐昌老师不倦的提携、引导和督促,我的一点所谓"研究"工作恐怕很难持续。这本小书这次能够有修改出版的机会,同样有赖于林老师。相对原稿,这次修改一则在于调整章节结构,二则是大量删改和修正论述。"附录"本为原稿"绪论"的一部分,但十年后学术研究的进展已使其中的文献资料和问题意识都已滞后。姑且略作删补后,移至最后,以备参考。全稿改完之后,已是面目全非。书名重新命作"道由中出",乃出自《论中书》与《礼记解·中庸》,意图以此反映吕大临道学思想与二程、张载以及儒家经典的阐释关系。从原先的书名"吕大临道学阐释"到本书的副题"吕大临的道学阐释",同样表示了一点我的努力方向。虽然作了如此修改乃至重写,但本书仍然未能改变"习作"本质,许多意识到的问题未能解决,而下笔之论述更是停留在表层,终不免己之昏昏难使人昭昭之病,这只能祈望于将来的继续思考和补救了。

虽然学业长进有愧于师门,但对老师们过往的鼓励和帮助,这里更当诚挚地表达感谢!博士阶段以来的十余年,我所作的研究课题都是在林乐昌老师的直接指导下进行的,林老师给我提供选题,指导方法,传授心得,修改并推荐文章发表等,事无巨细,倾力相助,这是我首先应当感谢的。奈何我资质实在驽钝,有负老师所望。也要感谢丁为祥老师,我最初对中国哲学感兴趣即源于丁老师的几次授课,后来有幸亲聆指教,丁老师也接受我执弟子礼,多年来在学业和生活都有求必应。感谢袁祖社老师和宋宽锋老师,他们分别指导了我硕士和本科阶段的学业,之后也一直对我多有关照。感谢刘学智、康中乾老师在博士课程和论文开题、答辩中的批评与指点。感谢郭齐勇老师接纳了我到武汉大学访学一年的申请,并提供机会,让我开扩了眼界。其他应当感谢的老师和学友还有很多,这里不能一一道及,感激之情只能铭记于心。特别要感谢编辑王璇,她通读了全稿,辛苦校改了全部引文,并容忍了我一再的繁琐修改。最后也感谢我的所有家人,他们的宽容与勤劳,保证了我能有充分时间漫游于精神世界之中;而他们的乐观与豁达,也不断激励着我在现实中前行。转眼已至不惑之年,"人生天地之间,若白驹之过隙",无愧于天地,何其难矣!

邸利平

2020 年 8 月于西安